언약의 사람
토마스 보스톤

Thomas Boston

written by **Andrew Thomson**

© Christian Focus Publications
ISBN 1 85792 379 X
This edition published in 2004
by
Christian Focus Publications Ltd.
Geanies House, Fear, Tain
Ross-shire, IV20 1TW, Great Britain

이 책의 한국어판 저작권은 저작권자와의 독점계약으로 지평서원에 있습니다. 저작권법에 의해 한국 내에서 보호를 받는 저작물이므로 무단전재와 복제를 금합니다.

언약의 사람
토마스 보스톤

차 례

추천의 글_7
옮긴이 머리말_16
지은이 머리말_19

1장 참된 사도, 토마스 보스톤   23

2장 출생과 유년 시절, 그리고 영적 성장   29
　　출생 / 가정 환경 / 교육 / 유년 시절 / 영적 성장 /
　　하나님의 섭리에 대한 깨달음

3장 대학 생활, 개인 교사, 그리고 준목사   43
　　3년간의 대학 생활 / 캠벨 교수와의 만남 / 가정 교사로서의 생활 /
　　케넷에서의 영적 훈련 / 준목사 / 스코틀랜드 교회에 드리운 어둠의 그림자 /
　　심프린에서의 사역의 시작

4장 심프린에서의 사역   62
　　목사 안수 / 하나님과의 새 언약 / 목회 사역 / 결혼 / 몰려오는 시련 /
　　목회 초기의 경험들 / 『현대 신학의 정수』 / 심프린에서의 영적 축복 /
　　에트릭으로부터의 청빙

5장 에트릭에서의 첫 10년   95
아름다운 에트릭 / 에트릭에서의 시련들 / 위로 / 성만찬 / 포기령 /
야곱 족속의 반란 / 보스톤의 내면 생활 / 저술 활동의 시작 /
다른 교구에서 온 청빙

6장 확장되어 가는 영향력   128
『네 가지 상태』 / 에트릭의 성찬의 때 / 물질적인 훈련 /
악화되는 아내의 병세

7장 가정생활, 그리고 목회 사역   142
가정에서의 영적 생활 / 설교 사역 / 심방 사역

8장 잡록과 히브리어 연구, 그리고 해외 교류   161
잡록 / 히브리어 성경 연구 / 『네 가지 상태』의 해외 전파 /
히브리어 액센트에 대한 반응

9장 몰려오는 먹구름   171
잘못된 가르침과 총회의 묵인 / 오염된 강단 / 밝아 오는 하늘

10장 매로우(Marrow) 논쟁　183

11장 마지막 10년, 설교와 저술 활동　191
아내의 질병 / 『현대 신학의 정수 주해』 / 언약에 대한 설교 /
『내 몸에 태인 십자가』

12장 눈에 보이는 본향　199
금식에 관한 논문 / 죽음을 위한 준비 / 하나님과의 언약의 갱신 /
마지막 성찬식 / 위로와 기쁨의 편지 / 그칠 줄 모르는 설교 사역 /
하늘의 부르심

13장 보스톤에 대한 평가와 유작들　222
보스톤에 대한 평가 / 보스톤 자신의 평가 / 보스톤의 유작들 /
사도의 삶을 산 토마스 보스톤

부록 인명 색인　236

추천의 글

인간으로서 목사로서 설교자로서
위대한 논쟁자와 학자로서
자신의 소명을 굳게 붙잡았던 거인

앤드류 맥고완
(A.T.B. McGowan)

앤드류 톰슨(Andrew Thomson)이 쓴 토마스 보스톤(Thomas Boston)의 전기가 출판되는 것은 참으로 기쁜 일입니다. 지난 수세기에 걸쳐 보스톤의 신학은 학문적인 입장과 대중적인 면, 모두에서 크게 주목을 받았습니다. 그러나 그에 대한 전기적인 특성을 지닌 글은 거의, 아니 전혀 발표되지 않았습니다. 따라서 비평적이고 지적인 전기물에 대한 아쉬움이 남아 있었습니다. 톰슨의 저작 역시 그러한 전기적 특성을 지닌 것은 아니며, 19세기의 전형적인 특성을 지녔다고 할 수 있습니다. 그 언어는 상당히 독특하고 고풍스럽기는 하지만, 이해하는 데 어려움을 주지는 않습니다. 오히려 형식적이고 세밀한 필체가 일반적이었던 그 시대 상황에 적절한 것으로 여겨집니다.

그러나 우리가 반드시 던져 보아야 할 질문이 있습니다. 우리가 이 전기의 출간에 감사해야만 할 이유가 무엇이겠습니까? 토마스 보스톤의 생애와 사역이 이렇게 출판될 만한 것일까요? 이 질문에 답하기 위하여 그의 생애와 사역의 다양한 측면들을 살펴보는 것이 도움이 될 것입니다.

인간 보스톤

토마스 보스톤을 이해하는 데에 우리는 복 받은 사람입니다. 왜냐하면 앤드류 톰슨이 지은 본 전기뿐 아니라 보스톤의 자서전이 남아 있어서 우리가 그를 이해하는 데 도움을 받을 수 있기 때문입니다.

보스톤이 자녀들을 위해 쓴 자서전에 나타나는 보스톤의 인상은, 진지하면서도 따뜻하고 자상한 사람입니다. 그는 상당히 내성적인 사람이었고, 육체적으로나 영적으로 자신에게 매우 엄격한 사람이었습니다.

육체적인 면에서 그의 엄격함은 다양한 모습으로 나타나지만, 특히 그 중에서도 그의 정기적인 기도와 금식을 통해 확인할 수 있습니다. 또한 에딘버러의 학창 시절에는, 그의 학업으로 인하여 아버지가 감당하는 재정적인 부담을 지나치게 염려한 나머지 철저한 금욕 생활을 했으며, 그로 인하여 병에 걸리기도 했습니다.

영적인 면에서 그의 엄격함은, 자신의 영적 상태에 대해 예리하게 분석하는 태도를 가지게 만들었는데, 이는 오늘날의 대부분의 교회에 나타나는 피상적 영성과는 정반대의 특성이라 할 수 있습니다. 그러나 때때로 그가 너무 멀리 나아간 것이 아닌가 하는 생각이 들기도 합니다. 열심을 다해 주일을 섬긴 후, 월요일 아침 침대 위에 좀 더 오래 누워 있는 자신을 질책하고 축복을 몰아내는 잠을 잔 자신을 꾸짖는 모습을 볼 때 그러합니다.

그의 가정생활은 평탄하지 않았습니다. 그와 그의 아내는 여러 명의 자녀들을 유아기에 하늘로 보냈으며, 이러한 경험의 고통스러움은 그의 글 속에 잘 나타납니다. 그 또한 생애의 대부분의 시간을 질병의 고통 속에 지냈지만, 이러한 고통은 그의 아내가 겪은 것에 비하면 작은 것입니다. 그의 아내는 그들의 결혼 생활의 대부분을 정신 질환을 앓으면서 보냈기 때문입니다.

그러한 아내를 향해 그가 보여 준 보살핌과 애정은 다른 이들의 모범이 되었습니다. 그는 죽어 가는 순간에도 자신이 떠난 후에 자녀들이 어머니를 잘 돌볼 수 있을지를 깊이 염려했습니다.

그러나 이러한 고난에도 불구하고 그는 많은 복을 받은 사람입니다. 특히 그리스도를 따르는 자녀들을 얻었다는 점에서 그러합니다. 실제로 그는 에트릭(Ettrick)에서 그가 집례한 마지막 성찬식에서, 그의 자녀들이 성찬 테이블로 나아오는 것을 보고 말할 수 없이 기뻐했습니다.

목사 보스톤

토마스 보스톤은 스코틀랜드 교회의 목사로서 주로 시골에서 사역을 했습니다. 첫 사역지는 심프린(Simprin) 교구였고, 그 다음 사역지는 에트릭 교구였으며 그곳에서 남은 생애를 보냈습니다.

그는 재능 있고 헌신적인 목사였습니다. 그가 하나님께서 자신에게 명령하셨다고 확신하는 직무들을 헌신적으로 감당하던 모습은 다른 이들의 귀감이 됩니다. 그러한 삶은 무엇보다도 설교와 가르침, 교리문답 교육을 포함한 자기 양 떼들을 향한 목회적 돌봄으로 이루어졌습니다. 보스톤은 특히 사역 초기에 매우 엄격하고 비판적인 사람이었지만, 양 떼를 향한 사랑과 긍휼 또한 넘치는 사람이었습니다.

그는 신념 있는 장로교도였고, 그 교단에서 맡긴 여러 가지 역할을 감당했으며, 특히 노회의 서기로 오랫동안 봉사했습니다. 국교가 된 스코틀랜드 교회를 향한 그의 헌신은 확고부동했습니다. 심지어 '매로우 논쟁(Marrow controversy)'과 관련하여 총회가 내린 잘못된 징계마저도 기꺼이 받아들이고자 했습니다. 그는 다른 매로우 주의자(Marrowmen)들이 제일분리교회(the First Secession Church)를 만들기 위해 그 교회를 떠나기 전에 세상을 떠났습니다. 그러나 그의 글, 특히 분열의 죄에 대한 그의 글을 볼 때, 그가 살아 있었더라도 그들을 따르지는 않았을 것입니다.

설교자 보스톤

보스톤이 목회 초기에 했던 설교는 매우 율법적인 것으로, 사람들에게 하나님의 율법의 요구와 그것을 어긴 결과에 대하여 경고하는 성향이 강했습니다. 그러나 나이 든 지혜로운 한 목사가 그에게 성도들을 향한 '폭언'을 중단하고 은혜를 설교할 것을 권면했고, 이 조언을 받아들인 후 그의 사역은 변화되었습니다. 우리는 보스톤을 율법주의가 만연한 스코틀랜드 설교 현장에서 은혜를 설교한 설교자로 묘사할 수 있을 것입니다.

다행히도 우리는 그의 많은 설교집들을 접할 수 있으며, 그것을 통해서 그가 자기 성도들에게 어떠한 꼴을 먹였는지를 알 수 있습니다. 그 속에는 심오한 내용과 영성이 들어 있으며, 그것이 그 설교의 빛이 되었습니다.

이 책의 저자는 보스톤이 이러한 책임을 얼마나 진지하게 감당했는지를 잘 묘사하고 있으며, 설교를 하기 위해 교회로 가기 전에 주님 앞에서 어떻게 시간을 보냈는지를 잘 설명해 줍니다. 또한 그가 얼마나 성령의 역사하심에 철저히 의지했는지를 강조합니다.

그의 회중은 양질의 고기를 받아먹었으며, 그들 중에는 학식이 있다고 할 만한 사람들이 많았습니다. 그들은 그의 가르침을 따르고 그가 말한 모든 것을 받아들이고자 기꺼이 애쓰는 자들이었습니다.

이러한 점은 오늘날 우리의 무지를 생각하게 만듭니다. 왜냐하면 그의 사람들은 성경과 소요리문답 내용에 대한 예리한 지식을 가지고 있었으며, 그러했기 때문에 그들 중 상당수는 오늘날 강단을 차지하고 있는 사람들보다 더 뛰어난 신학자들이었습니다. 톰슨은, 소요리문답에 관한 보스톤의 설교를 들은 사람들은 그 시대의 어떠한 목사들과도 논쟁할 수 있을 만큼 잘 양육받은 자들이었다는 점에 주목합니다.

그가 사용한 일반적인 설교 방식은 성경 본문에서 교리들을 뽑아내고 그것을 청중들에게 적용시키는 것이었습니다. 그의 설교는 매우 세심하고도 긴밀하게 짜여져 있었고, 그래서 사람들이 기억하기가 더욱 쉬웠습니다. 또한 거기에는 열정과 정념이 들어 있었으며, 그러한 설교는 많은 영혼들을 구원에 이르게 했습니다.

보스톤의 마지막 몇 편의 설교 중의 일부는 그가 더 이상 서서 설교할 수 없게 되었을 때 특별히 준비된 팔걸이 의자에 앉아서 전한 것들이요, 또 다른 설교들은 사택에서 열린 창문을 통해 전한 것들입니다. 이것은 그의 소명에 대한 성실함을 보여 주는 증거요, 죽어 가는 경건한 사람에게서 쏟아져 나오는 설교를 듣고자 하던 회중들의 갈망을 보여 주는 증거입니다.

논쟁가 보스톤

보스톤은 논쟁이나 다툼을 즐기는 사람은 아니었습니다. 그는 단지 논쟁거리가 될 만한 주제들에 관심을 보였던 것뿐이었습니다. 그러나 그는 어떠한 문제에 대하여 자신의 입장을 정하고 나면 그것을 굳게 지키는 사람이었습니다. 예를 들면, 글래스고 대학(Glasgow University)의 심슨(Simson) 교수가 이단성을 지녔다는 평가를 받고서도 당시의 총회가 그 문제에 대하여 믿을 수 없을 만큼 관대한(후일 매로우 주의자들을 다루는 태도와는 상반되는) 자세를 취했을 때, 보스톤은 이러한 결정에 반발하고 항의하기 위해 총회 석상에서 홀로 맞설 준비가 되어 있었습니다. 그러한 일이 그에게 쉬운 일은 아니었습니다. 왜냐하면 그는 기질상 논쟁주의자가 아니었고, 다른 사람들이 자신의 목적 달성을 위하여 그의 이러한 저항을 이용하고자 했을 때, 사람들이 자신을 그들과 한편으로 여길 것을 매우 염려했기 때문입니다.

보스톤이 가담한 가장 중요한 논쟁은 '매로우 논쟁' 이었습니다. 1645년에 『현대 신학의 정수』(The Marrow of Modern Divinity)라는 책이 발간되었습니다. 이 책의 저자는 단지 'EF' 라는 첫소리를 가진 사람으로만 알려졌을 뿐이지만, 현재 그것이 에드워드 피셔(Edward Fisher)를 의미한다는 사실이 일반적으로 인정되고 있습니다.

그가 그 책의 저자이긴 하지만 사실 그 책의 대부분은 칼빈(Calvin)과 루터포드(Rutherford) 등과 같은 최고의 개혁주의자들이 쓴 글들로 구성되어 있었습니다. 피셔는 그들의 글에서 '정수', 혹은 '핵심' 이 되는 부분들을 발췌하여 사용했고, 그래서 책의 제목을 그렇게 붙인 것입니다.

책 내용의 대부분은 다양한 성격을 가진 사람들이 나누는 대화로 이루어져 있습니다. 즉, 율법폐기론자(Antinomian)[1]와 신율법주의자(Neonomian), 그리고 복음적인 목사 등이 등장합니다. 지혜롭게 저술된 이 책 안에는 복음이 강력히 제시되어 있습니다.

보스톤은 심프린의 어느 오두막집에서 그 책을 발견한 후, 서둘러서 친구들에게 그 책을 읽을 것을 권면했습니다. 훗날 그는 자신이 각주를 달아 그 책을 재출간했습니다.

그러나 당시 스코틀랜드 교회의 주도적인 세력은 그 책이 건전한 교리에 어긋나는 것이라고 믿었고, 소위 '매로우 주의자(Marrowmen)' 라고 불리던

---

1. 그들은 그리스도인들에게 율법은 더 이상 중요하지 않다고 믿습니다.

그 책을 옹호하는 사람들과 그것을 반대하는 사람들 사이에 중요한 논쟁과 소논문 싸움이 발생하게 되었습니다. 중요한 신학적 쟁점은 복음의 값없는 제공, 회개의 교리, 확신이 구원 얻는 믿음의 본질에 속하는지 등에 관한 것들이었습니다. 매로우 주의자들은 당시 교회 내의 동료 목사들의 율법주의에 저항했습니다.

이 논쟁의 결과 1720년 스코틀랜드 교회 총회는 『현대 신학의 정수』를 금서(禁書)로 만들었고, 목사들은 그 책을 사용하지도, 그것을 읽으라고 권면하지도 말 것을 요청받았습니다. 개혁교회가 그 시대의 어떠한 책을 이렇게 다룬 것은 예를 찾아보기 힘든 희귀한 일입니다. 당연히 매로우 주의자들은 이 결정에 항의했고, 그 문제는 2년 이상 소란거리가 되었습니다. 그러나 최종적으로 그들은 목사로서의 지위와 관련된 어떠한 제한이나 회중들을 떠나라는 명령은 아니었지만, 1722년 총회에서 징계를 받게 되었습니다.

보스톤은 수년 동안 그 논쟁의 중심에 있었고, 매로우 주의자들의 주장을 펼치면서 입증된 그의 신학적인 재능은 널리 존경을 받게 되었습니다.

학자 보스톤

보스톤은 또한 상당한 재능을 지닌 저술가요, 학자였습니다. 그는 『내 몫에 태인 십자가』(The Crook in the Lot)와 같은 다수의 소책자들을 출판하기도 했습니다. 1853년에는 그의 저술 전집이 12권으로 출판되었습니다. 그의 저술들의 대부분은 그가 에트릭에서 했던 설교를 모은 것입니다. 그의 저작들 중 가장 유명한 것은 『인간 본성의 네 가지 상태』(Human Nature in its Fourfold State)입니다. 이 책에서 보스톤은 인간이 거치게 되는 다양한 상태들을 숙고함으로써 거의 완벽한 조직신학을 발전시켰습니다. 이 책은 타락 이전의 죄 없는 상태의 인간, 타락 이후의 죄 가운데 있는 인간, 그리스도인이 된 구원받은 인간, 그리고 신자의 미래 상태를 묘사한 영광 중의 인간에 관해 말하고 있습니다.

보스톤이 각주를 달아서 재출간한 『현대 신학의 정수 주해』는 주요 쟁점들을 명료하게 했을 뿐 아니라 신학자로서의 그의 명성을 드높이는 데 기여했습니다. 『행위 언약에 대한 평가』(A view of the Covenant of Works), 『은혜 언약에 대한 평가』(A view of the Covenant of Grace) 등의 책이 발간되었을 때, 그는 언약 신학의 대표주자로 여겨졌고, 심지어 위시우스(Witsius)와 같은 다른 위대한 인물들과 비교되기도 했습니다. 『여러 가지 질문들』(Miscellaneous Questions)이라는 그의 육필 원고는, 학자들이 활용할 수 있는 자료들이 전혀 없던 당시의 상황에서도 거대한 신학적 쟁점들과 씨름하는 보스톤의 뛰어난 모습을 보여 줍니다.

그의 서재는 아주 작았습니다. 그러나 그는 조직신학 분야에서만이 아니라, 전 유럽에 있는 히브리어 학자들과 견주어서도 높이 평가됩니다. 히브리어 액센트에 관한 그의 책에 오류가 있다는 주장이 있었지만, 그러한 입장을 계속해서 주장하는 그의 능력은 언어에 대한 탁월함의 증거가 되었습니다. 그는 또한 동시대의 대부분의 학자들처럼 라틴어에도 능숙했을 뿐만 아니라, 다른 이들과는 달리 프랑스어에도 재능을 보였습니다. 톰슨은 그가 네덜란드어를 번역하기도 했다고 말합니다.

결론

지금까지 말한 모든 사실들은 18세기 초기에 토마스 보스톤의 중요성과 의의를 충분히 보여 주며, 앤드류 톰슨의 본 전기의 출판을 정당화합니다. 그것은 과거의 한 위대한 인물을 잊지 않게 하는 일이 될 것입니다.

그러하다면 보스톤의 유용성은 단지 역사적인 것에 불과한 것일까요? 또는 그가 오늘날에도 중요성을 지니고 있는 것일까요?

토마스 보스톤에 대한 재발견은 우리 시대의 교회, 무엇보다도 보스톤이 속한 스코틀랜드 교회를 유익하게 할 것입니다. 또한 우리가 이 시대의 유익을 위하여 재발견할 필요가 있는 다양한 모습의 보스톤의 삶과 사역이 있습니다. 즉, 그리스도를 향한 그의 사랑, 개인적 거룩함에 대한 그의 관심, 잃어버린 영혼들을 위한 그의 강력한 복음 전도의 열망, 신자들을 위한 그의 깊은 목회적 관심 등 말입니다.

특히 1560년 이래로, 심지어 복음주의자라고 자처하는 사람들 사이에서도, 스코틀랜드의 한 세대에서 다음 세대로 전해져 온 개혁주의의 유산이 거의 사라져 가고 있는 것처럼 보이는 이 시대에, 우리가 그의 칼빈주의적 언약 신학을 재발견할 필요가 있음은 두말할 나위도 없습니다. 무엇보다도 우리는 '가르치는 장로'가 되라는 자신의 소명을 진지하게 붙잡고, 우리 앞에 나타난 보스톤을 본받아야 합니다. 그는 설교를 진지하게 준비하며 수고한 입증된 목회자요 학자였습니다.

톰슨이 말하듯, 보스톤은 실로 위대한 인물이었습니다. 우리 역사 속에서 그와 필적할 만한 사람은 극히 드물 것입니다. 오늘날 큰 곤경에 빠진 교회를 돕기 위하여 그와 같은 사람을 하나님께서 더 많이 부르시고 일으켜 주시기를 기도합니다!

맥고완(A.T.B McGowan) 교수는 현재 영국 스코틀랜드 지방 하일랜드(Highlands)소재 하일랜드신학대학(Highland Theological College)의 학장으로 재직 중입니다.

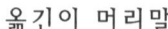

옮긴이 머리말

홍상은 목사

이 책, 아니 이 책의 주인공인 토마스 보스톤을 만나고 알게 된 즐거움을 어떻게 말로 다 표현할 수 있겠습니까! 보스톤은 그동안 짧은 역사적 지식과 독서를 통해서 만나 본 많은 위대한 사람들 가운데, 제 인생, 혹은 신앙 여정에 가장 큰 위로와 도전과 힘을 준 인물로 단연 첫 손가락에 꼽을 수 있는 사람입니다.

균형과 조화

번역을 마치고 토마스 보스톤이라는 이름을 떠올렸을 때, 저는 여러 가지 면에서 균형 잡힌 이 큰 사람의 모습에 압도되었습니다. 그렇습니다. 보스톤의 특징은 '균형(均衡)', 그것이라 말할 수 있겠습니다.

그는 목회자로서의 삶과 남편, 아버지로서의 가정생활에 아름다운 조화를 보여 주었으며, 어린 자녀들과 아내를 잃는 시련과 목회 사역에서 전무후무한 하늘 축복이 행복하고도 아름다운 형형색색의 색깔들로 나타나는 귀한 조화를 보여 주었습니다. 또한 그는 설교와 심방, 신앙과 학문의 관계에 대한 거의 완벽한 모델을 보여 주었습니다. 특히 그에게는 하나님의 진노와 그리스도의 값없는 은혜의 복음 선포가 완벽한 균형을 이루고 있습니다.

실로 이러한 균형과 조화는 그러한 것들을 상당 부분 잃어버리고 한쪽으로 치우친 채로 살아가는 이 시대의 모든 성도들, 특히 주의 말씀을 수종드는 영적 지도자들에게 너무나도 절실하게 회복되어야만 하는 부분이라는 확신이, 이 책의 번역을 마친 제 마음에서 떠나지를 않습니다.

매로우 논쟁과 값없는 복음의 선포

그의 생애에서 우리가 가장 눈여겨보아야 할 점은 소위 '매로우 논쟁'에 대한 부분입니다. 보스톤은 랠프 어스킨과 함께 '매로우 논쟁'의 중심에 서 있던 사람으로, 그 논쟁은 그의 사상의 중심을 이해하는 데뿐만 아니라 기독교회의 정수(精髓)를 이해하는 데 핵심이 된다고 하겠습니다.

그 논쟁은 한마디로 '누가 예수를 믿을 수 있는가?'에 관한 것입니다. 당시 스코틀랜드 교회는 한 죄인이 예수를 믿으려면 거기에 합당한 기본적인 회개와 경건과 거룩을 추구하는 자세가 필요하다고 가르치고 있었습니다. 그러나 보스톤과 함께 진리의 증인이 된 자들은 모든 죄인들이 자신의 경건의 모습이나 노력과 상관없이 예수의 복음을 믿을 수 있다고 선포했습니다. 참된 회개와 경건한 삶으로의 변화는 예수를 믿기 위한 조건이 아니라 예수의 은혜를 믿음으로 받아들인 결과임을 선포한 것입니다.

이러한 관점은 보스톤이 그리스도의 한없는 용서와 넘치는 긍휼을 강단에서 가감 없이, 그리고 두려움 없이 풍성하게 선포할 수 있게 했고, 이로써 많은 영혼들은 자유함을 누릴 수 있었습니다.

이 책과 함께 지평서원에서 출판한 존 콜쿤(John Colquhoun)의 『참된 회개』(Repentance)를 읽는다면, 복음의 정수(精髓)를 이해하는 데 더욱 큰 도움이 되리라 생각합니다.

타락한 죄인들이 많은 모든 시대가 그러하겠지만, 특히 이 시대는 불신자들이나 신자들이나 좌우로 치우쳐 살아가는 극단의 시대입니다. 이러한 세대 속에서 무엇이 참길인지를 묻는 이들에게, 저는 주저 없이 토마스 보스톤을 소개합니다. 그가 남긴 모든 말과 행적들은 병들어 신음하는 모든 영혼들에게 귀하고 좋은 약이 될 것이라고 믿습니다. 왜냐하면 그 속에는 언제나 그리스도의 넘치는 은혜가 깃들어 있기 때문입니다.

귀한 책을 소개해 주신 박순용 목사님께 감사의 마음을 전하며, 지평서원의 사역이 그리스도의 영광이 이 땅에 나타나기까지 지속되고 번성케 되기를 기도합니다. 여전히 저의 특별한 사랑은 아내 진순과 하늘에서 온 귀한 선물인 세 자녀들(이정,이준,이슬)에게 있습니다.

은혜의 장마를 기다리며.

지은이 머리말

진정한 사도요 기독교회의 빛나는 별, 토마스 보스톤

앤드류 톰슨
(Andrew Thomson)

　에트릭의 보스톤의 전기를 쓰는 일은 그의 전기를 쓰는 또 한 사람의 저자만 더 생기는 것일 뿐이라는 비난을 받을 만한 일이 아니라고 생각합니다. 그 탁월한 사람이 세상을 떠난 지 거의 한 세기하고도 절반이 지났지만, 그에 대한 완벽한 전기를 쓰고자 하는 어떠한 시도가 있었는지는 아직 알 수 없기 때문입니다.
　그의 생애 중 중요한 부분들과 관련된 짤막한 일화들이나 그의 성품에 대한 평가 등은 그의 저작들이 재출간될 때 덧붙이는 형태로 간헐적으로 출판되어 왔습니다. 그러나 그의 유년 시절에서 시작하여 가정사와 모든 격변기를 통과한 그의 생애의 역사, 즉 당대의 오류들과의 갈등, 당시 교회 상황에 대한 그의 영향력, 그리고 그 시대의 종교 사상 등을 포함한 그 전반적인 모습을 추적해 온, 사실상 우리가 전기라고 부를 만한 책이 있는지는 알 수 없습니다.

물론 보스톤이 쓴 일기가 출판되긴 했습니다. 그것은 그가 자기 가족들을 위해 기록한 것으로서, 그가 죽은 후 즉시 출판되었으며, 모든 전기를 쓰는 작가들에게 무한히 가치로운 것이라 할 수 있습니다. 그러나 그것조차도 다른 자료들로 보강될 필요가 있습니다. 뿐만 아니라, 시종일관 보스톤 자신의 시각으로만 이루어진 일기만으로는 전기의 목적을 달성하는 데 별로 도움이 되지 못할 것입니다. 그래서 저는 이 책에 그의 삶과 사역의 총체적인 부분을 담고자 노력했습니다. 그 내용이 어느 정도 성공했는지는 지적이고도 정직한 독자들이 판단할 문제입니다.

비록 짧은 머리말이지만, 저는 이 전기를 저술하는 데 친절한 조언과 격려를 아끼지 않은, 감사의 빚을 지고 있는 친구들의 이름을 언급하지 않을 수 없습니다.

먼저 셀커크(Selkirk)의 존 로슨(John Lawson) 목사님께 따스한 감사를 보냅니다. 그분은 에트릭과 얘로우(Yarrow)의 고전적 풍경을 살피는 일에 여러 날 동안 저를 인도해 주셨고, 이 『네 가지 상태』(Fourfold State)의 저자의 존귀한 이름이 서려 있는 신성한 장소들을 보여 주셨습니다.

또한 비거(Biggar)의 스미스(Smith) 박사님께도 감사드립니다. 그분은 깊은 인내로 제가 보스톤의 작품의 원본을 접할 수 있게 해 주셨고, 몇 개의 사진을 찍는 것을 허용해 주셨습니다. 또한 오랜 세월 동안 복음의 동역자요 고락을 함께 해 온 친구, 던블레인(Dunblane)의 블레어(Blair) 박사님께도 감사를 드립니다. 그분은 보스톤에 대한 저의 존경심에 깊은 감동을 받고 매우 깊은 학식에서 나오는 친절한 충고와 조언을 해 주셨습니다.

또한 화이트 밀러(W. White-Millar), 오랜 세월 소중한 친구인 S.S.C. 등의 이름을 빼놓을 수 없습니다. 이들은 이 책을 저술하는 데 필요한 너무나 소중한 정보들을 얻기 위해 시간과 수고를 아끼지 않았고, 언제나 즐거운 표정으로 우리의 고생이 기쁨이 되게 해 주었습니다.

무엇보다도 저는 이 연구를 통하여 길어 올린 영적인 유익함에 대한 강렬한 느낌을 감사의 목록에 두고 싶습니다. 이 연구는 오랜 시간 동안 이루어진 것으로, 진정한 사도적 인침을 지닌 한 사람의 삶과 성품에 대하여 살핀 것입니다.

토마스 보스톤, 그는 역사상 가장 밝고도 순결한 시기에서조차 돋보이는 기독교회의 가장 밝은 일등성이요, 빛나는 훈장으로 여기기에 마땅한 사람입니다.

1장

참된 사도, 토마스 보스톤

18세기 스코틀랜드 기독교 전기사에서 에트릭(Ettrick)의 토마스 보스톤보다 더 존귀하게 평가되는 사람은 거의 없을 것입니다. 그가 『네 가지 상태』(Fourfold State)의 저자라는 사실만으로도 이러한 평가가 타당하다는 것을 설명하고 입증할 수 있을 것입니다.

종교 개혁 이후 지금까지 생명을 불어넣는 책들이 많이 있었습니다. 하나님께서는 이미 믿는 사람들 속에 신적인 생명을 더욱 깊이 심어 주시고 불타오르게 할 뿐 아니라, 무수한 사람들을 회심시키는 도구로 이러한 책들을 사용하셨습니다.

마틴 루터(Martin Luther)의 『갈라디아서 주석』(Commentary on Galatians), 리챠드 백스터(Richard Baxter)의 『회심』(Call to the Unconverted), 존 번연(John Bunyan)의 『천로역정』(Pilgrim's Progress), 조셉 얼라인(Joseph Alleine)의 『경고』(Alarm), 필립 도드리지(Philip

Doddrige)의 『시작과 진행』(Rise and Progress), 앤드류 풀러(Andrew Fuller)의 『답변된 위대한 질문』(Great Question Answered), 윌리엄 윌버포스(William Wilberforce)의 『실천적 기독교』(Practical Christianity), 또한 프랑스의 모노(Monod)의 『루실』(Lucille), 안트(Arndt)의 『진정한 기독교』(True Christianity) 등은 위대한 생명력을 지닌 책들이며, 이 신령한 목록에 더하여 보스톤의 『네 가지 상태』를 추천할 수 있을 것입니다.

출판된 지 25년이 흐른 후, 그 책은 확고한 지위를 얻었고 스코틀랜드의 로우랜드(Lowland) 전역에서 열독되었으며 많은 사람들을 사로잡았습니다. 세인트 엡스 곶[1] 지역, 즉 접경 지역에 있는 모든 주들과 램머무어스(Lammermoors)와 로우데스(Lowthers)[2]의 그림자가 드리워지는 목초지들에서부터 갤러웨이(Galloway)[3]의 가장 먼 곳에 이르기까지, 모든 목자들의 오두막 선반 위에는 성경과 번연의 『천로역정』과 더불어 보스톤의 『네 가지 상태』가 나란히 놓여 있었습니다.

목자는 고요한 언덕을 오르면서 자신의 어깨걸이 위에 보스톤의 그 책을 접어 올려 가져가고, 골짜기에서 쟁기로 밭을 가는 농부는 온 종일의 긴 수고를 마친 뒤, 그 책을 하늘의 만나로 삼아 마음의 생기를 되찾았습니다. 그 책의 영향력은 낮은 계층 사람들로부터 로우랜드 영주와 보더(Border)지역의 당국자가 사는 대저택들에까지 향기처럼 퍼져갔고, 그들에게 경외스러운 기쁨을 안겨 주었습니다. 그 결과는 마치 언 땅 위에 임하여 생명을 불어넣는 봄기운과도 같은 것이었습니다.

---

1. 역자주 – 북해와 농경지 사이, 버릭셔(Berwickshire) 연안에 위치한 잉글랜드와 스코틀랜드의 경계 지역에 있는 경계표입니다.
2. 역자주 – 해딩턴과 버릭(Berwick) 주들을 나누는 구릉지대입니다.
3. 역자주 – 영국 스코틀랜드 남서부에 있는 주입니다.

보스톤의 『네 가지 상태』를 가지고 있는 많은 목자들은 그것을 자주 정독하여 마음속에 그 내용을 숙지하고 있었으므로, 신학적 의문들에 관한 토론에서 그들을 당해 낼 자가 없었습니다.

보스톤과 비슷한 시대에 살던 한 사람은, 『네 가지 상태』는 3세대에 걸쳐, 적어도 영국의 어느 한 지역에서 유명한 사람의 그 어떠한 저술보다 훨씬 더 많은 회심자를 낳았고, 광범위한 영적 각성을 일으키는 도구가 되었다고 단언합니다.

시간이 많이 지났다고 해서 이 탁월한 책의 그 강력한 힘이 다 소진되었을 것이라고 생각해서는 안 됩니다. 더 이상 유통되지 않는 닳아 빠진 금전이나, 혹은 녹슬고 무뎌져서 무기고에서 박물관으로 옮겨진 칼과 같다고 생각한다면, 그것은 큰 실수입니다.

런던에서 열린 장로교 연합회 대회에서 에드워드(Edward) 학장이 발표한, 「웨일즈의 신앙사상」(Religious Thought in Wales)이라는 논문에는 다음과 같은 사실이 언급되어 있습니다. "만일 여러분이 50년 전의 개별 공동체들의 지도자나 시골 장로의 가정에 들어가 본다면, 한결같이 그곳에는 엄선된 책들이 가득한 아담한 서고가 있다는 것을 발견하게 될 것입니다. 여러분은 그 어떤 책들보다 웨일즈어로 번역된 보스톤의 『네 가지 상태』, 번연의 『천로역정』, 오웬의 『그리스도의 성품』과 『신자들 내면의 죄 죽이기』 등과 같은 책들에 손이 가게 될 것입니다."

현재 대영 제국의 식민지역들, 특히 스코틀랜드 풍의 요소들이 풍성한 곳에서는 아직도 『네 가지 상태』가 인기를 끌고 있으며 꾸준히 읽히고 있습니다. 우리는 래브라도(Labrader)의 안개 많은 연안 지역에서 그 책이 광범위하게 팔리고 읽힌다는 소식을 그곳 원주민들에게서 들을 수 있었습니다. 따라서 하나님께서 여러 세대에 걸쳐 복된 도구로 사용하신 한 저자의 외적,

내적 삶에 대해 알고자 하는 것은 지극히 자연스러운 일입니다.

보스톤의 이름이 스코틀랜드 기독교회의 연보 속에서나 그곳 성도들의 가슴속에서 오랫동안 확고한 자리를 차지해 온 것은 많은 책의 저자로서만이 아니라, 그가 에트릭의 훌륭한 목회자였기 때문입니다. 18세기 초기 스코틀랜드에서 개인적인 성품에서나 목회적 직무 이행에 있어서, 보스톤보다 더 사도적인 모범에 근접한 목회자는 찾아보기 힘든 일입니다. 실제로 많은 성인들과 어린이들은 그가 죽기 직전에도 경외심을 가지고 그의 이름을 불렀습니다. 그리하여 그 이름은 거룩한 삶의 대명사가 되었습니다.

우리는, 에트릭의 푸르른 언덕들과 고요한 시냇물을 바라보면서 성도들을 성도다운 삶으로 인도하고자 굳은 다짐을 하며 자리에서 일어서는 그를 상상할 수 있습니다.

그는 또한 스스로 신학적 난제들을 풀기 위해 많은 생각과 기도에 전념했고, 교구민들 안에서 퍼져 가는 신성 모독과 부정함, 세속성, 흐트러진 생각과 안일한 행동에 대적하여 혼신의 힘을 다해 싸웠습니다. 그리하여 성도들을 그리스도의 순종에 이르게 하고자 애썼습니다.

그는 백스터가 『참 목자』(Reformed Pastor)를 쓸 당시의 모습과 매우 흡사한 인물이었습니다. 브로드 오크(Broad-Ock)의 영국 주교 필립 헨리(Philip Henry)가 백스터를 '비국교도의 아름다운 성도'라고 평가한 것처럼, 우리는 백스터와 닮은 보스톤을 훌륭한 정신과 지성, 은사를 지닌 사람으로 평가할 수 있을 것입니다.

우리가 반드시 알아야 할 사실은, 보스톤이 자신의 비망록, 좀 더 정확히 말하자면, 일기를 썼다는 사실입니다. 그것은 주로 자신의 달려갈 길을 다 마친 후, 가족과 절친한 벗들에게 유익을 주기 위해 쓴 것입니다. 그것은 두꺼운 한 권의 책으로 되어 있으며 정보의 정확성과 완벽함까지 갖추고 있어서 전기를 써 가는 데 무한한 가치를 지니고 있습니다. 무엇보다 읽는 사람들에게 저자의 내적이고 영적인 삶을 알 수 있는 지식을 제공한다는 사실을 생각할 때 더욱 그러합니다. 이러한 정보는 자서전이 아니고서는 얻을 수 없는 것들이기 때문입니다.

두려울 정도로 정직한 자기 폭로를 담고 있는 이 책은, 『어거스틴의 고백록』(Confessions of Saint Augustine)처럼 철저한 진실성과 단순성을 여지없이 드러내고 있습니다. 이러한 책을 일종의 자서전이라고만 단정하는 것은 옳지 않은 판단일 것입니다. 자기 과시에 관한 한, 보스톤은 자신에 대해 기록할 때 이미 자기 자신을 망각했습니다.

그의 유년 시절과 사역 초기 사건들뿐만 아니라 교회에서 배도가 시작되어 어쩔 수 없이 그 싸움에서 순교자의 정신으로 견뎌 내야 했던 그의 생애 후반의 모습과 관련된 정보들은, 반드시 보스톤 자신이 제공하는 자료들에서만 끌어낼 수 있습니다.

우리가 가장 가치 있게 여기는 것은 에트릭에서의 그의 삶과 사역에 대한 기록들입니다. 그의 풍성하고도 열정적인 기도는 기독교인들에게 신령하고도 가슴 벅차오르게 하는 흥미를 줍니다. 또한 특별한 섭리가 나타날 때뿐만 아니라 일상 속에서도 언제나 하나님을 주목하고자 애쓰는 모습과, 늘 자신이 타오르는 불꽃같은 전지하신 분 앞에 서 있는 것처럼 자신의 마음을 살피고 스스로를 엄격하게 판단하는 모습도 매우 흥미롭습니다. 뿐만 아니라 자신의 집을 다스리는 그의 온화한 부드러움과 자신의 자녀들이 구원 얻기를 사모하며 나타내던 그의 거룩한 열정도 그러합니다.

거기다가 보스톤의 경험들은 에트릭의 영적 지도자들에게 가장 온전한 소원들과 흠모할 만한 교훈을 주는 것이었습니다. 이 거룩한 직무가 지니는 책임과 어려움을 감당해야 할 젊은 목회자들은, 그의 연구와 강단 사역, 심방 사역에서 대적자들에게 나타낸 온유한 인내심 속에서, 또는 앞이 보이지 않는 자욱한 안개나 계곡의 급류의 한복판에 있는 것과 같이 위험한 그의 경험에서, 선을 행할 기회를 얻고자 힘쓰는 모습이나 그러한 기회를 얻지 못했을 때 그것들을 직접 타개하고자 애쓰는 모습에서 목회 성공의 비결을 배울 수 있었습니다. 또한 지금까지 성공을 거두지 못한 자들 역시, 아직도 기회가 있다는 사실과 자신의 실패의 원인이 무엇인지를 배울 수 있었습니다.

놀라운 에트릭에서의 사역을 연구하면 할수록, 카우퍼(Cowper)의 유명한 저술들과 바울에게서 나타난 참된 그리스도인의 이상적인 모습이, 이 하나님의 사람에게도 탁월하게 나타났다는 사실에 더욱더 깊은 인상을 받게 될 것입니다.

후세에 에트릭은 고전적인 장소가 되었습니다. 월터 스코트(Walter Scott) 경과 유명한 중세 음유 시인이자 목자 시인인 제임스 호그(James Hog)는 그들의 시에, 골짜기와 언덕, 그리고 시냇물을 문학적 재료로 사용하였으며, 그러한 아름다운 시어들은 그들의 명성이 땅 끝까지 울려 퍼지게 만들었습니다. 그러나 우리는 이 뛰어난 시인들의 아름다운 시어가 탄생하기 두 세대 전, 이미 스코틀랜드 로우랜드의 모든 오두막과 성들 내에서 에트릭은 보스톤과 연관된 하나의 이름이 되었다는 것을 기억해야 합니다. 보스톤은 여러 교구 안에서 자신의 저작들과 사역을 통해 황무지를 옥토로 바꾸고 방황하는 많은 사람들을 하나님의 나라로 인도했던 것입니다.

2장

출생과 유년 시절, 그리고 영적 성장

† 출생

토마스 보스톤은 1676년 3월 17일에 태어났습니다. 그때는 1688년 명예혁명[1]이 일어나기 12년 전이었으며, 그 혁명으로 인하여 네덜란드의 윌리엄 공이 왕좌에 앉았고, 장로교회가 예전에 누리던 재정적 수익과 특권이 복권되었습니다.

그의 출생지인 던스(Duns)는 버릭셔 내에서 중요한 마을로, 던스 라우(Duns Law) 남부의 전망 좋은 들판에 위치하고 있었습니다. 지금은 금작화와 바늘 금작화 등으로 덮여 있지만, 여전히 크롬웰과 공화정의 격동기에 레

---

1. 역자주 – 1688-1689년에 영국에서 일어난 역사적 사건으로서, 명예혁명으로 제임스 2세가 퇴위하고 그의 딸 메리 2세와 네덜란드의 총독이자 그의 부군인 윌리엄 3세가 왕위에 올랐습니다.

슬리(Leslie) 장군이 점령했던 흔적이 남아 있는 곳입니다.

조그마한 보더 지역 마을은 유명한 사람들의 탄생지로 더욱더 알려져 왔습니다. 특히 이곳은 존 던스 스코투스(John Duns Scotus)의 마을로 알려질 만큼 그에 관한 증거들이 많은 마을입니다. 그는, 13세기 한때 인문주의 신학과 철학이 유행하기 전까지, 학식이나 절묘한 변증, 웅변술에 있어서 전 유럽에서 그와 견줄 자가 없을 만큼 뛰어난 인물이었습니다. 그와 같은 시대에 살았던 어떤 사람은 그를 이렇게 묘사했습니다. "그는 한 사람이 다 읽을 수도, 이해할 수도 없는 많은 책을 저술했다."

바로 그 마을이 17세기에 보스톤의 출생지가 되었습니다. 그리고 약 100년 후에 토마스 메크리(Thomas M'Crie) 박사도 그곳에서 태어났는데, 그는 녹스(Knox)와 멜빌(Melville)의 전기를 써서 스코틀랜드 교회 역사를 놀랍도록 부요케 한 인물이었습니다.

† 가정 환경

보스톤의 부모는 낮은 중산층에 속해 있었지만 도덕적인 소금의 역할을 크게 감당하며 살아왔습니다. 그의 아버지인 존 보스톤(John Boston)은 이웃들에게서 좋은 평판을 들었으며, 그의 아들들은 그를 '젊은 시절부터 복음의 아름다움을 소유하고 살아온' 상당히 지적이고 경건한 사람으로 묘사했습니다. 토마스 보스톤의 어머니인 알리슨 트로터(Alison Trotter)는 총명하고 정숙한 여인이었습니다. 우리의 주인공은 일곱 자녀들 중 막내였습니다.

보스톤이 탄생하고 명예혁명이 일어난 12년 동안, 그의 부모는 외형적 삶의 안일함이나 사람을 기쁘게 하는 일보다 양심의 자유를 우선으로 여기며 감독의 권위에 굴복하기를 거절했습니다. 그리하여 그들은 비국교도의 신앙을 위하여 심한 어려움을 견뎌야만 했습니다. 이러한 저항으로 인하여 보스턴의 아버지는 홀로 투옥되었습니다. 소년 보스턴이 아버지의 외로움을 달래 드리기 위해 감옥에 면회를 갔던 일이 그가 회상한 가장 초기의 일입니다. 이러한 체험은 기억 속에 깊이 새겨졌으며, 어른이 된 후에 그는 고통받으시던 아버지와 교제할 수 있었던 사실을 기뻐했습니다.

또 다른 비국교도의 가정에도 이와 유사한 일이 있었습니다. 모든 교회와 오는 세대에 찬송가의 빛을 넘겨준 아이작 와츠(Isaac Watts)의 아버지 또한 비국교도였으며, 미래의 찬송가 작시가가 태어날 당시에 그는 자신의 비국교도 신앙을 지키기 위해서 감옥에 갇혀 있었습니다.. 어린 아이작 와츠는 어머니의 팔에 안겨 날마다 감옥 문 앞을 방문했고, 그 어머니는 아이에게 젖을 먹이면서 그 문 곁에서 몇 시간씩 앉아 있곤 했습니다. 왜냐하면 죄 없이 고난받는 남편이 자신들이 그곳에 와 있다는 사실을 알면 기운을 얻고 위로를 얻을 것이라고 생각했기 때문입니다.

여기 한 가지 회고담이 있습니다. 그 안에는, 양심을 버리라는 사람에게 순종하기를 거절했던 남편과 다를 바 없이 견고하고도 굳은 의지를 지닌 보스턴의 어머니의 모습이 담겨 있습니다. 또한 우리는 고난받는 남편을 향한 사랑으로 충만한, 그리고 남편의 석방을 위해 열심히 노력하는 그녀를 볼 수 있습니다.

두 번째 불복종 행위 때문에 그녀는 과도한 노동을 해야 했습니다. 치안 판사가 투옥의 형벌과 함께, 벌금을 내지 않으면 재산을 압류하겠다는 조건을 걸었으며, 그로 인해 그녀는 추가로 부과된 과중한 벌금을 내기 위해 혼신의 노력을 다해야 했기 때문입니다. 그녀는 위험을 무릅쓰고 부과된 액수를 조금이라도 경감해 달라고 간청했지만, 그 요구는 절대 불가능하다는 대답과 저주의 욕설로 거절당했습니다. 그러나 '저주의 욕설들은 갈까마귀처럼 자기가 나온 보금자리로 다시 날아간다' 라는 스페인 속담처럼, 그 악담은 그 말을 한 사람에게 신속하게 되돌아가 파멸과 수치를 안겨 주었습니다.

† 교육

이제 다시 그 아들 보스톤의 이야기로 돌아가겠습니다. 보스톤은 아주 어릴 때부터 학교를 다니기 시작했습니다. 3년간 그는 한 여선생님께 지도를 받았는데, 그녀의 교육 방식은 오늘날의 교육 방식과는 많은 차이가 있는, 매우 단순하고도 원시적인 것이었습니다. 어린 학생이 알파벳과 두세 음절을 발음할 수 있도록 연습시킨 후, 솔로몬의 잠언과 소요리 문답을 학습 교재로 사용하여 단어 공부와 읽기 공부를 하게 했습니다. 그녀가 선택한 그 교재들 안에는 어려운 발음과 복합 어절이 많이 들어 있었는데도 말입니다. 당시에는 손쉽게 실력을 향상시키는 등급화된 교재가 없었습니다. 그것은 마치 어린 학생에게, 그가 오르기에는 너무 벅찬 높이까지 사다리를 타고 올라가라고 요구하는 것과 같았습니다. 다행히 그 난관은 적절하게 극복되었습니다.

선한 영혼을 지닌 선생님은 보스톤에게 일반적인 방법으로 교육시키는 것에 만족하지 않았습니다. 왜냐하면 그녀는 이 조용한 소년에게 매우 마음이 끌렸기 때문입니다. 그녀는 보스톤의 아버지의 다락방에서 학교를 열었습니다. 유난히 추운 어느 겨울밤, 다른 학생들이 모두 돌아간 후에, 그녀는 보스톤에게 큰 소리로 책을 읽게 하고 성경 이야기를 반복해서 들려주었습니다. 보스톤은 그 이야기를 들으면서 큰 감동을 받았습니다.

우리는 여기서 도드리지의 어머니가 행한 일을 떠올리게 됩니다. 그녀는 온아하고 헌신적으로, 굴뚝 모퉁이에 있는 장식용으로 쓰던 푸른색 네덜란드 타일 위에 그려진 '성서(Holy Writ)'[2]의 이야기들을 상세하게 설명하곤 했습니다. 그 교훈들은 결코 지워지지 않았습니다. 왜냐하면 기억 위에 그리는 최초의 그림은 지워지지 않는 색깔로 그려지기 때문입니다.

여덟 살 무렵, 어린 보스톤은 이미 선생님이 요구하는 수준에 도달했고, 두드러진 자질을 보여 주었습니다. 그는 고향에 세워진 제임스 불러월(James Bullerwall)이라는 교장이 운영하는 문법학교에 입학했습니다. 교장은, 보스톤에게 초등 교육을 잘 시키겠다는 약속과 그를 영문법과 라틴어, 더불어 헬라어 신약 성경의 쉬운 부분을 번역할 수 있는 수준으로 교육하겠다고 약속했습니다. 그 과목들은 조지 뷰캐넌(George Buchanan) 시대 이래로 많은 스코틀랜드 교육자들이 많은 관심을 가져오던 것들입니다.

보스톤은 첫 시간부터 학교 과제물을 성실하고 책임감 있게 소화해 냈고, 다른 아이들을 능가하는 성과를 보였습니다. 그러나 친구들과 맞추어서 수업을 하느라 그의 진보가 늦어지기도 했습니다.

† 유년 시절

놀이터에서 친구들과 어울리던 어렴풋한 유년 시절의 모습과 학창 시절의 모습에 대하여 내린 그의 평가를 살펴보는 것도 흥미로울 것입니다. 자신만의 독특한 삶의 태도에 대하여 그는 이렇게 말합니다.

---

[2]. 역자주 – 주로 보수적이고 근본주의적인 그리스도인들이 성경을 묘사하기 위해 사용하던 것으로서, 부모들이 자녀들에게 설명해 주곤 했습니다.

"내가 받은 교육과 본성적 기질로 인하여, 나는 건전하고 품행이 단정한 학생이었고, 마을 아이들에게서 일반적으로 나타나던 못된 행실의 영향도 거의 받지 않았다. 나는 어떤 아이들처럼 건달 같은 아이라고 불릴 만한 일을 한 적이 한 번도 없으며, 노는 데 너무 정신이 팔린 나머지 해야 할 일을 잊어버린 적도 없었다. 한편 재능과 재치가 필요한 놀이를 할 때에는 능수능란했다. 이 시기가 끝날 무렵, 훈련된 군사들을 자주 보게 되면서, 나는 학교 동료들을 소집하고 훈련시키는 일에 특별한 흥미가 생겼다. 나는 몇 마디의 말과 소총 사격 자세로 그들을 한 지휘관 아래 일치단결하게 만들었다."

그는 자서전 후반부에서 "나의 정신세계의 본래 기질은 우울했다"라고 말합니다. 이 말은 '학창 시절'에 그가 하기 싫어한 일들을 회상하면서 한 말입니다. 아마도 학창 시절에 자기가 좋아하는 일만 하려는 갈등이 보스톤의 본성적 기질을 그러한 성향으로 만드는 데 일조한 것으로 보입니다. 그 사실을 생각할 때, 그가 만일 활기찬 사람이었더라면 학창 시절이나 그 이후의 삶에서 더욱 큰 유익을 누렸을 것입니다.

야외에서 불어오는 실바람 속에서 뛰어노는 경험은 신체 발달에 좋은 영향을 줄 뿐 아니라 생각에도 유익을 줍니다. 이러한 체험이 없이는 그 어떠한 유익한 도덕 교육도 불가능합니다. 우리는 훗날 세월을 되돌아보면서, 여름이면 맑은 강물에 뛰어들어 수영 실력을 뽐내던 일과 가을날 언덕 너머 개암나무 숲으로 소풍을 갔던 일, 한겨울 얼어붙은 호수 한복판에서 신나는 놀이를 즐기던 일 등을 회상할 수 있습니다. 우리는 그러한 경험들이 우리가 태생적으로 지닌 육체적인 부분뿐만 아니라 정신적, 도덕적인 부분들에도 유익을 주었다고 확신 있게 말할 수 있을 것입니다.

† 영적 성장

보스톤의 그리스도에 대한 신앙이 최고의 상태에 이르게 된 것은 문법학교를 마칠 무렵이었습니다.

유년 시절에 성경의 교훈 속에서 자란 사람들을 생각해 봅시다. 그들은 어린 시절부터 경건한 부모의 모범을 보고 기독교 가정의 분위기에서 호흡하면서 자란 자들입니다. 그러한 성장은 점진적이고 의식할 수 없는 가운데 서서히 진행되기 때문에, 다른 사람들은 물론, 그들 자신조차도 그들의 새생명의 새벽이 언제 밝아 오기 시작했는지를 정확히 말할 수는 없습니다.

세자르 말란(Cesar Malan)이 비유했듯이, 죄에 대한 자각이나 그리스도 안에 있는 하나님의 사랑에 대한 깨달음은 동시에 일어나는 것으로, 그들의 영적인 소생은 마치 어머니의 입맞춤에 아기가 깨어나는 것과 같습니다. 자각은 사랑으로 아기의 눈을 열어 주어 어머니의 사랑스러운 얼굴을 올려다 보게 만드는 순간입니다.

그러나 이러한 사실이 보스톤의 위대한 변화를 정확히 설명하지는 못합니다. 그렇다고 보스톤의 회개가 추악하고 더러운 옛 삶을 후회하고, 두려운 산고를 겪으며 새로운 삶으로 변화한 것도 아닙니다. 보스톤의 회심은 외형적 특징에 있어서 두 가지 경우와는 다른 것이었으며, 따라서 그 이야기는 더욱 흥미진진합니다.

1687년, 제임스 2세는 자신의 목적에 따라 장로교회의 예배 금지령을 풀어 주었습니다. 헨리 어스킨(Henry Erskine) 목사는 그때 제임스 2세가 억지로 베푼 자비의 혜택을 받은 최초의 사람들 중 하나였습니다. 본래 그는 트위드(Tweed)의 남부에 위치한 코힐(Cornhill)의 장로교 목사였습니다. 그는 영국 비국교도의 밝은 빛을 꺼 버린 통합령(Act of Uniformity)3으로 인하여 그 직분에서 쫓겨날 때까지 그곳에서 직무를 수행했습니다. 자유가 허용될 때까지 그는 보더 지역을 중심으로 이곳저곳을 돌아다니며 자신을 필요로 하는 곳이면 어디서든지 설교할 기회들을 얻어 열심을 다해 섬겼습니다. 갑자기 자유가 허용되고 명예혁명으로 인하여 그것이 확대되고 확실해지면서, 그는 던스에서 불과 5마일 남짓 떨어진 머즈(Merse) 아래 지역의 작은 마을 위트썸(Whitsome)으로 옮기게 되었습니다.

헨리 어스킨 목사는 스코틀랜드 귀족 가문과 관련된 유복한 가정에서 태어났습니다. 그는 뛰어난 웅변 실력과 복음 전도의 열정을 가지고 있었으며, 그리스도에 관한 설교를 숨 쉬는 공기처럼 기뻐하는 사람이었습니다. 더 흥미로운 사실은, 그가 에벤에셀(Ebenezer)과 랠프 어스킨(Ralph Erskin)의 아버지라는 사실입니다. 그들은 몇 년 후에 스코틀랜드 분리파 교회를 창시했습니다.

벌금이나 투옥이라는 형벌로 인하여 어쩔 수 없이 더 이상 활기도 없고 그리스도도 없는 설교를 억지로 듣던 던스 사람들은 주일 아침마다 어스킨이 인도하는 예배에 기꺼이 참석하고자 위트썸으로 가는 긴 여행을 마다하지 않았습니다. 그 예배는 복음의 진리로 충만했고 복음의 감화력에서 솟아나는 사랑으로 타올랐습니다. 그것은 실로 생기를 회복하는 시간이었습니다. 매주 위트썸을 충만하게 달구는 하늘 사랑의 말씀은 순례자들을 넘치는 기

---

3. 역자주 - 영국 교회 역사에 있어서 여러 번의 통합령이 있었는데, 여기서 말하는 것은 찰스 2세가 1662년에 만든 법령으로서, 예배 시에 공기도서에서 말하는 모든 의식들과 예식들을 사용할 것을 명령하고 있습니다. 더욱이 이 법령은 모든 목회자들에게 사제 서품식을 받을 것을 명하고 있는데, 이로 인하여 거의 2000여 명의 목사들이 교회를 떠나야 했습니다.

쁨으로 채워 주었습니다. 그 기쁨은 광야를 지나는 지친 여행객이 만난 야자수 그늘 아래 있는 시원한 샘물과도 비교할 수 없었습니다.

존 보스톤도 아들 토마스 보스톤과 함께 그 예배에 정기적으로 참석했습니다. 우리의 어린 학자도 어스킨 목사를 통하여 마음의 감화를 입어 그리스도의 소유가 된 최초의 사람들에 속합니다.

특히 두 편의 설교가 그에게 큰 영향을 끼쳤습니다. 첫째는 "독사의 자식들아, 누가 너희를 가르쳐 장차 올 진노를 피하라 하더냐"(눅 3:7)라는 말씀에 근거하여 인간의 죄와 파멸을 증거한 설교였으며, 다른 하나는 "보라, 하나님의 어린양이로다"(요 1:36)라는 본문에 근거한 설교였습니다. 이 설교는 구원을 위하여 예비된 도구로서 십자가에 못 박히신 분을 온 마음으로 바라보기 전에 붙잡아야 할 요소가 무엇인지를 알려 주었습니다. 이 설교는 그의 영적인 발걸음에 위대한 전환점이 되었고, 그를 '판결의 골짜기'[4]로 데려갔습니다.

그는 이렇게 말합니다. "나는 이 설교들이 하나님께서 나에게 하시는 말씀이라고 판단했다. 나는 그 설교를 듣고 즉시 감동을 받았으며, 그로 인하여 새롭고 기이한 것을 보고 놀란 사람처럼 되어 버렸다. 내가 확신하는 바는, 그때 내 마음이 예수 그리스도께 구원 얻기를 절실히 갈망하며 열렬하게 타오르고 있었다는 사실이다. 내 영혼은 그분을 좇았고 그의 발이 머무르는 곳은 내 눈에 영광스러운 곳이 되었다."

그 이후로 어린 회심자에게 매주일 아침은 새벽빛과 같았고, 양 날개 위에 치료하는 광선을 발하는 것처럼 보였습니다.

---

4. 욜 3:14 사람이 많음이여, 판결 골짜기에 사람이 많음이여, 판결 골짜기에 여호와의 날이 가까움이로다.

이 시기에 그는 위트썸 모임에서만 유익과 기쁨을 얻은 것이 아니었습니다. 집으로 돌아가는 길에 신앙적인 지식과 경험이 풍부한 동료 순례자들과 나누는 경건하고도 기쁜 대화는 길을 걸으면서 느끼는 지침과 피곤함을 잊게 만들었습니다. 그들은 '위대한 마음'을 소유하고 있었습니다. 보스톤은 거의 말을 하지 않고 귀를 기울이며 대부분의 시간을 보냈지만, 그들과의 교제를 통해 '성도의 교제'가 무엇인지를 충분히 알 수 있었습니다.

영하의 추위가 몰아치는 겨울, 그는 홀로 그 길을 걷거나 블랙애더(Blackadder)의 물이 차오르는 개울을 배나 다리도 없이 걸어서 건너가야 할 때도 있었습니다. 그렇지만 그는 조금도 주저하거나 포기하지 않았습니다. 왜냐하면 위트썸 성소에 준비된 하늘의 만나가 그 모든 희생을 수백 배로 보상하고도 남는 것이었기 때문입니다. 그는 이렇게 말합니다. "그런 일들은 능력으로 임하는 말씀이 주는 유익에 비하면 아무것도 아니었다."

보스톤에게 영향을 준 일이 또 하나 있었는데, 그는 성숙한 뒤에 그 일을 기쁨으로 회고하곤 했습니다. 그것은 자신보다 나이가 많은 두 명의 학교 친구들과 함께 아버지의 다락방에 모여서 함께 기도하고 성경을 읽으며 영적인 대화를 나누던 일입니다. 그는 그 모임에 대해서 이렇게 말합니다. "그 모임으로 인하여 우리는 지식과 심령, 그 모두에 상당한 유익을 얻었다."

그 일은 아마도 젊은 학생들이 경건한 부모의 모범을 보고 흉내 낸 결과일 것입니다. 그들의 부모들이 이러한 모습을 보았다면 분명히 크게 기뻐하면서 싹트는 이 생명을, '주를 경외하고, 피차에 자주 권면하는' 늙은 그들에게 주신 다음과 같은 하나님의 약속의 성취로 받아들이며 크게 환영했을 것입니다. "나의 신을 네 자손에게, 나의 복을 네 후손에게 내리리니, 그들이 풀 가운데서 솟아나기를 시냇가의 버들같이 할 것이라"(사 44:3, 4).

우리는 이러한 그의 초기 신앙 생활의 연단의 과정 속에서 불타오르는 사랑 이면에 그의 견고함과 평안을 해치는 연약함과 불완전한 지식의 혼합물이 발견된다고 해서 놀랄 필요가 없습니다. 예나 지금이나 많은 젊은 그리스도인들은 그들을 당혹스럽게 하고 낙심케 하는 이러한 경험을 하곤 합니다.

그것에 대해 보스톤은 이렇게 말합니다. "인치심을 받은 지파들에 대하여 (계 7장) 읽은 후, 사탄은 나에게 올무를 던졌다. 즉, 택함 받은 자, 구원받을 사람들의 수는 이미 정해져 있기 때문에 내가 거기에 끼어들 수가 없다고 생각하게 만든 것이다. 여기서 우리는 사탄이 무지 위에 알을 까면서 얼마나 쉽게 혼란을 불러 일으키며 그리스도에게서 멀어지게 만드는 생각이 계속 이어지게 하는지를 알 수 있다."

그는 자신에게 하나님의 선택 교리가 사모하는 마음을 생명샘에서 내쫓는 장애물이 되기 위한 것이 아니요, 도리어 생명 샘물을 마신 자들을 인도하시는 하나님을 찬양하고 높이면서 영원히 그것을 마시면서 살게 하기 위한 것임을 가르쳐 줄 사람이 필요했습니다. 그는 자신이 얼마나 오랫동안 이 올무에 사로잡혀 있었는지, 어떠한 방법으로 거기서 벗어날 수 있었는지에 대해서는 말해 주지 않습니다. 아마도 위트썸의 훌륭한 목사님의 말씀이 '교묘한 사냥꾼의 올무'를 깨뜨렸을 것입니다.

† 하나님의 섭리에 대한 깨달음

그가 문법학교의 일반적인 학습 과정을 수료할 무렵, 그의 선생님은 더 이상 가르칠 것이 없었던 것 같습니다. 그는 "내가 그 학교를 떠나기 전에는 로마 시대 저술가들에 대하여 들어 본 적이 없었으며, 단지 영국의 저술가들에 대해서만 상당히 많은 지식을 지니고 있었다"라고 말하고 있습니다.

그 무렵 아버지 존 보스톤의 머릿속에는 '장래가 촉망되는 아들 토마스를 위해 무엇을 해 주어야 할까?' 라는 실제적인 질문이 떠올랐습니다. 사가랴와 엘리사벳처럼 '하나님 앞에서 의로웠던' 그의 부모는, 아들이 지닌 탁월하고도 발전해 가는 재능과 어리지만 열정적인 경건의 모습을 기쁘게 바라보면서, 아들을 목회자로 주께 드려야겠다는 생각을 하게 되었습니다. 그것은 저능아를 천재로 생각하는 부모의 편견도, 어떠한 착각도 아니었습니다. 그들은 아들 스스로가 이미 주의 종이 되기로 결심하고 있었다는 사실을 알고 그 생각을 더욱 굳힐 수 있었습니다.

자녀들에 대한 부모의 거룩한 열망은 스코틀랜드에 환난이 가득했던 시대에 조금도 특별한 일이 아니었습니다. 최고의 전성기를 누리는 스코틀랜드 교회는 이처럼 초라한 오두막 가정들에서 가장 탁월한 목회자들을 공급받아 왔습니다. 그러나 종교 개혁 이래로 스코틀랜드 장로교회는 목회 사역에 입문하는 모든 후보자들에게 자체 대학들 중 한 곳에서 반드시 예비 교육 과정을 거치도록 요구했습니다.

그러나 그 존경할 만한 아버지는 자신의 능력으로는 교육 과정을 마치는 데 필요한 비용을 감당할 수 없다는 사실을 알게 되었습니다. 극심한 가난이 그 길을 가로막았고, 그 희망찬 꿈은 깨져 버렸습니다. 그러나 그 선한 목적까지 포기한 것은 아니었습니다. 토마스 보스톤은 그 후 2년 동안 고향 마을의 한 서기 사무실에서 일을 했고, 그해 말, 다행히도 그의 아버지의 형편이 나아져서 그 마음의 소원을 이룰 수 있었습니다. 형편은 점점 좋아졌고, 그의 아들은 대학이라는 새로운 환경에 굳은 포부를 가지고 도전할 수 있게 되었습니다.

비록 가난이라는 장벽만이 아니더라도 이와 유사한 경험은 목회자가 되기 위해 훈련받던 영국 청교도들의 자녀들이 흔히 겪던 일이었습니다. 탁월하고도 독보적인 논평으로 오는 여러 세대가 빚을 진 매튜 헨리(Matthew Henry)도 학창 시절에 그러한 어려움을 겪었습니다.

보스톤이 젊은 시절에 겪은 이러한 일시적 지체가 자신에게는 두고두고 유익이 되었다는 사실을 깨닫게 되었습니다. 하나님께서는 그 일을 통하여 그를 하나님의 학교에 입학시키셨고, 그로 하여금 일찍이 '일하고 기다리는 법'을 배울 수 있게 하신 것입니다. 나중에 살펴보게 되겠지만 더욱이 그 서기의 사무실에서 일하면서, 그는 훗날 그의 인생에 매우 큰 영향을 끼친 정리 정돈하는 습관과 일을 처리하는 능력을 얻게 되었습니다. 또한 대학에 입학하게 되었을 때, 그 습관들은 그의 학업에 큰 도움을 주었습니다.

하나님께서 자신의 복을 지연하시는 것은 그 복이 임할 때 더욱 강한 물결로, 더욱 잘 예비된 마음에 임하도록 하시기 위함입니다. 바로 이 점이 오랜 세월이 지난 후에 이 시기를 회상하면서 보스톤 자신이 깊이 인정하는 바입니다. 그는 모든 일을 다스리시고 인도하시는 하나님의 손길에 주목합니다. 그는 이렇게 말합니다.

"주님은 나를 세상에 내놓으시면서 내가 주님만을 의뢰할 수 있도록 선하게 인도하시고, 그 일이 나를 위한 것이 되도록 역사하셨다. 그분은 나에게 많은 시련을 통과하게 하셨고, 수없는 낙심으로 연단시키셨으며, 가장 절망적인 지점에도 이르게 하셨다. 그것은 마치 나의 어머니가 돌아가셨을 때부터 줄곧 무덤 위에 서 있던 묘비석같이 나를 짓눌렀다. 그러나 결국 하나님께서는 그 돌을 치워 주셨다. 바로 이것이 하나님께서 인생의 문제들 가운데서 항상 나를 이끄시던 일반적인 섭리의 방식이었다.

자신도 알지 못하는 길을 가는 소경에게는 섭리의 지혜가 나타나 그를 인도한다. 그는 자신의 문제를 좀 더 빨리 해결해 보려고 수고를 아끼지 않지만, 하나님의 섭리는 그것에 아랑곳하지 않고 그가 원하는 시점에 이르기까지 문제 해결을 지연시키는데, 바로 그때 섭리의 지혜가 빛을 발한다.

　나는 열다섯 살이라는 어린 나이에 대학에 입학했지만, 그것이 이루어진 방식은 매우 순차적인 것이었다. 그래서 나는 학교에 다니는 동안 누구에게도 신세를 지지 않을 수 있었다. 그것은 섭리가 나에게 필요하다고 여긴 여러 가지 일들을 이룰 수 있는 길을 열어 주었기 때문이다."

3장

대학 생활, 개인 교사, 그리고 준목사

† 3년간의 대학 생활

젊은 보스톤은 목회 사역에 대한 강한 열망을 품고 있었습니다. 1691년 겨울이 시작될 무렵, 그는 에딘버러 대학의 문학사 과정에 입학하기 위해 그곳으로 건너갔습니다. 그 과정은 3년 동안의 학기들을 마쳐야 하는 것으로서, 스코틀랜드 교회가 신학을 전공하려는 모든 성직 후보자들에게 요구하는 과정이었습니다.

버릭셔의 한 시골 출신으로 그 마을의 대부분을 알고 지내다가 큰 도시의 소음과 분주함의 한가운데서 친구도 없이 지내야 했던 그 젊은이는 분명히 한동안 군중 속에서 고독을 느끼며 외로움에 시달렸을 것입니다. 그러나 시간이 지날수록 지적 욕구가 왕성해진 그는 강렬하게 닥치는 대로 지식을 먹어 치웠습니다. 그는 자신을 지적 활동 속으로 뛰어들게 만들 만한 광대한 교육의 장을 발견했습니다. 이러한 환경과 높은 가치들은 얼마 지나지 않아 일시적인 우울함들을 떨쳐 버리고 즐겁게 대학 생활을 할 수 있는 힘과 열심을 만들어 주었습니다.

이 시기에 대하여 그의 자서전에 담긴 정보는 빈약합니다. 다만 그는 헬라와 로마 고전들에 관한 실력을 쌓아 갔다는 사실과 함께 '논리학, 기하학, 윤리학, 일반 물리학' 등에 대하여 연구했다고 덧붙이고 있습니다. 특히 이러한 과목은 새로운 과학 분야가 갑작스럽게 등장하고 다른 학문들이 무한정으로 확장되어 가는 오늘날의 경우, 그 하나만으로도 그가 이 모든 것을 공부한 3년의 전 기간을 필요로 하는 분야입니다.

학과공부를 해 나가는 자신의 태도에 대해 그는 다음과 같이 겸손하게 진술하면서 자신을 매우 낮게 평가하고 있습니다. "나는 앞에 놓인 과제 때문에 항상 머리를 싸매고 끙끙거린 후에야 감독관을 만족시킬 수 있었다." 우리가 뒤에 가서 보게 될 헬라어와 라틴어에 대한 그의 풍부한 지식은 그의 성실함뿐 아니라 성공의 증거이기도 합니다.

3년의 교육 과정을 마치는 동안에 그가 믿을 수 없을 만큼 적은 비용만을 지출했다는 것에서 우리는 그가 생활비를 엄격하게 절제하며 살았던 것을 알 수 있습니다. 그러한 생활은 그의 금욕 생활에 대한 의지에서 나온 것이라기보다는 던스에 있는 가정의 어려운 형편에 짐을 조금이라도 덜어 주기 위한 것이었습니다. 실제로 그는 대학 생활 첫 2년 동안 '스스로 상을 차렸지만' 거의 먹지 않고 살았다고 밝힙니다.

그러나 자연 질서는 자신의 금고 안에 재산을 지나치게 많이 채우는 사람들에게 무거운 대가를 요구합니다. 과도하게 절제된 그의 물질 생활은 오히려 지혜롭지 못한 것이었고, 그로 인하여 계속 약해진 체력은 열성만큼이나 값비싼 대가를 치르게 했습니다. 비록 그가 허약한 육체 속에서도 강력한 정신적 힘이 살아 움직이는 것을 보여 줬음에도 말입니다.

보스톤은 긴 겨울밤의 지루함을 달래기 위해 음악 공부와 노래 연습을 시작했습니다. 그는 자격을 갖춘 선생님에게 레슨을 받았습니다. 그의 일기 속에는 이 점이 두드러지게 기록되어 있으며, 자신의 목소리는 아주 훌륭했고, 음악에서 큰 기쁨을 얻었다고 말합니다.

음악은 오랜 시간의 혹독한 연구 이후, 기분 전환을 위한 보조 수단이 되었고, 특히 시편으로 노래하는 훈련을 시작하면서, 그것이 그가 가장 좋아하는 습관이 되었습니다.

그는 노래 부르는 것을 거룩한 허버트(Herbert)가 류트(Lute)를 부는 것만큼이나 좋아하게 되었습니다. 그는 그것이 '지나치게 확실하게 보고 명백히 느끼려고' 하는 자신의 예민한 정신을 순화할 뿐만 아니라, 하늘에 날아올라 노래하는 종달새처럼 그의 영혼이 하늘을 향하여 더 높이 날아오르게 해 준다는 사실을 깨달았습니다.

우리에게 알려진 많은 사람들과 목회자들도 이러한 시기에, 혹은 좀 더 어린 시기에 이와 비슷한 경험을 했습니다. 필립 헨리가 시편의 어느 한 부분만을 노래하는 것에 만족하지 못하고 처음부터 끝까지 노래함으로써 그의 생각과 감정이 시편과 완벽한 조화를 이루었다는 사실은 잘 알려져 있습니다. 그러나 우리 시대에는 이와 같은 일이 흔치 않습니다. 다만 감리교의 다양한 종파들 내에서만 여전히 그 형태가 남아 있을 뿐입니다.

그러나 보스톤의 영향력이 퍼져 있는 스코틀랜드 산악 지역 어느 마을에서는 고요한 언덕을 오르며 양 떼를 모는 목자들이, 산으로 둘러싸인 그곳이 예배당이나 성소처럼 보일 때까지 '장엄하고 아름다운 시편의 멜로디'로 노래하곤 했습니다.

1694년 여름, 우리의 젊은 학자 보스톤은 학위를 받음으로써 3년의 모든 학기를 명예롭게 마쳤습니다. 이 학위는 당시 영국 비국교도들에게 관습적으로 수여하던 '속죄 증서'보다도 훨씬 뛰어난 가치를 지닌 것이었으며, 그 실력의 깊이를 볼 때 오늘날의 문학 석사 학위에 가까운 것이었습니다.

고전 문학, 철학, 과학 등의 분야에서 3년간의 예비 과정을 마치고 학위를 받은 보스톤은 열망을 품고 목회 사역을 향하여 나아갔습니다. 그는 여러 해 동안 신학을 조직적으로 공부하고, 설교자와 저술가로서 주변 사람들을 가르치는 일에 헌신했습니다. 이러한 헌신은 그에게 가장 적합한 일이었으며, 덕분에 그의 이름은 스코틀랜드 전역에서 가장 친숙한 이름이 되었습니다.

그가 소속되어 있던 던스와 천사이드(Chirnside)에 있는 장로교단은 그에게 친절하고 시의 적절하게 장학금을 제공했고, 그는 더 이상 가족들에게 과도한 부담을 지우지 않아도 된다는 생각에 평안한 마음으로 크게 감사했습니다.

1695년 초겨울, 보스톤은 자신이 속한 노회에서 애정 어린 감사패와 추천장을 받은 후, 신학 수업을 받기 위해 대학으로 돌아가고 있었습니다. 그런데 대학으로 돌아가는 길에 매서운 추위와 강한 눈보라를 만나 발이 묶이고 말았습니다. 다행히 나중에 구조를 받았지만 말입니다. 그는 그러한 기상조건이 자신의 여행을 방해했을 뿐만 아니라 생명까지도 위협했다는 사실을 알고 있었지만, 오히려 그러한 어려움에서 구원받게 된 일을 깊이 감사하면서 이 일을 잊지 않고 기록했습니다.

† 캠벨 교수와의 만남

이 시기에 그는 룰(Rule) 목사에게 히브리어를 배웠던 것으로 보입니다. 그러나 그의 자서전 속에서 룰 교수의 이름이 어떠한 감사의 표현도 없이 그저 간단하게 언급되어 있는 것으로 볼 때, 그에게서 받은 유익은 아주 작았던 것 같습니다.

그러나 '진정한 신학' 교수, 캠벨(Campbell) 목사의 경우는 다릅니다. 그는 그 교수의 격려의 눈빛과 말뿐만 아니라 강의와 시험을 통해서도 지속적으로 유익을 얻었으며, 자기 것으로 삼았습니다. 대부분의 젊은이들에게 존경이라는 것이 특별히 두드러지는 덕목으로 여겨지지 않는 오늘날, 교수님의 탁월함에 대해 자세히 말하는 그의 순수한 열정은 우리의 마음을 흐뭇하게 합니다.

보스톤은 그 교수를 '위대한 죠지 캠벨(George Campbell)' 이라고 부르며 자주 언급했습니다. 때로는 감사의 표현과 함께 그를 '탁월한 학식을 지녔음에도 지나치게 겸손하며, 반면 자기 학생들의 작은 행동에 대해서는 매우 높이 평가하는' 사람으로 묘사했습니다.

보스톤의 회고록을 통해 우리가 알 수 있는 또 하나의 사실은, 그가 라틴어 교재들과 교리문답서들에서 상당히 많은 교훈들을 얻었다는 것입니다. 그러한 수단들은 그 시대에는 상당히 유익했지만, 이미 오래 전에 다른 것으로 대체되었고, 오늘날에는 거의 잊혀졌습니다.

캠벨 교수는 강의실뿐만 아니라 자신의 숙소에서도 학생들을 자주 만났습니다. 이는 그가 학생 개개인을 개별적으로 알아가기 위해 노력했다는 것을 보여 줍니다. 학생들은 그를 신뢰했고, 그는 학생들이 바라는 것이 무엇인지, 그들의 약점이 무엇인지를 알아내고 그들의 능력을 끌어내게 해 주었습니다. 이러한 그의 친절한 도움으로 학생들은 자신의 문제점을 파악할 수 있었고, 그는 학생 개인의 성품과 특징이 선생의 영향력과 합쳐질 때 엄청난 효과를 가져온다는 사실을 입증했습니다.

† 가정 교사로서의 생활

신학생에게는 양자택일해야 할 두 갈래의 과정이 있었습니다. 대학에서 정규적인 신학 과정을 마친 후에, 교단의 노회들 중 어느 한 곳에 소속되어 신학 훈련과 일반적인 감독을 받거나, 그것을 거절하는 것입니다. 이러한 과정은 학생이 교구 학교들 가운데 한 곳에서 교사로 봉사하거나, 혹은 사회적 지위와 수준이 있는 가정에서 개인 가정 교사로 섬기게 함으로써, 자활할 수 있는 기회를 얻도록 하기 위한 것이었습니다.

'위대한 죠지 캠벨' 아래서 배움의 유익과 기쁨을 만끽하고 있던 우리의 젊은 신학도는 이 과정을 받아들여 덤프리스셔(Dumfriesshire)에 있는 어느 아름다운 지역으로 가게 되었습니다. 그러나 그것은 어쩔 수 없는 선택이었음이 분명합니다. 그는 그곳에서 한 교구 학교의 교사로 봉사했습니다. 그러나 그곳은 신앙에 비우호적이고 부도덕하며 좋지 못한 환경을 가지고 있는 곳이었습니다. 그곳에서 그의 예민한 본성은 위축되었고, 한동안 거기에서 벗어나기 위해 애를 쓰기도 했습니다. 그러나 그 노력들은 허사로 돌아갔습니다.

그러던 그에게 다행히 좀 더 매력적인 환경의 문이 열렸습니다. 클래크매넌셔(Clackmannanshire)의 케넷(Kennet)에 있는 콜로넬 브루스(Colonel Bruce) 가정의 교사로 일하게 된 것입니다. 그는 이 가정이 바로 하나님의 섭리가 자신을 가르치시기 위해 선택하신 보조 학교라는 사실을 깨달았습니다. 또한 성직 후보자로서 대학의 신학 수업과 교정에서는 효과적으로 배울 수 없었던 여러 가지 유용한 교훈들을 배우게 되었습니다.

보스톤이 가르치게 된 학생은 콜로넬 브루스의 양아들로서, 교구 학교에 다니는 아홉 살 된 소년이었습니다. 개인 교사로서 그의 주 임무는 가르치기 위한 준비 작업으로, 콜로넬 브루스가 군무(軍務)를 위해 집을 비우는 사이에 그 소년을 철저히 감독하는 일과, 소년의 품행을 살피는 일이었습니다. 따라서 그는 노회의 감독을 받으면서 공부를 할 때에도 유용한 일을 할 수 있는 시간을 상당히 많이 가질 수 있었습니다. 이는 분명히 하나님의 섭리하심으로 인한 것입니다.

당시 마을은 흉년으로 끝없는 기근에 시달리고 있었으며 가난한 사람들은 심한 괴로움을 겪고 있었습니다. 이러한 상황에서 초보 목사 보스톤은 케넷의 가문에서 받는 물질을 기꺼이 나누며 성도를 위로했습니다. 그는 지붕 낮은 오두막들을 방문하면서 성도로서 많은 경험을 쌓고, 그로 인하여 말할 수 없이 진귀한 교훈들을 얻은 것에 대해 감사해합니다.

그가 비록 그 가정의 담당 목사의 직분을 수행했다고 밝히지는 않지만, 콜로넬 브루스가 집을 비우는 동안 그는 가정 예배를 드리고자 애썼습니다. 그는 또한 죄와 관련하여, 그것이 자신의 주변을 흐트러뜨릴 때마다 그 죄를 신속히 질책했습니다. 이러한 그의 행동은 종종 반발에 부딪히기도 했고 원망의 대상이 되기도 했습니다. 그러나 본성적으로 잘 위축되고 겁이 많은 그의 기질은 신실하고 정확한 삶을 추구했고, 이러한 경험은 본래의 약한 성격을 강하게 만들었습니다.

또한 놀랍게도 우리는 그의 일기를 통해 그가 때로는 젊은 혈기를 잘 조절하지 못하거나 적절하고 부드러운 말을 고르지 못하기도 했으며, 지혜롭지 못한 일을 하기도 했다는 사실을 발견하게 됩니다. 다음의 내용은 많은 사람들에게 유익이 될 것입니다.

"나는 하나님께서 나를 케넷으로 보내셨음을 자각하고 있다. 그분이 계획하신 복음 사역을 위해 나를 준비시키신 것이다. 왜냐하면 나는 이곳에서 영혼들을 돌보는 책임에 대해 많이 깨달았으며, 내성적이고 사람을 두려워하는 성격도 많은 사람들을 만나면서 어느 정도 담대하게 변했기 때문이다.

또한 하나님의 길이 아니라면, 사람의 판단에 신경쓰지 않는 법도 배웠다. 나는 이곳에서 하나님께서는 자신의 의무를 성실하게 이행하는 자에게 자비를 베푸신다는 것도 알게 되었다. 비록 그 의무 수행이 원하는 만큼의 성공을 거두지는 못한다고 할지라도 말이다. 또한 사람의 악한 마음이 누군가에게 적의를 드러낸다 할지라도, 그러한 사람들에게 베푸는 자비는 그들의 양심에 두려움을 준다는 사실도 알게 되었다.

이러한 교훈들은 예전에는 알지 못했던 것들로서, 그곳에서 나눈 대화를 통해 얻은 것들이다. 나는 신중하고 주의 깊게 행동해야 한다는 것을 배웠으며, 자유로운 자아를 스스로 절제함으로써 연약한 자들이 넘어지지 않게 하고 그들에게 덕을 세우려 할 때 방해를 받지 않도록 해야 한다는 것을 느꼈다. 이것이 나의 사역의 특별하고도 뛰어난 기회를 통해서 얻은 교훈이다."

† 케넷에서의 영적 훈련

케넷에서 지내는 동안 보스톤은 놀랍도록 경건한 습관들을 가지고 있었습니다. 그는 그 기간이 연약한 경건으로는 좌절할 수밖에 없는 시간이라고 고백합니다. 그러나 그의 앞에 놓인 결점들과 장애 요소들에도 불구하고 케넷에서의 시간은 '그의 영혼을 풍성케 한 시간'이었습니다.

그는 금식을 위해 따로 시간을 떼어 놓았습니다. 이러한 금식은 부분적인 절식이라기보다는, 마음의 죄와 관련하여 자신을 살피고자 전심으로 기도하는 일에 자신을 드리는 일시적인 분리라고 할 수 있습니다. 그 당시에는 이러한 금식과 기도가 오늘날과는 비교도 되지 않을 만큼 일반적인 일이었습니다. 이러한 일들과 관련하여 포스터(Foster)는 다음과 같이 말합니다. "마지막 심판 날에는, 자신을 가장 엄격하게 살폈다는 사실에 대하여 그 누구도 후회하지 않을 것입니다."

보스톤은 자신만의 길고 은밀한 경건의 시간을 가졌으며, 그의 기도는 '모맥 거두는 시기에는 항상 언덕에 넘치던' 요단강물과 같았습니다(수 3:15). 이 시간에 그의 영혼은 거룩한 기쁨뿐만 아니라 놀라운 영적인 힘을 얻었습니다. 훗날 그는 벧엘에서 자신의 꿈과 환상을 회상하던 야곱처럼, 그리고 엠마오로 가는 길에 자신이 받았던 특권을 회상하던 두 제자처럼 기쁨으로 이 시간을 되돌아보곤 했습니다.

실로 케넷 주변에는 보스톤이 경건의 체험을 누리는 하늘의 문처럼 여긴 신성한 곳이 널려 있었습니다. 특히 우리가 방문한 케넷 근처 과수원에 있는 한 장소는, 그가 특유의 세밀함으로 '뿌리에서 솟아난 두 개의 큰 가지로 이루어진 사과나무 아래' 라고 묘사하는 곳입니다. 그는 이렇게 말합니다. "나는 그곳에서 그 돌기둥에 기름을 붓고 야곱의 맹세로 맹세했다."

† 준목사

예정된 훈련 기간이 거의 막바지에 이르고 있었습니다. 훈련이 끝나면 우리의 신학생은 자신이 거주하던 지역의 노회들 중 한 곳에서 자신을 시험하고 검증하게 될 것입니다. 스코틀랜드 교회의 준목사, 견습 목사가 되어 그 교구들 중의 한 곳에서 목회직을 수행할 수 있는 자격으로 말입니다. 그의 활짝 피어난 재능과 불타오르는 경건을 높이 평가한 주변 지역의 훌륭한 선배 목사들은 앞 다투어 자신의 교구에 자격 신청을 하라고 권유했습니다.

그러나 목회 사역의 책임을 깊이 깨달을수록 그는 더욱 머뭇거리게 되어 한동안 주저하며 결정하지 못했습니다. 그러다가 다른 일로 옛 고향집을 방문했을 때 그곳에서 감화를 받은 후, 드디어 망설임을 버리고 자기 고향 노회가 제안한 목사 자격을 받아들이기로 했습니다.

신학의 필기시험과 관련된 신중한 시험이 여러 달에 걸쳐 더디고도 느리게 진행되었습니다. 그리고 그는 준목사들 명부에 그의 이름을 등록시키는 것을 승인, 결정받았습니다. 감사의 기쁨과 겸손함이 혼재된 그 젊은 준목사는, 이로써 만유의 근원이시며 만주의 주이신 그분을 섬기는 거룩하고 신성한 직분을 맡게 되었습니다.

보스톤의 탁월한 설교는 높이 평가되고 인정받았습니다. 특히 기독교 진리의 능력을 경험한 열성적인 회중들은 그를 높이 인정했습니다.

그러나 준목사로서의 초기 몇 달 동안 그는 지나치게 죄와 하나님의 진노와 심판에 대한 위협적인 말씀만을 전했습니다. 코튼 매더(Cotton Mather)가 위대한 선교사 엘리엇(Elliot)에 대하여 말한 것은 보스톤에게도 해당될 것입니다. "그의 강단은 시내산이요, 그의 말은 천둥이다."

이러한 설교는 내용 그 자체와 수준으로 볼 때는 합당했습니다. 복음의 좋은 씨앗을 뿌리기 위하여 율법이라는 쟁기로 마음의 밭고랑을 뒤집어엎을 필요가 있었기 때문입니다. 그러나 쟁기 그 자체만으로는 무력했습니다. 보스톤의 말을 인용하자면, 그는 그 쟁기로써 '사탄의 진지를 초토화시키기'를 원했습니다. 그러나 '옛 아담은 젊은 멜랑히톤(Melancthon)에게는 너무

도 강한 존재였습니다.'

젊은 목사는 산전수전을 다 겪은 한 목사의 다음과 같은 친절한 조언으로 자신의 실수를 발견할 수 있었습니다. "만일 당신이 그리스도를 설교하기 시작한다면, 지극히 큰 기쁨의 좋은 열매를 얻을 것입니다."

지혜로운 사랑에서 나온 이 말은 즉각적으로 효력을 발휘했습니다. 그는 자신의 설교의 방향을 수정했고, 그의 모든 강론들의 주제와 핵심을 천상에서 내려오는 사랑의 복음으로 정했습니다. 그날 이후로 그 누구도 그에게 불평하지 않았습니다. 그는 항상 이렇게 말했습니다. "선생님, 예수를 바라봅시다."

이러한 변화는 그의 영적 조언자에 대한 감사와 더불어 그의 생애 동안 유지되었습니다. 그는 이렇게 말합니다. "나는 자주 하나님의 선한 손길이 다이사트(Dysart) 씨의 말을 통해 나에게 복음 교리를 위한 최초의 깨우침을 베풀어 주셨다고 생각했다."

영혼을 향한 놀랍도록 활활 타오르는 열정을 지닌 설교자의 사역이 안정되는 데는 그리 오랜 시간이 걸리지 않았습니다. 아마도 보스톤은 많은 기대에 부응하면서 부적절한 자기만족에 빠지지 않았을 것입니다. 거기다가 그곳에는 자신에게 생명의 떡을 떼어 줄 사역자를 바라고 기다리는, 비어 있는 교구들이 많이 있었습니다.

† 스코틀랜드 교회에 드리운 어둠의 그림자

그의 준목사로서의 기간은 2년 3개월로 연장되어 상당히 길고도 지루하게 진행되었습니다. 이러한 연장은 당시 교회가 지닌 어둡고 슬픈 현실을 보여줍니다. 당시 교회에는 밝고 전망 있는 일들을 보여 주는 상황 뒤에 어둡고 불길한 징조의 그림자가 드리워져 있었습니다.

한 가지 예를 든다면, 스코틀랜드 교회에서 목사직분을 위한 정당한 선택이 일반적으로 회중들의 자유로운 의사에 의해서 이루어져야 하지만, 실제로는 상당 부분 그 교구의 대지주와 같은 사람들에 의해서 결정되었습니다. 그들의 거부권이 겉으로 드러나 있지는 않았지만, 암암리에 허용되는 그러한 거부권은 많은 경우에 목회자의 정착을 방해할 만큼 충분히 강력한 것이었습니다. 보스턴의 예민한 양심과 교회 회중의 자유로운 선택이 지닌 신성함에 대한 인식은, '그러한 일에 대하여 감언이설로 다가오는' 사람들을 단호히 거부하게 만들었습니다. 그것이 유혹이든, 다른 방식의 접근이든 상관없이 말입니다.

장로교회의 재건과 특권을 회복시켜 준 명예혁명의 정착을 훼손시킨 가장 큰 실수와 오염은, 장로교의 제도와 예배 형식을 받아들이고자 하는 수많은 감독교회 현직 목사들에게 그들의 직무를 계속 수행하도록 허용하고 그 수당을 유지시켜 준 것입니다. 버넷(Burnet) 주교는 믿을 만하다고 여겨지는 사람들은 어느 정도 위장된 색깔을 지니고 있다고 말하면서, '이 국교도들은 치욕스럽게 무지하며 그들 중 다수는 공개적으로 사악을 저지르는 자들이요, 지금까지 들어온 사람들 중에 가장 악한 설교자들'이라고 단언했습니다.

진리에 대해 타협하는 이 사람들은 그들의 본능을 따라, 자신의 영향력과 은밀한 기만을 사용하여 보스턴과 같은 사람을 대적하는 수작을 부렸을 것이 확실합니다. 그의 삶과 성품은 그들을 책망하고 정죄할 만큼 탁월했기 때문입니다. 일곱 개의 서로 다른 교구에 왜곡되지 않은 선택을 할 수 있는 자유가 허용되었다면, 분명히 진보하는 은사와 불타는 열망에 사로잡힌 우리의 젊은 복음 사역자를 요청했을 것입니다. 그러나 이 적대적 세력들은 그 입술에서 잔을 빼앗아 내동댕이쳤습니다. 보스톤은 마음에 커다란 상처를 입고 그 성직에 입문하지 않겠다고 결정했습니다. 그러한 결정을 내린 후에도 그는 쓰라린 실망감에 가슴 아파했습니다. 비록 손실이나 해를 입기는 했더라도 그들에게 고마워해야 하는 부분도 조금은 있다는 사실을 알았지만 말입니다.

꽃이 활짝 피기를 바랐지만 말라 떨어지기만 하는 것과 같이 이렇게 오랫동안 소망이 연기되는 중에도 그의 영혼은 자신이 받은 증거들로 인하여 흔들림 없이 굳게 설 수 있었습니다. 즉, 어느 곳에서 말씀을 전하든지 수많은 무리들이 그의 말씀을 통하여 최고의 복을 얻었던 것입니다. 이러한 모습을 보는 것은 참으로 기쁜 일입니다. 사도들의 설교를 통해서 우리의 신앙이 새롭게 피어난 것처럼, 어느 곳에서든지 주께서 '자기 은혜의 말씀을 증거' 하셨습니다.[1]

사모하는 마음으로 나아온 많은 사람들에게 그의 설교는 하늘에서 내리는 새생명의 씨앗과도 같았습니다. 설교가 끝난 후, 놀라운 감동과 감사를 안고 교회 문 앞에서 그와 말하기를 기다리는 사람들도 있었고, 그가 자신을 잘 알지 못하는데도 그의 탐사적인 설교로 인해 그가 자신의 과거 행적과 마음을 읽고 있다고 느끼는 사람들도 있었습니다. 심지어 성숙하고 나이 많은 성도들까지도 새파랗게 젊은 목사가 설교를 통해 자신의 깊고도 은밀하게 감춰 놓은 경험들을 마치 '거울로 얼굴을 보여 주듯이' 드러내는 것에 놀라워했습니다. 그의 사역 위에 성령의 인침이 있었다는 것에 대한 이보다 더 확실

---

1. 행 14:3 두 사도가 오래 있어 주를 힘입어 담대히 말하니 주께서 저희 손으로 표적과 기사(奇事)를 행하게 하여 주사 자기 은혜의 말씀을 증거하시니.

한 증거가 어디 있겠습니까? 이것이 하나님의 섭리에 대한 그의 해석이었습니다. 그는 '하나님께 사례하고 담대한 마음을 얻었습니다.'2

이 기간에 그가 겪은 일들 가운데 어떠한 암시가 들어 있는 기록이 있습니다. 그가 심한 정신적 침체와 긴장 속에서 설교를 한 적이 몇 번 있었습니다. 이러한 일들을 겪을 때면 그는 하나님이 자신을 싫어하셔서 버린 것으로 여기고, 축복이 나타나지 않는 자신의 사역을 떠나고 싶은 유혹에 사로잡히곤 했습니다. 아마도 이러한 모습은 '우리의 체질을 아시며 우리가 진토임을 기억하시는(시 103:14 참고)' 분이 바라보시고 판단하실 때는, 짧은 시간에 여러 번 교차하는 빛과 그림자처럼 보이며, 또는 육체의 쇠약함이나 질병에서 오는 것으로 생각될 것입니다.

그러나 이와 같이 행복한 기분이나 막힘없는 설교가 사라지는 시간들은 그에게 오히려 축복의 기회였습니다. 사람을 낚는 그 어부가 빈 그물을 깊은 곳에 던졌을 때, 많은 물고기가 잡혔기 때문입니다.

이러한 연단의 시간에도 학창 시절과 다름없이 그의 기도는 여전히 풍성했으며, 엄격한 자아 성찰과 오직 하나님의 눈에만 드러나는 마음의 죄와의 치열한 싸움도 여전했습니다. 우리는 거듭해서 '오, 내가 나의 마음을 얼마나 미워하는지'라고 외치는 그를 만날 수 있습니다. 그는 종종 꿈을 꾸면서도 도덕적 예민함으로 상처를 입기도 했습니다. 이러한 순간마다 아마도 훌륭한 켄(Ken) 주교와 같은 기도를 드렸을 것입니다.

---

2. 행 28:15 거기 형제들이 우리 소식을 듣고 압비오 저자와 삼관까지 맞으러 오니 바울이 저희를 보고 하나님께 사례하고 담대한 마음을 얻으니라.

> "깊은 밤 누워 잠 못 이룰 때
> 내 영혼은 하늘에 속한 묵상으로 가득해.
> 어떠한 악몽도 나의 이 안식을 깨뜨리지 못하게 하소서.
> 어떠한 어둠의 권세도 나를 방해하지 못하게 하소서."

저는 이제 그의 엄한 자아 성찰의 습관을 잘 보여 주는 새로운 사실을, 그의 말로 소개하고자 합니다. 젊은 준목사 보스톤이, 그의 동료 제이 지(J.G)가 목회자가 없는 교회를 맡기 위해 하고 있는 청빙 설교를 듣고 있는 모습을 상상해 봅시다. 그가 마음으로 얼마나 형제 판단의 죄를 미워하면서, 공정하고도 관용적인 평가를 내리고자 몸부림쳤는지를 주목하십시오.

"토요일 오후, 내게 한 통의 편지가 배달되었다. 나에게 제이 지를 위해 반나절의 시간을 내 달라고 요청했다. 그는 나를 미워하는 자들이 청빙하고자 선택한 사람이다. 내가 받은 편지에는 청빙을 아주 적극적으로 바라는 마음과 이로 인하여 주님을 송축하는 마음이 잘 나타나 있었다.

나는 악한 편견에 사로잡힐 위험을 느꼈다. 나는 내 마음을 주님께 의탁했다. 내가 그 일을 공정하게 수행할 수 있도록 도우시기를 부르짖었고, 주님께서는 응답해 주셨다. '내 은혜가 네게 족하리라.'

주일 아침, 나는 내 안에 그리스도를 사랑하는 뜨거운 열정이 충만한 것과 오직 그분의 영광만을 위해 살고자 하는 소원을 느꼈다. 그리고 반드시 성공적인 결과가 있기를 기도했다.

제이 지는 그를 청빙하고자 하는 사람들의 요청으로 오전에 도착했다. 나는 기도에 동참할 수 있는 힘을 얻었고, 그의 설교와 강연을 통해 큰 감동을 얻었다. 그러나 그 시간, 나는 내가 그토록 두려워하던 유혹의 맹렬한 공격을 받았다. 다행히 주님을 바라보는 가운데 그 감정은 많이 누그러졌고, 나는 내 영혼이 사람들의 행복과 복을 간절히 사모하는 것을 느낄 수 있었다. 그러한 복은 바로 그 경건한 젊은이가 우리를 향하여 진지하고도 열정적으로, 또한 지혜롭게 설교한 내용이었다.

설교 중간에 나는 내 자신의 허망함을 바라보게 되었고, 기도했다. 그리고 오후에 주님의 큰 도우심으로 설교할 수 있었다. 나는 이 모든 일을 행하면서 경박스러운 자세를 취하지 않으려고 애썼다. 그러한 마음은 아름다운 꽃으로부터 독을 빨아내는 것과 같은 것이기 때문이다."

이는 커다란 도가니 속에서 가장 순결한 금이 드러나는 일이었습니다.

2년의 준목사 기간이 다 지나갔으나 교구를 맡아서 섬길 안정된 전망은 여전히 까마득했습니다. 보스톤은 스스로 이렇게 질문했습니다. "한곳에 정착하는 목사가 되기보다는 이곳저곳을 순회하는 설교자가 되어서, 그동안 나의 사역에 나타난 하나님의 복된 증거들을 전하는 것이 나의 사명임을 보여 주는 것은 아닐까?" 그러나 그러한 계획은 그리 실제적인 것처럼 보이지는 않았습니다.

그의 말을 인용해 봅니다. "나는 이제 혼란스러운 환경의 만조선(滿潮線)에 도달했다. 내가 마치 어둠 속에 서 있는 사람처럼 느껴졌다. 다음 걸음을 어디에 내딛어야 할지를 알지 못한 채 말이다."

우리는 이 무렵 그의 일기 속에서, 더욱 타오르는 하늘에 속한 마음과 깊어 가는 자기 부인, 하나님이 인도하시는 곳이라면 어디든지 따르고자 하는 자원하는 마음 등을 발견할 수 있습니다. 또한 일반적으로 안정을 찾는 사람들에게 이따금씩 나타나는 잘못된 갈망보다는 더 엄격하게 자신을 책망하는 그의 모습도 발견할 수 있습니다.

다음의 성경 구절들은 그가 당시에 마음에 바른 연고와 같은 말씀들입니다. "온유한 자를 공의로 지도하심이여, 온유한 자에게 그 도를 가르치시리로다" (시 25:9). "저희의 년대를 정하시며 거주의 경계를 한하셨으니"(행 17:26).

또한 우리는 그의 일기 속에서 다음과 같은 표현도 발견할 수 있습니다. "내 영혼은 스스로 그분의 발아래 눕기를 갈망한다. 그가 원하시는 대로 나에게 행하시기를. 나는 그분의 것이다."

† 심프린에서의 사역의 시작

드디어 하나님께서 일하실 때가 이르렀습니다. 머즈 아래 지방인 던스 동부에서 약 5마일 떨어진, '유다 고을들 중에서 가장 작은' 마을과 같은 심프린이라는 교구에, 하나님께서 그가 사역할 수 있는 공간을 마련해 주셨습니다. 거기서 그는 그리스도의 사역자로서 혼신의 힘을 다해 일하면서 따뜻한 안식을 얻을 수 있었습니다.

심프린의 순박한 사람들은 만장일치로 그를 자신의 목사로 결정했습니다. 그곳에는 사람들의 행동을 중립화하거나 그 결정을 가로막는 기괴한 평신도 성직 수여권자가 없었습니다. 교구의 토지 관할인은 청빙을 하는 일에 평민들과 동일하게 성심껏 참여했고, 그의 의무 수행 과정을 불투명하게 만드는 어떠한 잘못된 요소도 없었으며, 교구민들의 목소리를 통해 하나님의 음성을 듣고 순종했습니다.

그 주변 교구들을 섬기던 헌신적인 목사들은, 뛰어난 재능과 역량을 지닌 사람을 작은 마을에 두시고 기뻐하시는 하나님의 섭리를 바라보며 놀라움을 금하지 못했을 것입니다.

보스톤에게 이러한 결정이 한순간이라도 그의 생각 속에 어두운 그림자를 던진 적이 있는지를 물었다면, 그는 영혼을 돌보는 자신의 책임을 , "그들 영혼을 위하여 경성(警醒)하기를 자기가 회계할 자인 것같이"(히 13:17) 하면서 만족함을 얻었다고 말했을 것입니다. 그는 이렇게 말합니다. "주님께서 그곳에서 나를 쓰시는 일이 나에게 얼마나 영광스러운 일인가!" 이러한 상황을 지켜보던 다른 목회자들도 선한 사람들의 삶을 성장시키시려는 하나님의 계획을 바라보면서 놀라움이 찬양으로 변했을 것입니다.

하나님께서 기쁨으로 행하신 기이하고도 다양한 일들을 볼 때, 심프린은 보스톤에게 최적의 장소였습니다. 거기서 그는 영적인 일들에 관한 지식을 놀랍도록 풍성하게 얻었습니다. 그리고 그 지식은 그의 사역을 위해서만 풍성해지고 지속된 것이 아니라, 오는 여러 세대 동안 스코틀랜드의 신앙 사상과 교육에 아름다운 영향력을 끼치게 되었습니다.

심프린에서 사역하던 7년 동안, 그는 인간의 말로써가 아닌 하나님으로부터 임한 열정적인 설교와 심방, 모든 사람을 품는 기도를 통하여 그 교구를 새롭게 변화시켰습니다. 그곳을 마치 '사막이 백합화같이 피어 즐거워하게' 만드는 것과 같았습니다(사 35:1 참고). 이러한 일은 그와 같은 신비를 풀어 주는 것 이상의 놀라운 일이었습니다.

우리는 몇 년 후, 그가 감사와 찬양으로 그때를 회고하면서 다음과 같이 기록한 것을 볼 수 있습니다. "나는 언제까지나 심프린을 주님께서 복 주신 땅으로 기억할 것이다."

"장애물과 시련이
감옥 벽처럼 느껴질 때,
아무것도 행할 수 없을 때,
그분 안에 안식을 얻네.
축복하신 고통은 우리의 선이요,

> 축복 없는 선은 우리의 고통.
> 가장 큰 어려움도 형통함이라네,
> 그 일이 그분의 달콤한 뜻이라면."

준목사로서의 과정이 끝나갈 무렵, 보스톤은 한 편의 짧은 논문을 발표했습니다. 그 논문은 그의 경험의 산물이었습니다. 또한 그 논문이 담고 있는 경건한 사고와 실천적 지혜로움은 그보다 곱절이나 나이가 많은 목사가 쓸 만한 수준이었습니다. 그러나 이 논문은 즉시 발간되지 못했고, 오랜 시간이 지난 후에야 비로소 빛을 보았습니다. 우리는 논문에 나오는 몇 구절을 인용함으로써 이 장을 더욱 풍요롭게 하고자 합니다.

이 논문의 제목은 「사람 낚는 기술에 대한 독백」(A Soliloquy on the Art of Man-fishing)으로, 시몬과 안드레에게 하신 예수님의 말씀에 근거한 것입니다. 예수님께서는 어부인 그들을 바닷가에서 불러내셨습니다. 그러고는 그들을 신앙의 사도요, 목회자가 되도록 훈련시키시며 자격을 갖추게 하시고, 궁극적으로 '사람을 낚는 어부'가 되게 하셨습니다.

젊은 저자 보스톤은 예수님께서 이 신실하고 평범한 사람들에게 하신, '나를 따르라'라는 말씀이 무엇을 의미하는지를 설명했습니다. 그것은 '너희들의 그물과 배를 버려두고 나를 따르라. 그리고 나의 말을 선포하는 설교자가 되는 법을 배우라'라는 말보다 훨씬 더 많은 의미를 지니고 있습니다. 그 말씀은 그들이 방황하는 영혼들에게 선을 행하여 그리스도께로 인도하고자 한다면, 그들은 반드시 '그들의 성품과 설교에 있어서' 예수님을 닮아야만 한다는 것을 의미합니다. 뿐만 아니라 '영혼을 얻기 위한 적합한 수단으로서, 그분을 자신의 모범으로 삼고 그분의 모습 그대로를 모사(模寫)해야만 한다'는 것을 의미합니다.

4장

심프린에서의 사역

† 목사 안수

보스톤은 1699년 9월 21일, 심프린에서 정식 목사 안수를 받았습니다. 그는 이제서야 거룩한 목표에 도달한 것이며, 자신의 교회와 교구라고 말할 수 있는 곳이 생긴 것입니다. "이곳은 나의 안식처이니, 이곳에 거하리라. 내 마음은 나의 기업으로 인하여 흡족해하며, 하나님께서 당신의 임재의 약속과 함께 나를 이곳으로 부르셨다는 확신을 가지게 되었다. 오, 그 사실이 나의 영혼을 얼마나 만족케 하는지, 그로 인하여 내 마음 가장 깊은 곳에서부터 그분을 송축한다. 왜냐하면 이 일은 실로 주님의 행하신 바요, 나의 눈에 기이하기 때문이다."

목사 안수를 받은 후 첫 주일에 그가 설교한 본문은 그의 사역의 크고도 엄숙한 기조를 보여 주는 것이었습니다. "너희 영혼을 위하여 경성하기를 자기가 회계할 자인 것같이 하느니라"(히 13:17). 영혼을 돌아보는 일에 대한 이 설교는 설교자로서의 자신의 사역에 대한 그의 생각을 보여 주며, 하늘 진리의 만나를 그들에게 먹여야 함을 의미합니다. 또한 목회자로서의 청지기 직분에 대하여 셈할 회계의 날을 내다보면서 양 떼들을 사랑으로 돌보고 이끌어야 하는 것을 의미합니다. 이러한 생각은 그로 하여금 마치 천사가 나타난 것을 보는 것과 같은 두려움을 품고 시골의 아주 작은 교회의 목사라는 볼품없는 지위에도 만족해하며 사역하게 했습니다.

땅에 속한 욕망을 지닌 삯꾼에 불과한 사람은, 안락한 사택, 많은 사례비, 또는 존경받을 만한 사회적인 지위 등과 같은 유혹을 이겨 내지 못하고 실망과 경멸적인 마음으로 초라한 심프린에서 등을 돌릴 수밖에 없을 것입니다. 그곳의 교회와 사택은 초라하기 그지없었고 낡았으며, 그곳 사람들은 대부분 무식하고 무관심하며 냉담한 자들로 알려져 있기 때문입니다.

그러나 우리의 젊은 목사 보스톤은 그러한 문제들을 전혀 다른 기준으로 바라보았습니다. 그곳에는 오히려 그의 성화된 마음에 특별한 매력을 느끼게 하는 요소들이 있었습니다. 즉, 그곳은 '묵은 땅을 기경하여'[1] 밤낮으로 영혼들을 얻기 위해 수고할 수 있는 곳이었습니다. 이곳이야말로 하나님께서 그를 임명한 주님의 포도원이 아니겠습니까? 만일 그가 "가서 거기서 일하라"라는 하늘의 음성에 귀를 막아 버렸다면, 그것은 그에게 화가 되었을 것입니다.

---

1. 호 10:12 너희가 자기를 위하여 의를 심고 긍휼을 거두라. 지금이 곧 여호와를 찾을 때니 너희 묵은 땅을 기경하라. 마침내 여호와께서 임하사 의를 비처럼 너희에게 내리시리라.

우리는 『영혼 속에 일어나는 신앙의 시작과 진보』(The Rise and Progress of Religion in the Soul)라는 책의 저자 도드리지와 보스톤의 동일한 정신을 발견할 수 있습니다. 비록 그가 좀 더 큰 만족과 기쁨을 표현했지만 말입니다.

키브워스(Kibworth)라는 골짜기 마을에서 묻혀 지내던 도드리지는 한 친구에게서 자신을 위로하는 편지를 받았습니다. 그는 그 친구에게 자신의 마음을 전했습니다. 그는 자신에게 맡겨진 촌스러운 양 떼들이 주로 목축업자들과 그 부양가족들임 인정하면서 이렇게 말했습니다.

"내가 맡은 교구에서는 찻상(tea table)을 거의 찾아볼 수 없다네. 그것은 8마일이나 벗어나야 있고, 그것조차도 둥그런 원형 안에 띠 하나만 달랑 두른 것이라네. 그러나 나는 꾸밈없고 정직하며 진지한 사람들과 함께 살고 있다네. 나는 진심으로 그들을 사랑하고 있으며, 그들도 나에게 진실하고도 꾸밈없는 태도로 다가온다네. 자네는 이곳에서의 나의 삶을 불행으로 여기며 탄식하기보다, 오히려 그것을 나의 행복으로 여기고 축하해 주어야 할 걸세. 나는 비록 골짜기 마을에서 고립된 채 살아가고 있지만, 이곳의 삶은 나의 헌신과 철학에 관한 중요한 목적들을 이루는 데 더할 나위 없이 큰 유익을 주고 있다네. 그리고 나 또한 여기서 쓸모 있는 사람이 되기를 원하네."

† 하나님과의 내 언약

목사 안수를 받은 지 8일 후, 보스톤은 하나님께 자신의 헌신을 새롭게 하겠다는 엄숙한 언약을 세웠습니다. 그 내용은 후에 그가 남긴 기록에서 발견됩니다.

"그리스도의 복음의 설교자인 나, 보스톤은 본질상 하나님을 떠난 원수요,

위대한 여호와의 대적자로서, 지옥과 진노의 우두머리 자식이요, 나의 원죄와 자범죄로 인하여 잃어버린 바 되고 무력해진 인생이요, 그로 인하여 비참하게 된 인간이다.

나는 이러한 나의 잃어버린 바 되고 무력한 상태를 잘 알고 있으며, 구세주가 절대적으로 필요하다는 것을 자각하고 있고, 그분이 없이는 영원히 파멸될 수밖에 없음을 고백한다. 예수 그리스도, 영원하신 하나님의 아들을 믿는 일만이 가증스럽고 더러운, 그리고 수없이 그분을 거역해 온 나를 나의 죄와 그 죄로 말미암는 진노의 무거운 짐에서 구원할 수 있다. 그 믿음의 조건은 구원을 얻기 위하여 그분께로 나아가며 그 언약에 동의하면서 그분의 모든 직분 안에서 그분을 신실한 마음으로 받아들이는 것이다. 나는 예전에 있었던 많은 기회를 통해 언약에 명백하고도 엄숙하게 동의했고, 그리하여 그리스도와의 개인적인 언약 관계가 될 수 있었다.

이제 나는 스스로 감당하기에는 너무나 벅찬 복음 사역의 위대하고도 강력한 역사를 감당하라는 부르심을 받았다. 나는 이 선언을 통하여 예전의 나의 모든 성례와 관련된 온갖 맹세들에 굳게 서서 그것들을 나의 소유로 삼을 뿐만 아니라, 또다시 하나님과의 언약을 갱신할 것을 선언한다. 지금 이 시간, 나는 주의 것이 될 것과, 아무런 조건 없이 주 예수 그리스도께 나의 몸과 영혼, 영적인 것과 현실적인 모든 것을 올려 드릴 것을 엄숙하게 맹세한다.

나는 성경, 곧 진리의 말씀에 기록된 언약의 조건에 자발적으로 동의하는 바이며, 내 마음과 영혼으로 모든 직무 안에서 그리스도를 붙들고 받아들인다. 나는 그분께서 주시는 힘으로 그분의 교훈에 순종하며 따르기로 약속하고, 그분을 나를 가르치시는 선지자로 받아들인다. 또한 나는 그분의 죽음과 공로로만 구원 얻기 위해 그분을 나의 제사장으로 의지한다. 더럽고 낡은 누더기 같은 나의 의를 버리고 오직 그분의 의로만 옷 입으며, 온전히 값없는 은혜로만 살기로 작정한다.

　나는 그분을 하나님 앞에서 나의 변호자요 중보자로서 의지한다. 또한 죄이든, 자아이든, 내가 사랑하는 우상이든, 다른 모든 주들을 배격하고, 그분만을 나를 다스리고 통치하시는 왕으로 받아들인다. 나는, 나의 전능하신 주시요 왕 되신 그리스도께 굳게 연합하되, 죽을 때나 살 때나, 부요할 때나 가난할 때나, 영원토록 그분을 붙들 것을 결심하며, 그분을 의지하여 모든 죄에 대항하여 싸워 나갈 것을 약속한다. 내 눈을 피하여 마음속에 숨어 있는 어떠한 죄이든지 그것에 대항하며, 그것을 내버리고 증오할 것이다. 또한 주의 힘을 의지하여 그것을 죽이기를 힘쓸 것이다.

　나는 모든 살아 있는 만물과 마음을 살피시는 하나님 앞에서 이 엄숙한 언약을 세우고 친히 서약한다.

1699년 8월 14일, 오후 1시,

던스의 나의 골방에서,

T. 보스톤."

† 목회 사역

　젊은 목사 보스톤은 성직을 수행하면서 시간을 조금도 낭비하지 않았습니다. 왕이 맡기신 직무는 심히 급했습니다.[2] 사람이 거주하기 힘들 정도로 점점 쓰러져 가는 사택 때문에 그는 한동안 던스에서 지내야만 했습니다. 던스는 그곳에서 6마일 정도 떨어져 있었기에 오가는 시간을 많이 허비하게 만들

---

2. 에 8:14 왕의 명이 심히 급하매 역졸이 왕의 일에 쓰는 준마를 타고 빨리 나가고 그 조서가 도성 수산에도 반포되니라.

었고, 이는 사역에 방해가 되었습니다. 그러한 상황에서도 그는 할 수 있는 일들을 모두 하고자 애썼습니다. 그러나 슬프게도 그의 사역이 축소되었고, 이러한 수고를 계속할 수 없었습니다.

사역 초기에 그가 한 일 중 하나는 그의 교구에 있는 각 가정을 방문하는 것이었습니다. 그것은 성도들에게 신뢰를 얻기 위한 노력이었고, 그가 자신의 목적을 달성하기 위해 얼마나 큰 열심을 품고 있는지를 알려 주기 위한 것이었습니다. 또한 그 일을 통해 성도들의 도덕 상태와 신앙 상태, 기독교를 아는 지식을 직접 확인할 수 있었습니다.

이러한 가정 방문을 통해 알게 된 사실들은 실망스럽고도 슬픈 것이었습니다. 그는 그들에게서 온전한 진리를 들을 수가 없었습니다. 그들은 기초적인 영적 진리에도 무지했으며, 하늘에 속한 영적인 일에 대한 무관심은 그들의 무지에 비례하여 나타났습니다. 그들의 관심은 오직 계절이 바뀜에 따라 땅을 갈고 씨를 뿌리며 수확하는 일뿐이었습니다.

그들에게는 두 가지 사실이 확연히 드러났습니다. 그 교구의 70여 명의 사람들 중에서 가정 예배를 드리는 가정은 단 한 가정에 불과했습니다. 그만큼 영적인 죽음, 혹은 죽음의 문턱에 이른 영적인 무기력함이 그 안에 팽배해 있었던 것입니다. 그 교구에서는 지난 수년 동안 성찬식이 한 번도 거행되지 않았습니다.

우리는 이 헌신된 젊은 목사가 이러한 서글픈 상황을 확인했을 때, "이 마른 뼈들이 살아날 수 있을 것인가?"[3]에 대하여 자신에게 거듭하여 질문했을 것을 충분히 상상할 수 있습니다. 그러나 한편으로 그는 타오르는 소망을 품

---

3. 겔 37:3 그가 내게 이르시되, 인자야, 이 뼈들이 능히 살겠느냐 하시기로 내가 대답하되, 주 여호와여, 주께서 아시나이다.

고 자신의 작은 선지자 골방에 홀로 엎드려 하늘을 향하여 "주의 영이시여, 사방에서부터 불어와서 이 사망을 당한 자들에게 임하사 그들로 살게 하소서"라고 부르짖었을 것입니다(겔 37:9 참고).

이것이 바로 심프린에서 그가 목격한 상황이었습니다. 이제 우리는 그의 7년 동안의 사역으로 이러한 상황이 어떻게 변화되며, 어떠한 수단들을 통하여 이루어지는지를 살펴볼 것입니다.

그는 쓰레기장처럼 황폐한 곳을 다시 세우는 일을 계속해 나갔고, 질서 있게 자신의 헌신적인 사역을 감당해 나갔습니다. 그는 오랫동안 일정하지 않았던 주일 오전 예배와 오후 예배를 새롭게 조직했습니다. 작은 교구 안에 일어난 이러한 재정비로 멀리 있는 교구민들도 쉽게 예배에 참석할 수 있게 되었습니다.

그는 교구민들에게 죄의 자각과 경고의 사역이 무엇보다 필요하다는 사실을 잘 알고 있었기에, 옛 시대의 엘리엇(Elliot)[4]이나 요단강 가에서 완고하고도 자족하는 바리새인들을 향하여 말씀을 전했던 세례 요한처럼, 회중들에게 개인적인 적용을 강력하게 제시하는 말씀을 전했습니다. 주로 인간의 패역함과 죄악 됨에 관해 선포했던 그의 설교는 큰 두려움과 놀라움을 안겨 주었습니다.

그때 이미 그의 생각 속에 『네 가지 상태』라는 책의 내용이 싹트고 있었던 것으로 보입니다. 보스톤의 그 책은 훗날 스코틀랜드의 신앙 사상과 영적 삶

---

4. 편집자주 – 여기서 저자는 존 엘리엇(John Elliot, 1604-90)을 언급하는 것으로 보입니다. 그는 청교도 시대에 북미인디언(Red Indians)을 위한 선교사로서, 그의 헌신적인 삶은 후대의 많은 목사들과 선교사들에게 큰 도전을 주고 있습니다.

에 매우 강력하고도 효과적인 영향을 미치게 됩니다.

이러한 일들과 동시에 그는 가정을 돌아보는 심방을 시작했습니다. 심방은 주로 신앙적인 권면과 기도로 이루어졌습니다. 그는 이 사역을 자신의 강단 사역 다음으로 중요하게 여겼습니다. 이는 심방 사역의 직접적인 영향력 때문만이 아니라 그 일을 통해 그가 성도들의 개인적인 생각을 직접 들을 수 있었으며, 각 가정의 내력과 상태를 상세하게 알 수 있었기 때문입니다.

그리하여 그는 강단에서 설교를 할 때, 더 효과적이고도 적절한 주제를 선택할 수 있었으며, 그것들을 회중들의 삶과 가슴에 적용하는 일을 더욱 적절히 도울 수 있었습니다.

예리한 사람은, 그의 음악적 재능이 심방을 하면서 시편을 노래할 때나 가정 모임들을 마무리하는 가운데 깊이 녹아들었을 것이라고 짐작할 수도 있을 것입니다.

추운 겨울, 교회를 보수하고 사택을 개조하여 그곳에 거주할 수 있게 된 그는 드디어 자신의 모든 힘과 시간을 쏟아 거룩한 직무를 감당할 수 있게 되었습니다.

그는 성도들을 위하여 주일 저녁 예배를 조직했습니다. 이는 그들에게 기독교 신앙의 기초적인 진리들을 친숙하고도 조직적으로 교육하기 위함이었습니다. 바로 그러한 교육의 부재가 그들을 끔찍할 정도로 엉망진창으로 만들었기 때문입니다. 그는 성도들이 들은 교훈들을 중심으로 체계적인 교리문답 교육을 실시했습니다.

우리는 그의 자서전에서 주일 저녁 훈련의 하나로서 '하나님의 섭리'에 관해 그가 가르친 교훈들을 발견할 수 있습니다. 이 내용은 우리가 하나의 표본으로 삼을 만한 것입니다. 그는 동시대의 영국 비국교도들처럼 소요리문답서를 교재로 삼은 것으로 보입니다. 그는 딱딱한 내용을 부드럽게 다룰 줄 알았습니다.

"하나님의 섭리를 배우는 저녁 예배는 나에게 참으로 달콤한 시간이었다. 예배를 마치고 나눈 성도와의 대화는 기쁘기 그지없었다. 우리는 환난 중에 세상을 이끄시는 분이 어떻게 그들의 하나님이 되실 수 있는지, 주님의 허락이 없이 이루어지는 일이 없다는 것이 무엇을 의미하는지에 대해 이야기를 나누었다. 또한, 하나님께서 성도들의 지극히 작은 고난도 얼마나 가볍게 만드시며, 그리하여 그들에게 필요한 몫 이상의 시련이 임하지 않게 하시는지, 기한이 지나면 내보내는 종들처럼 대우하지 않으시고 주께서 그들을 자녀로서 감싸 주시는 언약적 특권이 어떠한 것인지에 대해 올바르게 가르치기 위하여 이야기했다."

이 기간 동안 젊은 목사 보스톤의 전반적인 계획과 실천은, 모든 활동 속에서 성도들을 향하여 품은 그의 타오르는 열심을 보여 줍니다. 우리는 그 증거를 보면서 큰 충격을 받습니다.

그는 주일 저녁에 성도들과 나누는 대화를 통해 그들이 자신의 설교를 얼마나 이해하고 있는지를 확인했습니다. 그는 청중들이 설교를 이해하지 못한다고 생각되는 부분이나 반복해서 강조할 필요가 있다고 여겨지는 부분에 대해 덧붙여 설명해 주었습니다. 그는 성도들이 이해하는 수준을 넘어서지 않으려고 했습니다.

이러한 교육 속에 그의 성실함과 열심이 드러나는 또 다른 모습이 있습니다. 그는 자연의 사진들을 사용함으로써 회중들이 상상하는 데에 도움을 주고자 했습니다. 또한 자연 세계에서 끌어 온 유사한 요소들로 그들의 주의를 끌고 흥미를 유발시키고자 노력했습니다. 그러나 아쉽게도 그의 노력은 실망을 안겨 주었고, 별로 성과를 거두지 못했습니다.

회중들은 비유의 내용은 잘 기억하지만, 그것들이 나타내고자 하는 목적지인 하나님의 진리를 붙잡지는 못했습니다. 그것은 땅에 속한 것은 붙잡고 하늘에 속한 것은 떨어뜨린 격이요, 조개껍질은 맛있게 먹고 그 알맹이는 버린 격이었습니다. "육에 속한 사람은 **하나님의 성령의 일을 받지 아니하나니**" (고전 2:14).

그러나 이러한 열매 없는 상황은 오래가지 않았습니다. 봄이 끝날 무렵, 각성을 보이는 질문들과 그 증거들이 나타나기 시작했습니다. 그것은 마치 이른 아침에 노래하는 새소리와도 같았습니다. 이 노랫소리는 겨울이 지나가고 여름이 다가오고 있다는 사실을 알려 주었습니다.

이 젊은 목회자는 비록 적지만 이러한 환영할 만한 조짐들로 크게 기뻐했습니다. 그는 그들 안에서 자신의 수고에 대한 성령의 인치심을 보았다고 생각했으며, 그들이 '용기를 내세요!'라고 말하는 것처럼 여겼습니다. 그는 감사의 찬양을 안고 자신의 서재로 가서, 일기에 이렇게 기록했습니다. "나는 심프린에서 보금자리를 얻었고, 기쁨 속에 그리스도의 날개 아래 거하고 있는 나를 바라보았다."

† 결혼

한여름이 되어 갈 무렵, 한 사건이 일어났습니다. 그 일은 그의 회심과 목사 안수를 받는 일 다음으로 중요한 일이었습니다. 더 나아가 그의 남은 모든 삶에 가장 중요하고도 큰 영향을 끼칠 만한 일이었습니다.

그는 목회 수습생 초기 시절, 클래크매넌셔의 훌륭한 가문의 한 여인, 캐더린 브라운(Catherine Brown)과 친분을 쌓았는데, 그 관계는 빠르게 사랑의 감정으로 발전해 갔습니다. 그는 그녀를 처음 본 순간 마음을 모두 빼앗겨 버렸으며, 그 감정은 그녀와 만날수록 더욱 커져 갔다고 고백합니다. 물론 그녀의 마음 역시 그를 향해 열려 있었습니다. 그녀와의 만남은 새롭고도 신성했습니다.

그들의 사랑에 큰 힘을 공급한 것은 그들 사이에 존재했던 생기 넘치는 신앙적 공감대였습니다. 보스톤은 자신의 연인 캐더린 브라운에게서 달콤한 기쁨을 느낄 뿐만 아니라 그리스도 안에 있는 성도의 모습도 볼 수 있었습니다. 그는 "나는 처음부터 그녀 속에 은혜의 불꽃이 타오르는 것을 발견했다"라고 말합니다.

만일 그녀에게 영적인 자질이 부족했더라면, 혹은 그러한 것이 의심스러웠더라면, 그는 그녀에게 결단코 사랑을 고백하지 않았을 것입니다. 그러나 그녀에게는 영적인 면에 있어서 의심할 만한 어떠한 것도 없었습니다. 그의 표현에 따르면, '그 관계를 더 강하게 하기보다는 이제는 맺어져야 하는' 그들의 결합은 서로를 향한 헌신으로 급속도로 무르익었습니다. 그들은 약혼을 하게 되었고, 그들의 갈 길을 밝혀 주시는 섭리의 이끄심으로 아름다운 결혼식을 올림으로써 그 관계를 완성했습니다.

어느 누구도 그들이 실제로 결혼을 하기까지 3년의 시간이 걸릴 것을 예상치 못했을 것입니다. 그 시간은 보스톤이 목회 직무에 정착하기까지 걸린 시간이었습니다. 교회에서 그를 발탁하겠다는 제의가 거듭하여 찾아왔지만 그것이 좌절되었을 때 두 사람은 크게 상심했을 것입니다. 그러나 소망이 연기되는 매우 힘든 시간에도 그의 약혼녀는 고요하고도 신실한 인내로써 상황을 주시했고, 어떠한 불평이나 실망의 눈치도 보이지 않았습니다. 도리어 하나님의 때가 최선의 시간임을 인정하고 그것을 누리게 될 것을 기다리면서 보스톤에게 많은 용기를 불어넣어 주었습니다. 이러한 모습은 훗날에도 변하지 않았습니다.

그는 바로 이러한 사실에 대하여 이렇게 감사하고 있습니다. "나는 종종 지금까지 내가 그녀와 관계를 맺고 살아가고 있다는 사실에 대하여 주님을 송축하곤 했다."

보스톤이 심프린 교구 교회의 목사가 되자 결혼의 모든 장애물들이 제거되었습니다. 그로부터 약 10개월 후에, 수년 동안 호감을 가지고 한마음으로 살았던 두 사람은 거룩한 혼인식으로 두 손을 맞잡았으며, 죽음 외에는 그 무엇도 가를 수 없는 신성한 연합으로 자신을 서로에게 내줄 것을 서약했습니다. 1700년 7월 17일, 기쁨 속에서 기도로 진행된 결혼식은 클로스(Culross)의 포스(Forth) 강 기슭에서, 보스톤의 친구요 그곳 교구의 목사인 매어(Mair) 목사가 인도했습니다.

보스톤은 이렇게 말합니다. "매어 목사는 매우 순조롭게 그 예식을 진행했다. 주님께서는 그가 매우 합당하고도 적절하게 권면하도록 인도하셨으며, 거기에는 능력과 생명이 임했다."

며칠 후, 감사로 충만한 보스톤은 자신의 신부를 허름한 심프린의 사택으로 인도했고, 그때 그는 자신이 실로 주님께 큰 선물을 받았다는 것을 느꼈습니다.

루터가 자신의 아내 캐더린 보라(Catherine Bora)에 대하여 쓴 다음의 글은 캐더린 브라운에 대한 보스톤의 마음과 가장 흡사할 것입니다. "하나님의 가장 위대한 선물은 하나님을 경외하고 자신의 가정을 사랑하는 상냥하고도 경건한 아내입니다. 그런 아내와 함께 사는 사람은 완전한 평화를 누리면서 살 수 있습니다."

이러한 보스톤의 결혼은 세월과 시련이라는 시험에 맞서 싸우는 완벽한 결합이었습니다. 결혼한 지 30년 후, 우리는 아내에 대해 증거하는 보스톤을 발견하는데, 그 고백은 지금까지도 종종 경탄의 대상이 되고 있습니다. 그는 그녀의 거룩한 아름다움, 온화함, 감사가 흘러넘치는 모습에 매료되어 이렇게 말합니다.

"온전한 지혜의 섭리하심으로 저는 아내와 함께 멍에를 매었고, 하나님의 자비하심을 따라 지금까지 그녀와 함께 30년을 살아왔습니다. 그녀는 너무도 고귀한 여인입니다. 따라서 저는 그녀를 열정적으로 사랑하고 존경합니다. 그녀는 기품 있고 아름다우며 단정한 몸가짐을 지니고 있고, 주를 경외하는 참된 경건의 소유자입니다.

또한 그녀는 온갖 시련과 고통 속에서도 잘 인내하며, 거의 요동하지 않습니다. 그러면서도 그녀는 명랑한 성품을 지니고 있으며, 예민하고 뛰어난 분별력도 가지고 있습니다. 그녀는 자신과 연관된 일에 대해서 빠른 이해력을 가지고 있으며, 깜짝 놀랄 만한 사건 앞에서도 놀라운 침착성을 보여 줍니다. 또한 총명하고도 예리하게 사람들의 자질들을 분별하며 쉽게 속아 넘어가지 않습니다.

그녀는 자신의 품행에 대해서는 정직하고도 엄격하며, 본성적으로 쾌활합니다. 지혜롭고도 붙임성이 있어서, 자신의 의견을 확신 있게 말하고 표현하는 데 아주 뛰어납니다. 또한 그녀는 오른손만 가지고도 편지를 받아 적는 능력을 가지고 있습니다. 집안일을 지혜롭게 돌보고 검소하게 살아가기 때문에, 그녀는 집안의 모든 일들을 혼자서 처리할 수 있습니다. 자녀들을 덕스럽게 교육시키며, 매우 신중하게 그 일을 행합니다. 그녀는 간단한 외과 치료와 약을 사용하여 머즈와 포리스트 지역의 시골 사역을 매우 훌륭하게 수행합니다. 그러한 여러 가지 능력은 하늘에서 주신 특별한 복입니다.

마지막으로, 그녀는 나의 공적 지위와 삶에 있어서 나의 면류관입니다. 지금까지 함께 살아온 오랜 세월 동안, 우리는 육지에서 너무 멀리 떨어져서 육지가 보이지 않는 험한 시련의 바다를 헤쳐 왔습니다. 저는 때때로 죽음을 느끼기도 했습니다. 처음 6주간을 제외하고 그녀는 건강한 적이 거의 없었으며, 우리는 자주 그녀의 죽음이 임박해 온 것을 느끼곤 했습니다. 그럴 때면 제 마음은 수백 발의 화살이 와서 박힌 것처럼 괴로웠습니다. 또한 저는 그녀의 임종을 지켜야 하는 저의 책임을 뒤로 한 채, 근심스러운 마음으로 강단에 올라가기도 했습니다.

이제 우리는 지금까지 함께해 온 세월의 세 번째 부분, 즉 끝나 가는 마지막 10년을 보내고 있습니다. 그녀는 특별한 고통없이 지내고 있습니다. 여러 해 동안 그녀는 침대에 누워 있었습니다. 그 혹독한 시련 속에서도 하나님의 은혜는 밝게 빛났고, 그녀의 몸은 놀랄 만큼 건강을 유지했습니다. 그녀는 예전에는 질병을 앓다가도 그 흔적조차 보이지 않을 만큼 건강을 회복하고 아름다움을 유지했지만, 이제는 질병의 흔적이 남는 상태가 되었습니다."

보스톤은 결혼한 지 얼마 지나지 않아서 성도들을 위하여, 아침마다 드리는 자신의 가정 예배에 누구나 참석할 수 있도록 집을 개방했습니다. 가정의 소소한 일들뿐만 아니라 보스톤의 사역에도 기꺼이 조력자가 될 준비가 되어 있던 그의 아내는 보스톤의 이러한 결정에 대하여 아무 말 없이 함께해 주었습니다.

그 계획은 성공적이었습니다. 많은 교구민들은 정기적으로 그 예배에 참석했습니다. 보스톤은 거기에 간단한 성경 강해를 곁들여서 진행했고, 그 일을 위해 그는 사전에 많이 연구하며 준비했습니다. 예배를 마친 후 사람들은 자신의 가정을 돌보기 위해 돌아가거나 사업을 위해 바깥으로 나갔고, 그날 하루를 그 가정 예배 시간과 동일한 마음으로 보냈습니다.

†몰려오는 시련

그러나 그의 맑은 하늘은 그리 오래가지 않았습니다. 심프린에서 목회하던 첫 해가 거의 끝나갈 무렵, 그는 아버지의 부음을 접했습니다. 아버지의 나이 70세였습니다. 그러한 충격적인 소식을 예기치 못한 것은 아니었지만, 그의 일기에서 밝히듯이, '그것은 너무 빨리 다가온 소식'이었습니다. "그것은 내가 감당할 수 없는 죽음이었고, 그 충격은 몸을 가누지 못하게 만들었다."

그와 아버지 사이에는 서로를 묶어 주는 깊은 애정의 끈이 있었으며 특별한 힘과 사랑을 느끼게 하는 신성한 추억들이 있었습니다. 그는 아버지가 양심을 지키면서 감옥에 갇혀 고생할 때, 밤낮으로 아버지의 곁에서 교제했던 소년 시절을 회상했습니다. 그는 자신에게 목회자 후보생 자격을 얻기 위한 대학 교육을 시키기 위해 오랫동안 힘든 생활고를 견디시던 아버지의 희생을 잊을 수가 없었습니다. 아버지의 그 백발은 의의 길에서 얻을 수 있는 면류관이었습니다.[5]

아버지를 잃은 아들은 슬픔과 감사의 마음으로 다음과 같이 쓰고 있습니다. "아버지는 가장 험악한 시대에 누구도 따를 수 없는 신앙의 정절을 지켰던 분이다. 아버지의 죽음을 바라보는 일은 주 예수 그리스도를 통하여 얻는 영생에 위로가 넘치는 증거를 안겨 주었다."

그의 아버지가 세상을 떠난 지 몇 주 후, 기쁨과 슬픔이 뒤섞인 또 다른 일이 그의 가정에 일어났습니다. 1701년 5월 24일, 보스톤 여사는 첫째 딸 캐더린(Catherine)을 낳았습니다. 아버지가 된 보스톤은 이렇게 말했습니다.

---

5. 잠 16:31 백발은 영화의 면류관이라. 의로운 길에서 얻으리라.

"전능하신 만물의 조성자의 거룩하고 의로운 기뻐하심으로 그 이중 언청이를 안았을 때, 아기는 아내의 젖을 물 수가 없었다."

침실로 올라가는 길에 그는 간호사를 만났습니다. 간호사는 그에게 아기의 상태에 대하여 조심스럽게 말했습니다. 그 순간에 대하여 그는 이렇게 말합니다. "내 마음은 나무 위에 앉아 있다가 총에 맞아 떨어지는 새와 같습니다. 그렇긴 하지만……." 그는 덧붙여 말합니다. "나는 이 일을 엄숙하게 받아들입니다. 또한 고통 중에 있는 나의 아내도 이 시련을 그리스도인답게 받아들이고 있으며, 자신의 방식으로 지혜롭게 대처하고 있습니다."

그들의 딸은 태어나면서부터 매우 허약했으며, 여름 내내 밤낮으로 곁에서 돌봐 줘야만 했습니다. 그러나 가을이 되자 그 조그만 아기는 소생하기 시작했습니다.

경제적인 어려움 때문에 보스톤과 그의 아내는 클래크매넌셔에 있는 처가를 방문했고, 그들은 가을 추수가 시작될 때까지 계속 그래야만 했습니다. 보스톤 여사의 좋지 않은 건강 때문에 오래 머물지 못하고 집으로 돌아오는 길에, 그들은 파이프셔(Fifeshire)의 토리번(Torryburn)에 있는 처제의 집에서 하룻밤을 묵게 되었습니다.

아침에 잠에서 깨어나기 직전에 보스톤 여사는 기이한 꿈을 꾸었습니다. 그녀는 꿈에서 온전한 형체를 지니고 있는 딸을 보았는데, 그 아이는 천성적인 결함이 완전히 사라지고 너무도 아름다운 모습을 하고 있었습니다. 이 꿈은 그들의 마음속에 깊은 인상을 남겨 주었고, 그들은 이 꿈을 무관심하게 지나칠 수 없었습니다. 그들은 서둘러 집으로 향했습니다. 심프린에서 약 9마일 떨어진 블랙의 밀(Mill)에 이르렀을 때, 그들은 여러 명의 친구들을 만났는데, 그들에게서 캐더린이 죽었고 이미 장례를 치렀다는 비수 같은 소식을 들었습니다.

보스톤은 이렇게 말합니다. "그 소식을 접하고 우리는 큰 고통을 안고 집에 돌아왔으며, 거의 정확하게 추정한 결과, 아이가 죽은 시점이 바로 아내가 앞서 말한 그 꿈을 꾸던 그날, 그 시간이었다는 사실을 알게 되었다."

그들은 아이의 죽음과 '날개 위에 위로를 태워' 조금 전에 자신들에게 보내진 그 꿈을 연관 짓지 않을 수 없었습니다.

† 목회 초기의 경험들

보스톤의 목회 초기의 경험들은, 오늘날 많은 그리스도의 사역자들에게 흥미로운 일이 될 것입니다. 이 경험들은 포스터가 말한 대로, '굵은 글씨로 쓴 교훈들'입니다. 이 교훈들은 격려와 경고를 함께 주는 가치 있는 조언을 제공할 것입니다.

심프린에서의 사역 초기에, 그는 다음 주일에 설교할 본문을 정하는 데 큰 어려움을 겪었습니다. 심지어는 설교문을 작성하는 데 걸리는 시간보다 자신의 현재 마음 상태에 적절한 본문을 찾는 데 더 많은 시간을 허비했습니다. 때로는 한 주가 거의 지날 무렵이 되면, 그는 당황스러움과 염려에 사로잡히곤 했습니다. 점점 더 커져 가는 불안감 속에서 그는 자신을 신성한 직무로 부르는 주일 종소리를 들었습니다.

이러한 경험은 올니(Olney)의 뛰어난 목사 존 뉴톤(John Newton)의 경험과도 비슷합니다. 뉴톤은 일주일에 설교할 본문을 하나 이상 찾지 못했습니다. 그는 그러한 자신을 특정한 시간에 옷장을 열 수 있는 단 하나의 열쇠를 받은 종에 비교하면서, 자신은 모든 옷장 서랍을 열 수 있는 열쇠 꾸러미를 받지 않았다고 말하곤 했습니다.

그러나 심프린에서의 사역 후기에, 보스톤은 성경의 긴 본문을 선택했고, 그 안에 담긴 여러 가지 내용 속에서 여러 편의 설교문을 얻을 수 있었습니다. 이러한 훈련 덕분에 그는 의식적으로, 또는 무의식적으로, 독서나 삶의 관찰 속에서도 유익한 설교 자료를 모을 수 있었고, 눈앞에 닥친 주일에 필요한 것만이 아니라 다가오는 주일의 설교도 준비할 수 있었습니다.

예를 들면, 우리는 그가 1월부터 5월까지, 라오디게아 교회에 보내는 편지의 몇몇 구절들을 붙들고 씨름하는 모습을 볼 수 있습니다. 그는 당시에 그 구절을 그냥 지나치기 싫었던 것이 분명합니다. 자신이 파는 금광에서 아직 금이 쏟아져 나오지 않았기 때문입니다. 이에 대한 그의 진술은 특별한 가치를 지니고 있으며 주의를 기울일 만합니다. 그는 너무도 자주 자신이 택한 본문이 자신을 위한 것이 아니었다고 말합니다. 보스톤은 그가 직접 겪은 개인적인 사건들로 색깔을 입혀 설교했고, 그러한 그의 설교들은 다른 사람들에게 매우 호소력 있게 전달되었습니다.

우리는 그의 사역 초기의 경험에서 새로운 교훈을 얻을 수 있습니다. 사역 초기, 그는 설교 준비를 그 주의 마지막 날까지 미뤄 두곤 했습니다. 그 결과, 토요일이 다가와도 설교문이 대부분 완성되지 않은 채 남아 있을 때가 많았습니다. 얼마 지나지 않아 그는 이러한 행동이 얼마나 불편하고 잘못된 것인지를 발견했고, 주일 설교문은 늦어도 금요일 저녁까지는 완성하기로 결심했습니다.

그것은 여러 가지 유익을 주는 지혜로운 변화였습니다. 토요일의 안식이 확보됨으로써 그는 주일 사역을 위해 휴식을 취하며 힘을 보충할 수 있었습니다. 그 휴식은 영적인 황폐함으로 인한 정신적, 육체적 침체에서 그를 보호해 주었습니다. 또한 이것은 질서 없는 분주함 속에서 느꼈던 초조함과 염려에서도 그를 건져 주었으며, 성도들 앞에서 설교하기 전에 먼저 자신의 마음을 향해 설교할 수 있는 시간을 제공했습니다.

그의 마음 상태를 나타내는 다음과 같은 표현이 그의 설교문 말미에 자주 등장합니다. "오, 이 진리가 내 설교문에 기록된 것처럼 내 마음에도 기록되기를!"

어떠한 청중들은 보스톤의 설교가 '인신공격'을 가한다고 했고, 심지어 설교 내용이 자신을 지칭해서 말한다고 믿기도 했습니다. 보스톤처럼 높은 목표를 가진 온유한 목사가 그런 말을 듣는 것은 매우 고통스럽고 놀라운 일이었을 것입니다.

여담이지만, 그리스도의 사역자가 강단을 은밀한 앙갚음이나 원한을 갚는 데 사용하는 것만큼 자신의 성직을 모독하는 일은 없으며, 그러한 사역자보다 더 무가치한 사람도 세상에 없을 것입니다. 그러나 그러한 의심들은 일반적으로 근거 없는 것이며, 그러한 것들은 오만한 청중들이 지나치게 자신을 소중하게 여기기 때문에 나타나는 모습이라고 받아들여야 합니다. 또한 말쑥한 모습으로 신실한 설교를 들으면서 앉아 있지만, 그 설교가 자신의 은밀한 죄의 생각을 폭로하거나 악한 동기를 드러낼 때, 다른 사람들 앞에서 양심의 불편함을 느끼는 사람들의 말로 생각해야만 합니다.

실로 사역자의 설교가 회중들에게 불편함이나 깊은 후회를 불러 일으키지 못하고, 오직 '그의 양 떼를 조용히 잠들게 하는 졸린 딸랑거림'에 불과하다는 것은 그의 설교가 분별력이나 신실성이 없다는 부끄러운 증거입니다.

지혜롭고 유머가 넘치는 토마스 풀러(Thomas Fuller)는 이렇게 말합니다. "만일 그 설교로 인해 지치고 상처 입은 말들도 움찔거리지 않는다면 나는 그 설교 안에 소금이 조금이라도 들어 있는지를 의심할 수밖에 없다. 그러나 상처를 입은 말들은 궁사가 목표하는 곳으로 따르지 않는다. 왜냐하면 그곳에는 화살이 빗발치기 때문이다."

많은 독자들이 흥미를 느낄 만한 또 다른 경험이 있습니다. 우리는 그가 자신의 장서(藏書)가 너무 적다는 사실 때문에 안타까워하는 모습을 볼 수 있습니다. 특히 성경에 대한 주석이 부족함을 가슴 아파했습니다. 심지어 그는 장서의 부족함으로 자신의 감정이 상처를 받는다고 말하기도 했습니다. 그는 이웃 교구에 사는 동료 목사에게 초라한 책꽂이를 가진 자신의 서재를 보여 줄 때, 그 동료의 얼굴에 스치는 미소를 바라보고 '폐부를 찌르는' 고통을 느꼈던 것입니다.

그는 자신이 가진 소박한 소망은 장키(Zanchy)의 전집과 루터의 갈라디아서 주석을 갖는 것이라고 말합니다. 그러나 하나님의 섭리는 그에게 베자(Beza)의 『신앙고백론』(Confession of Faith)을 주셨습니다.

이 당시에는 도서관이나 서고, 혹은 다른 방법으로 책을 찾는 일이 알려지지 않았으며, 정기적으로 매주 큰 도시에서 화물이 심프린에 도착했다는 사실조차 전혀 알 수 없었습니다.

보스턴의 경제적 형편은 어려웠기 때문에 일 년에 한 번, 가려 뽑은 책 꾸러미를 집으로 가져와 자신의 작은 서고를 채울 수밖에 없었으며, 그것조차도 많은 책을 가져올 수 없었습니다. 그러나 그는 이러한 작은 수고조차 많은 유익으로 보상된다는 사실을 발견했습니다. 왜냐하면 그는 시간을 내어 그 책들을 섭렵했고, 애타게 기다리는 다음 해의 책들이 도착하기도 전에, 그 해에 공급된 책들을 모두 소화할 수 있었기 때문입니다.

서고를 늘리는 것이 지식을 늘리는 것보다 쉽다는 비난은 그에게는 해당되지 않았습니다. 심지어 주석이 부족했기에 그는 자신의 지적 자원들을 더욱 의존할 수밖에 없었으며, 그 덕에 독립적인 사고를 구축할 수 있었습니다.

한편 그는 자신의 힘으로 정복하기 힘든 해석적 문제들이나 그가 즉시 풀 수 없는 신학적 난제들을 담은 문집을 기록하기 시작했으며, 종종 나이가 들기 전에 자신이 적은 난제들의 답을 찾기도 했습니다.

사역 초기에 보스톤은 지성의 천상적 구조가 성경의 최고의 해석자라는 사실을 입증했습니다. 성경에는 그리스도인의 경험을 보여 주는 위대한 본문들이 많이 있는데, 그것들은 성구사전이나 문법에 의존하는 사람들에게는 하나의 역설이나 수수께끼와 같은 소리에 지나지 않습니다. 그들은 많은 시간을 투자하여 이리저리 궁리하며 그 구절들의 의미를 찾아내려고 헛된 애를 쓸 것입니다. 그러나 그 구절들은 스스로 '주의 인자하심을 맛본' 사람의 지성에는 즉시 달콤하게 열리며, 그 구절이 가지고 있는 황금 저장고를 보여 줍니다.

다음의 말은 보스톤의 생각을 다르게 표현하는 심오한 말입니다. "최고의 성경의 해석자는 바로 성경적인 생각을 지닌 사람이다."

† 『현대 신학의 정수』

우리는 사역 초기에 그가 책에 굶주렸던 모습과 정신적 자양분의 공급이 많이 부족했다는 사실을 살펴보았습니다. 이제 우리는 그가 구하지 않았는데도 그의 소유가 된 한 권의 책에 관심을 기울여야 합니다. 그 책은 그가 예전에 한 번도 들어 보지 못한 것으로, 그 자신과 그의 사역뿐만 아니라 스코틀랜드 신학 사상과 교회 역사에 가장 강력하고도 유익한 영향을 끼치게 될 책이었습니다.

다른 목회자들, 특히 카녹(Carnock)의 호그(Hog) 같은 사람들도 보스톤과 같은 태도를 보였지만, 보스톤의 역할은 그러한 다른 사람들의 역할을 능가하는, 음식 속에 누룩을 집어 넣는 손 그 자체였습니다.

그 탁월한 책이 바로 『현대 신학의 정수(精髓)』(The Marrow of Modern Divinity)였습니다. 이 책의 저자로 알려져 있는 에드워드 피셔(Edward Fisher)는 옥스퍼드 브레이즈노즈 대학(Brasenose College)의 특별 자비생이었습니다. 이 책의 첫 부분은 1645년 5월에 발간되었고, 두 번째 부분은 3년 후에 세상에 나왔습니다.

이 책은 상당 부분 종교개혁자들과 청교도들의 글에서 발췌한 내용으로 이루어져 있으며, 그 핵심적인 내용은 죄인이 하나님께 나아가는 길과 연관된 질문들입니다. 우리는 거기에 등장하는 존귀한 이름들 가운데서 루터와 칼빈(Calvin), 베자 등과 같은 친숙한 이름들을 만날 수 있습니다. 편집자는 자신에 대해서는 한 문장씩, 간단하게 진술할 뿐이지만, 자신을 정원에 가득한 꽃들 중에 달콤한 향기와 약효가 있는 꽃들을 한 다발로 묶는 사람으로 묘사합니다.

이 책은, 웨스트민스터 신학 총회에서 신학 작업의 평가자의 지위를 받은 유명한 죠셉 카릴(Joseph Caryl)이 강력하게 추천했습니다. 이 책이 출판된 이후 몇 해에 걸쳐 전체 내용이 제10판이나 증보되어 나왔다는 사실은, 이 책이 꼭 읽어야 하는 내용을 담고 있음을 입증합니다.

『현대 신학의 정수』라는 책이 스코틀랜드의 후미진 곳에 찾아들어 보스톤의 손에까지 들어올 수 있었던 것은 참으로 놀라운 일입니다. 그것은 하나님께서 자신의 나라를 확장하기 위하여 세우신 위대한 계획을 기이하고도 세밀한 사건들을 통해 이루어 가시는 것을 보여 줍니다.

루터가 에르프르드(Erfurth)의 어거스틴 수도원에서 라틴어 성경 사본을 발견했을 때, 그가 가진 꿈은 얼마나 소박한 것이었습니까! 그러나 그가 그 책을 읽기 시작하고, 그리하여 그는 '하나님께서 세상을 흔들기 위하여 택하신 수도사'가 되었습니다. 성경 사본의 발견은 그의 영광스러운 사명을 위한 첫 걸음이 되었습니다. 비록 루터의 종교개혁에 미치지는 못하는 것이라 하더라도, 보스톤이 『현대 신학의 정수』를 발견하게 된 것도 그와 같은 섭리라고 할 수 있습니다.

우리는 이제 보스톤이 『현대 신학의 정수』를 발견하게 되기까지의 이야기를 그의 특유의 말투로 들어 보려고 합니다.

"어느 날 나는 심프린의 어느 집에 앉아 있었는데, 그 집 창문틀 위에 두 권의 낡은 책이 얹혀 있는 것을 보게 되었다. 그 책들의 제목은 『현대 신학의 정수』와 『죄인들을 위하여 값없이 흐르는 그리스도의 보혈』(Christ's Blood Flowing Freely to Sinners)이었다. 나는 이 책들을 그 집 주인이 영국에서 가져왔다고 생각했다. 주인은 시민전쟁 시기에 군인이었기 때문이다. 그 책들이 다루는 주제에 나는 특별한 흥미가 생겼고, 두 권 모두 빌려 왔다.

후자의 책은, 솔트마시(Saltmarsh)의 책으로, 그다지 좋아하지 않아 읽지 않고 돌려준 것으로 기억된다. 다른 한 권은 『현대 신학의 정수』의 첫 부분으로서, 너무나 마음에 들어 그 책을 주인에게 돈을 주고 샀으며, 지금도 그 책은 내 서고에 꽂혀 있다. 나는 그 책이 내가 그토록 찾고 있었던 논점들에 매우 근접해 있다는 사실과, 예전에는 도무지 해결할 수 없었던 모순들을 일관성 있게 설명하고 있다는 사실을 발견했다. 나는 그 책을 읽는 내내 마치 주님께서 어둠 속에 있던 나에게 시의 적절하게 밝혀 주신 한 줄기 빛을 얻은 것처럼 뛸 듯이 기뻐했다."

선택 교리 그 자체에 대하여 보스톤이 성경에 제시된 관련 사항들과 적용에서 얼마나 동떨어져 있었는지를 이해하는 것은 어렵지 않습니다. 심프린에서의 사역 초기에 그는 구원을 얻기 위하여 하나님께로 나아가는 우주적이고도 열린 자유에 대하여 사람들에게 선포하는 일을 혼란스러워하며 종종 곤란을 겪었습니다.

그러나 그는 『현대 신학의 정수』를 읽은 후, 복음은 '여자에게서 난' 모든 사람들을 위한 하나님의 사랑의 열매요, 그 사랑의 표현이라는 사실을 알게 되었습니다. 또한 '하나님이 세상을 이처럼 사랑하사 독생자를 주셨다'는 사실과 '예수 그리스도는 잃어버린 바 된 전 인류를 위한 성부 하나님의 선물과 허용의 행위였다'는 사실을 깨닫게 되었습니다.

그러자 그를 둘러싸고 있던 안개가 사라졌고, 그는 그 진리의 원만한 빛과 광채 안에서 하나님의 기이한 자비에 매료되었습니다. 그 시간부터 '복음 나팔의 천상의 울림'을 그의 교구민들과 주변 교구에 사는 이들에게 외치기 시작했습니다. 새들이 노래하는 시대가 돌아온 것입니다.

그의 자서전 전반부에 아마도 이 무렵의 일인 듯한 진술이 등장합니다. 거기서 우리는 한 방문자와 함께 '한 죄인이 그리스도께로 나아가기 위하여 그 이전에 요구되는 겸비함'에 대해 대화를 나누는 보스톤을 볼 수 있습니다. 이러한 질문은 많은 사람들이 그리스도와 평강의 길로 나아가는 데 걸림돌이 되어 그들의 발목을 잡았습니다.

만일 이 시점까지도 보스톤이 이와 같은 질문에 대하여 곤란을 겪고 있었다고 할지라도, 『현대 신학의 정수』라는 책이 그러한 질문에 대한 답변을 가르쳐 주었을 것입니다. 그는 아무런 제한 없이 즉각적으로 하늘의 사랑의 음성에 접근할 수 있다는 사실을 강조했을 것입니다. 또한 그들에게 지금보다 더 나은 사람이 될 수 없을 것이며, 그분께 나아갈 수 있다고 생각될 때까지 기다리면 기다릴수록 더 악한 사람이 될 것이라고 역설했을 것입니다.

"왜 당신은 하루라도 더 지체하려 합니까? 바로 지금 문이 넓게 열려 있고 잔치가 시작되었으며, 왕이 팔을 넓게 벌리고 당신을 맞이하고 있습니다. 정결하게 되는 유일한 길은 그 샘으로 나아가는 것입니다. 차가운 몸을 녹이는 길은 불 가로 가는 것뿐입니다."

보스톤은 "수고하고 무거운 짐 진 자들아, 다 내게로 오라. 내가 너희를 쉬게 하리라"(마 11:28)라는 말씀이나, "너희 목마른 자들아, 물로 나아오라"(사 55:1)라는 말씀으로 설교할 때, 『현대 신학의 정수』가 던져 준 새로운 빛으로써 사람들을 설득할 수 있었습니다.

그 후 15년 동안, 『현대 신학의 정수』의 교리는 스코틀랜드의 평범한 지역으로 매우 넓고도 광범위하게 퍼져 나갔으며, 그것은 많은 훌륭한 목사들의 설교를 통하여 힘을 발휘했습니다. 헤아릴 수 없이 많은 신실한 신자들이 그 진리로 말미암아 각성되었고, 그 결과 마치 새로 회심한 사람들과 같은 놀라운 경험을 하게 되었습니다. 또한 무수한 형식적 고백자들과 멋대로 죄짓던 자들도 기쁨으로 구원 얻은 자들의 나라로 들어갔습니다. 매로우 주의자(Marrowmen)들은 성경이 말하는 선교사적인 정신에 온전히 젖어 들었고, 칼빈주의 교리가 다름 아닌 '세상을 정복하고자 하는 열망과 노력'을 의미한다는 사실을 알게 되었으며, 이러한 사실 속에는 진리가 들어 있었습니다.

† 심프린에서의 영적 축복

우리의 본래 진술로 돌아가 봅시다. 보스톤은 『현대 신학의 정수』라는 소생케 하는 물을 흠뻑 마신 뒤, 심프린에서의 사역을 더욱 자유롭게, 그리고 성공적으로 수행했습니다. 그는 자신의 설교를 신뢰하게 되었고, 그것이 모든 사람들에게 적합하고 필요한 것이며 하나님께서 모든 사람들에게 선포하라고 명령하신 것임을 확신하면서, 더욱 큰 소망으로 열심히 설교했습니다. 그리하여 심프린은 더욱 개선되었고 현저하게 변화되었습니다.

모든 것이 새로워졌습니다. "잣나무는 가시나무를 대신하여 나며 화석류는 질려를 대신하여 날 것이라"(사 55:13). 그가 심프린에서 사역을 시작할 당시, 그곳에는 가정 예배를 드리는 가정이 거의 없었습니다. 그러나 7년이 채 안 되어, 그 교구 전체에서 가정 제단을 쌓고 아침저녁으로 기도와 찬양의 제사를 올리지 않는 가정이 하나도 없게 되었습니다.

그것은 마치 백스터의 사역으로 말미암아 키더민스터(Kidderminster)에서 나타난 역사와도 같았습니다. 그 시절에도 정해진 시간이 되면 모든 가정에서 시편을 읽는 소리가 울려 퍼졌는데, 바로 그와 같은 일이 시골 교구 오두막들에서 나타난 것입니다. 이러한 모습은 사람들 속에 신앙적 생명이 솟구쳐 오르고 있다는 가장 확실한 증거입니다. 그것은 마치 알프스의 높은 지대에서만 피어나는 귀한 꽃과 같습니다.

더욱이 사역 후기에는 성찬식 시간이 되면, 이웃의 교구에서 온 수많은 무리들이 큰 물줄기처럼 늘어서서 '잔치의 자리'로 들어왔습니다. 많은 사람들은 말씀에 대한 기억과 깨달음, 보스톤의 설교에 대해 커지는 열심과 열정을 안고 각성된 마음으로 돌아갔습니다. 이처럼 그의 입술은 달아오른 숯불이 닿은 것처럼 보였으며, 하늘 높이 올라간 사람처럼 보였습니다.

성찬식의 한 부분을 회상하는 그는 이렇게 증거합니다. "내가 만일 지금까지 설교한 적이 있다면, 바로 그날과 같은 날이었다. 나는 언제까지나 심프린을 주님께서 복 주신 땅으로 기억할 것이다."

보스톤이 사역 초기에 경험한 그의 사역의 영광과 상급, 성공들을 통하여 하나님께서 보스톤이 설교한 복음과 교리를 사용하시는 것과 관련하여 보스톤의 됨됨이를 설명할 필요가 있습니다.

보스톤은 매일의 삶으로 자기 성도들에게 설교하는 사람이었습니다. 성도들은 보스톤이 전하는 말씀이 하나님께서 주신 것이라는 증거를 그에게서 나타나는 영적인 열매에서 발견했습니다. 그들은 그가 '믿음으로 말하는'6 사람임을 의심할 수 없었습니다. 우리는 그가 자신의 설교를 회중들에게 전하기 전에 먼저 자신의 마음에 설교했다는 사실을 이미 살펴보았습니다.

또한 그의 기도를 통해서도 그러한 사실을 알 수 있습니다. 그의 기도는 '하늘을 열고, 거룩함을 입은 인간의 시간 위에 한 줄기 영광의 빛이 임하게 하여 신성을 알현하게 하는' 불타는 기도였습니다. 그는 일기에 자신의 기도를 들으시고 응답해 주시는 하나님의 복 주심에 대하여 이렇게 기록하고 있습니다. "나의 영혼은 타오르는 사랑으로 중보자께로 나아갔다."

바로 이때가 보스톤의 생애에서 중요한 모습들을 형성해 가는 결정적인 시기였습니다. 그는 자신의 영적인 생활과 사역을 위해 매일 묵상하는 습관을 가지게 되었고, 이러한 경험에서 얻는 교훈들을 뽑아내는 습관도 생겼습니다. 이러한 방법들을 통하여, 신령한 말씀과 원리들은 서로 빛이 되어 주었으며, 그는 그것들이 제공하는 도덕적 교훈들을 하나의 잠언으로 압축시켜 간직했습니다. 이러한 방식으로 그의 자서전은 그의 사택의 정원처럼 약초들과 몸에 좋은 과일들로 풍성한 곳이 되었습니다. 그 중에 몇 부분을 인용하여 이 책을 더욱 풍요롭게 만들려고 합니다.

"영적 부패는 자비에서 흘러나오는 수액을 고갈시킨다."

"말씀의 굶주림이 있는 곳에 더욱 풍성한 기쁨이 있다."

"인간의 길을 가로지르는 의무이행의 길이 안전한 길이다."

---

6. 고후 4:13 기록한 바 내가 믿는 고로 말하였다 한 것같이 우리가 같은 믿음의 마음을 가졌으니 우리도 믿는 고로 또한 말하노라.

"주님께서 어떤 사람에게 자비를 베풀고자 하실 때, 그분은 그가 그것을 위해 기도하기도 전에 그를 도우신다."

"어떠한 것을 의지하는지를 보면 어떠한 은혜를 원하는지를 알 수 있다"

"사탄은 우리가 이루어야만 하는 위대한 일이 있을 때 반드시 특별한 방식으로 우리를 사로잡는다"

"주님의 새로운 공급이 없이는 안전한 발걸음도 없다"

† 에트릭으로부터의 청빙

1706년이 막 시작될 무렵, 보스톤은 놀라운 소식을 접했습니다. 그것은 셀커크셔에 속한 에트릭 교구에서 자신을 청빙한다는 소식이었습니다. 그러나 그것은 결코 반가운 일이 아니었습니다.

사실 심프린은 인구가 적은 아주 작은 교구였기에 큰 역량을 지닌 그가 일하고 감독하기에는 결코 걸맞지 않았습니다. 그러나 심프린의 양 떼들을 보살펴온 지난 7년 동안, 그는 그곳을 너무 많이 사랑하게 되었습니다. 그곳은 그의 '첫사랑'이었습니다. 그의 교구민들 중에 그가 모르는 사람은 한 사람도 없었으며, 세세한 그들의 가정사에 대해서도 속속들이 알고 있었습니다. 그들의 가정사는 '슬픔의 이슬들이 사랑에 덮여 반짝거리는' 것이었고, 그는 또다시 그러한 고통을 그들에게 안겨 줄 수가 없었습니다.

우리는 다음의 골드스미스(Goldsmith)의 시 몇 행을 기억해 봅니다.

"아이들조차 짓궂은 장난치며 따르고
겉옷을 잡아당겼다,
그 아름다운 사람의 미소를 보려고."

그들과 함께한 그의 사역은 많은 복을 받았습니다. 그들은 실로 그의 '살아 있는 편지'였습니다. 순수한 모습과 방법으로 수도 없이 그의 사랑에 보답한 사람들과의 이별을 그가 어떻게 견딜 수 있단 말입니까! 더욱이 에트릭에서 청빙을 받았을 때, 그의 건강은 너무 쇠약해져서 다른 교구로 옮기기보다는 다른 세상으로 옮겨져야 할 사람처럼 보였습니다.

그러나 '부르심'은 에트릭에 있었습니다. 그것은 하나의 실재였습니다. 그 부르심은 그가 구하거나 찾지 않았는데도 찾아왔습니다. 그는 자신이 그것을 자기 앞으로 끌어오기 위해 손가락 하나도 까딱하고 싶어하지 않는다는 사실을 마음으로 느꼈습니다. 그러나 그것은 지금 그 앞에 다가왔고, 그는 반드시 그 문제를 정면으로 직시해야만 했으며, 하늘에 계신 주인의 뜻이 무엇인지를 확인하기 위해 노력해야만 했습니다. 바로 그것이, 어떠한 부끄러운 야망이나 물질적인 동기들에 의해 왜곡됨이 없이, 그의 결정을 이끌어 가야 할 유일한 이유였습니다.

그는 우리에게 이렇게 말합니다. "나는 모든 일을 하나님의 손에 맡기면서, 기꺼이 주님께서 주시는 말씀대로 가든지, 머물든지 하고자 했다. 그리고 나의 눈으로 이처럼 한 곳만을 바라보자, 온몸이 밝아졌다."

그는 하나님의 뜻에 순종할 준비를 하는 동시에, 그 뜻이 무엇인지를 확인하기 위해 최선의 노력을 다할 필요가 있었습니다. 하늘로부터 "이것이 정로니 너희는 이리로 행하라"(사 30:21)라는 음성을 들을 것을 기대할 수 없었습니다. 그래서 그는 에트릭을 방문하여 그곳 사람들에게 설교했습니다. 그리고 그 교구의 도덕적, 신앙적 상태와 관련된 정보를 수집했습니다. 그 무렵까지 그의 마음은 심프린에 남기를 더 원했습니다.

그러나 그가 '그 숲'[7]에 머무는 동안 보고 들은 내용들은 그를 망설이게 만들었고, 그곳이 그가 선택해야 할 곳이 아닐까 하는 생각까지 하게 만들었습니다. 그것은 에트릭에서의 일이 더 쉬울 것이라고 생각했기 때문이 아니라, 그곳 사람들의 영적 결핍으로 인한 부르짖음이 지극히 큰 것이었기 때문입니다.

그는 이렇게 말합니다. "지금까지 내가 본 에트릭 교구의 황폐함은 내 마음을 너무나도 무겁게 했다. 나는 내가 심프린보다는 에트릭에서 하나님을 섬겨야 한다는 더 큰 확신을 가지게 되었다. 그러나 결정은 주님의 몫이다."

구름기둥과 불기둥이 움직이기 전까지는 자신의 무수한 백성들을 이끌어 움직이지 않았던 광야의 모세처럼, 그는 하나님의 신호가 있을 때까지는 한 발자국도 내딛으려 하지 않았습니다.

"주님께서는 이 문제와 관련하여 적당한 때에 나에게 확실히 보여 주실 것을 믿게 하셨으며, 그 일을 위하여 주님을 의지하도록 도우셨다. '믿는 자는 급절(急切)하게 되지 아니하리로다' (사 28:16)라는 말씀이 나에게 큰 도움이 되었다."

그는, '은혜의 보좌 앞에서 하나님과 친밀한 관계를 맺고 사는 사람들은 자신에게 빛을 비추어 주시기를 기도한다' 는 사실을 잘 알고 있었습니다. 결국, 그는 종교회의(Synod)의 결정을 기다리기로 했습니다. 심프린과 에트릭 양편 회중들은 그 종교회의의 관할 아래 있었고, 그곳의 결정을 하나님께서 그 뜻을 보여 주시는 증거로 받아들여야만 했습니다.

1707년 3월 6일에 소집된 종교회의는 보스톤을 에트릭으로 보냈습니다. 그로써 그곳은 오늘날까지 스코틀랜드 전역과 다른 지역에 사는 그리스도인이 보스톤이라는 이름과 연결시키는 장소가 되었습니다.

---

7. 역자주 – 비록 지금의 용도는 그렇지 않지만, 당시에 에트릭은 왕실의 사냥터였습니다. 그만큼 그곳은 스코틀랜드에서도 상대적으로 작은 마을이요, 큰 숲을 지닌 전형적인 농촌의 시골 마을이었습니다.

백발의 늙은 장로들은 심프린에서 종교회의 장소까지 올라와 이제 자신들과 이별하게 될 그를 생각하며 흐느껴 울었고, 그 역시 그들의 순수한 슬픔을 바라보면서 눈물을 감출 수 없었습니다.

1707년 5월 1일, 보스톤은 공식적으로 에트릭의 목사로 위임받았습니다. 그날은 훗날 '스코틀랜드와 영국 국회가 동의한 조약을 따라 서로의 연합이 시작된 날'로 주목을 받게 된 날입니다. 위임식 바로 다음 주일, 그는 사무엘상 7장 12절을 본문으로 설교하면서 에트릭에서의 사역을 시작했습니다. "사무엘이 돌을 취하여 미스바와 센 사이에 세워 가로되 여호와께서 여기까지 우리를 도우셨다 하고 그 이름을 에벤에셀이라 하니라."

그해 6월 15일이 되어서야 보스톤은 심프린에서의 고별 설교를 할 수 있었습니다. 그때의 본문은 위대한 복음을 담고 있는 요한복음 7장 37절이었습니다. "명절 끝날, 곧 큰 날에 예수께서 서서 외쳐 가라사대, 누구든지 목마르거든 내게로 와서 마시라."

모든 관련 기관들은 그곳 사람들이 그의 말씀에 귀를 기울일 수 있는 환경을 준비해 주었습니다. 군중들은 구름처럼 몰려들었습니다. 단지 슬픔으로 가득한 심프린 사람들만이 아니라, 다른 지역의 수많은 사람들도 몰려왔습니다. 그들은 더 이상 그의 설교를 들을 수 없다는 사실을 알고 그의 목소리를 듣고자 인근 교구에서 몰려온 사람들이었습니다. 그곳은 단번에 보김과 벧엘이 되었습니다. 그는 점점 더 몰려오는 군중들 속에서 '자신의 사역 속에 함께해 주신 주님께서 마지막 순간에도 함께해 주신다는 사실과 하나님의 놀라운 권능이 그 안에 나타났다는 사실'을 주목했습니다. 그날은 '명절 끝날, 곧 큰 날'과 같았습니다.

기대감 속에서 침묵이 흐르던 회중들 가운데 거룩한 두려움이 임했습니다. 설교자를 응시하던 많은 사람들의 눈에는 눈물이 글썽였습니다. 그러나 설교자의 설교가 성공적으로 전달되었기 때문에 큰 기쁨이 그곳을 뒤덮었습니다. 그것은 마치 이른 아침, 갈릴리 바다에서 제자들이 던진 그물과 같았습니다. 그 안에는 고기가 너무 많아 그들이 끌어 올릴 수가 없었습니다.

그 다음 화요일, 보스톤은 자신의 아내와 두 자녀, 제인과 에벤에셀과 함께 에트릭의 푸르른 언덕 한복판에 자리잡은 새로운 집에 도착했습니다. 그 순간 잠시 동안 역사적인 날에 대한 두려움과 슬픔이 밀려들었습니다. 그러나 그는 자신을 그곳으로 인도하신 하나님의 부르심을 강력하게 의식하면서 심기일전했습니다. 그는 이렇게 말합니다. "이렇게 나는 나의 마음과 연합되어 있었던 사람들에게서 떨어져 나왔다. 이러한 이별이 하나님의 명령으로 말미암은 일이라는 의식만이 그곳에서 나를 붙들어 주었다."

시간이 흐른 뒤에도 그는 심프린에서의 평화로웠던 날들을 놀라운 감사와 애정 어린 마음으로 그리워하며 회고합니다.

우리가 지나치지 말아야 할 사실이 있습니다. 1702년 10월, 보스톤은 머즈와 테비옷데일(Teviotdale) 대회의 서기라는 중요한 직책을 맡게 되었으며, 1711년까지 그 직책을 담당했습니다. 아마도 교회 법정의 사무를 관장하기에 적합한 그의 능력이 그가 속한 노회에서 상당 부분 이미 드러난 것으로 보입니다. 그의 노회가 바로 그 대회 관할 하에 있었던 것입니다.

서기의 주된 임무는 회의록에 대회의 진행 과정들을 기록하는 것이었습니다. 또한 그 관내의 노회들과 당회들과 긴밀히 연락을 취하면서, 목회 사역을 준비하는 대회 내의 학생들을 교육하고 감독하는 일을 돕기도 했으며, 대회의 관여와 충고가 필요한 노회들과 당회들을 방문하는 일도 했습니다. 이러한 일들은 그가 그동안 해 오던 조용한 목회 일들과는 매우 다른 종류의 일이었습니다.

그러나 그는 자신이 구하지도 않은 그 책임으로의 부르심을 회피하지 않았습니다. 그는 그 직무들이 이따금 한 번씩만 하면 되는 일이라는 것을 알고 있었습니다. 그는 그 일들 중에 일반인들에게 어렵게 여겨지는 부분들도 자신은 본성적으로 좋아한다거나, 그 일이 자신에게 안성맞춤이라고 생각했을 것입니다. 일들을 질서 있게 처리하는 그의 습관은 일찍이 형성되었습니다. 대회도 그에게 그 일을 맡긴 것이 적절한 결정이었다는 사실을 인정하는 데 그리 오래 걸리지 않았습니다.

우리는 보스톤과 관련하여 그의 동료들에게서 들은 오래된 이야기들을 기록한 믿을 만한 사람을 알고 있습니다. "그는 인간의 본성이나 그것을 다루는 적절한 방법을 놀랍도록 잘 알고 있었으며, 그것을 간파해 내는 뛰어난 솜씨를 지니고 있었습니다. 뿐만 아니라 그의 보고서를 작성하는 실력 또한 대단했습니다."

그는 대회가 예전에 만장일치를 이루지 못했던 토론에서 나왔던 질문에 대해 다시 투표하려고 할 때면, 적절한 단어들과 균형 잡힌 어구로 회의록을 작성하여 조금 전까지 정리되지 않았던 곳을 완벽하게 정리하곤 했습니다.

유명한 의회원이요 판사를 역임했던 로드 민토(Lord Minto)의 다음과 같은 증언은 이러한 사실을 확증시켜 줍니다. "보스톤 씨는 그 어떠한 법정이나 시의회, 교회 법정 등에서 보아 온 서기들 중에서 최고였다."

5장

에트릭에서의 첫 10년

† 아름다운 에트릭

에트릭 교구는 셀커크셔의 남서쪽에 자리잡고 있습니다. 그곳은 '구릉들의 바다'로 묘사될 만큼, 정교하고도 다양한 모양의 언덕들로 이루어져 있으며, 정상 부분은 푸른 초장으로 덮여 있습니다. 이곳 구릉들 중에 에트릭 펜을 비롯한 몇 곳은 해면보다 약 2,000피트 이상 높이 솟아 있으며 스코틀랜드 남부 산악 지대들 중에서 가장 높은 산줄기를 형성하고 있습니다. 보스톤이 살기 전 오랜 세월 동안, '외로운 성 마리아의 호수'[1] 끝 부분을 따라, 에트릭과 애로우(Yarrow)를 포함하여 북서쪽으로 트위드까지 뻗어 있는 그 땅

---

1. 역자주 – 성 마리아의 호수(St. Mary's Loch)는 스코틀랜드 인근 지역, 에딘버러(Edinburgh) 남쪽 72km 지점에 있는 아름다운 호수로, 길이는 3마일, 너비는 0.5마일입니다.

은 온통 에트릭 숲으로 덮여 있었습니다. 그러나 지금은 가지가 자유롭게 뻗어 가는 나무를 거의 찾아볼 수가 없습니다.

> "이제 광야가 되어 황량한 그곳은
> 한때 우거진 숲으로 풍요로웠고,
> 줄지어 선 관목 숲으로 이루어진 작은 골짜기들엔
> 수사슴 암사슴이 떼 지어 살았다네."

    그러나 뛰어난 목사, 보스톤의 시대 이후 2세기가 채 지나기도 전에 얼마나 많은 변화가 에트릭과 그 쌍둥이 자매 마을인 얘로우를 뒤덮었습니까! 모든 지역은 사랑으로 뒤덮였으며 고전의 땅이 되었습니다. 인근의 컴벌랜드(Cumberland)에 있는 호수 지역은 워즈워드(Wordsworth)와 콜리지(Coleridge), 사우스디(Southey) 등이 평안하게 휴식을 취하면서 세계 문학을 풍요롭게 만드는 데 크게 기여한 곳이었습니다. 그 지역과 더불어 스코틀랜드의 에트릭 지역은 푸른 구릉들과 한적한 골짜기, 쏟아져 내리는 물줄기 등이 어우러져 시인들이 자주 드나들며 사랑했던 안식처였습니다.

    워즈워드는 이곳에 마음이 끌려 휴식을 위해 자신의 라이달 마운트(Rydal Mount)와 글래스미어(Grasmere)를 벗어나 이곳으로 오기도 했습니다. 얘로우를 처음 방문한 이후 몇 번 더 방문하면서 그는 이 지역의 매혹적인 힘에 사로잡히게 되었습니다. 월터 스코트 경도 이곳의 풍경을 바라보며 워즈워드와 유사한 충동과 영감을 받았습니다. 그 인근 지역의 국경 민요들과 많은 전쟁과 사랑, 기사도 등의 전통들은 워즈워드에게 강한 경외심을 불러 일으켰고, 그는 그곳을 '세상에서 가장 사랑스러운 곳'이라고 불렀습니다.

    에트릭은 무엇보다도 '에트릭의 목자'로 불리는 제임스 호그를 낳고 키운 마을입니다. 그가 출생한 곳은 에트릭의 작은 마을에 있는 거의 쓰러져 가는 오두막이었습니다. 그곳은 옛 교구 교회와 흐트러진 나무숲에서 그리 멀지 않았습니다. 교육이나 사회적 특권도 없고, 그를 돕는 상황도 전혀 없었습니다. 그러나 그는 불굴의 용기와 인내를 가지고 많은 싸움과 실패를 겪은 후에 마침내 스코틀랜드 시인들 중에서 최고의 자리에 올랐습니다.

그가 구축한 영역은 독보적인 것이었습니다. 그는 그 안에만 홀로 서서 그 누구의 접근도 허용하지 않은 채 주인 노릇을 했습니다. 인간의 욕망과 감정을 표현하고 묘사하는 일에서, 번즈(Burns)는 그를 능가하는 사람이었습니다. 그러나 순수한 상상력, 특히 초자연적 세계의 영역에서, 그는 제임스 호그에 비하면 초보에 불과했습니다.

킬머니(Kilmany)의 아름다운 묘사를 예로 들면, 그 글을 읽는 동안에 우리는 마치 그가 그 마법의 땅에서 실제로 그녀와 함께 살았다고 착각하게 됩니다. 자신만의 영역을 구축한 다른 위대한 시인들의 손 안에서, 그들의 초자연적 성격들은 실제의 살과 피로 그려질 뿐입니다. 그러나 '여왕이 잠을 깨다'(Queen's Wake)를 비롯한 다른 시들 속에서, 우리는 신비의 나라로 옮겨지며, 마치 한동안 그곳에 있었던 것처럼 느낍니다. 뿐만 아니라 너무나도 행복에 겨워 이렇게 말하게 될 것입니다. "우리는 어떠한 환상 속에서, 구름 한 점 없는 땅, 태양도 없는 세상에서 걷고 있는 우리 자신을 발견한다(델타)."

† 에트릭에서의 시련들

이제 다시 1711년으로 돌아가서 제임스 호그보다 앞서 살았던 보스톤의 이야기를 하려 합니다. 보스톤은 에트릭이란 이름을 신성하게 만들었고, 제임스 호그와는 또 다른 의미에서 결코 죽지 않는 명성, 곧 '에트릭의 목자'라는 호칭을 얻었습니다.

에트릭 사람들에 대한 보스톤의 첫인상은 용기를 불러 일으키는 것과는 정반대였습니다. 오직 하나님께서 자신을 이 새로운 지역으로 부르셨다는 것과, '그의 힘을 그의 날과 같게' 만들 수 있는 분에 대한 신뢰만이 그를 두려움에서 지켜 줄 수 있었습니다. 또한 그것만이 자신의 앞에 펼쳐진 광경을 바라보면서 낙심하지 않게 했습니다.

그를 낙심케 하는 요인은 여러 곳에서 다가왔습니다. 우선 그 교구는 과거 4년 동안 목사가 없었으며, 그 어떠한 종류의 신앙적 의식도 공식적이고 정규적으로 행해진 적이 없었습니다. 그토록 오랫동안 목자 없는 양처럼 버려진 채 지내던 수백 명의 사람들이, 그러한 환경에서 타락하지 않는다는 것은 불가능한 일입니다. 외면당하고 버려진 그 교구는 도덕적으로나 영적으로 기경되지 않은 채 잡초와 가시들로 뒤덮여 온갖 더러운 생물들로 가득한 땅이 되어 있었습니다.

보스톤은 자신만의 독특하고 세심한 감각으로 자신의 일기에 다음과 같은 사실을 적고 있습니다. "그곳 사람들은 4년이라는 긴 시간 동안 영적 음식과 단절되어 살아왔음에도 신앙적인 것을 갈구하는 모습은 보이지 않았다. 그들은 영적인 일에 냉랭하고 무관심했다. 그러나 소문날 정도로 세상의 유익에는 민감했다."

그가 머즈에서 헤어지고 온 평화롭고도 자기 주장이 덜 강한 사람들을 생각하면서 지금의 교구민들의 도덕적인 특징을 말할 때 그는 그들을 '본성적으로 건방지고 보통 이상의 고집을 가지고 있으며, 지독히 자기 독단적이고 비판적이며, 교회와 정부 모두에 대하여 제멋대로 자유를 사용하는' 자들이라고 묘사합니다.

그가 막 목회를 시작한 때뿐만 아니라 어느 정도 시간이 흐른 후에도 그는 거룩한 예배 시간에 많은 사람들이 보이는 무례하고도 무질서한 행동들에 크게 충격을 받고 낙심했습니다. 많은 사람들이 예배 시간에 함부로 소음을 냈으며 억지로 앉아 있는 것처럼 보였고, 또 어떤 사람들은 예배당에 들어오지 않고 예배가 진행되는 동안에 큰 소리로 떠들면서 교회의 뜰 주변을 돌아다니곤 했습니다. 그래서 두 명의 장로가 돌아가면서 적절한 이유가 없이는 예배 시간에 아무도 교회를 떠나지 못하게 하고, 교회 문 주변에서 쓸데없는 소음이나 소란을 일으키지 못하도록 감독하는 기가 막힌 광경을 흔히 볼 수 있었습니다.

쓰라린 시련을 당하고 있는 목사에게는, 설교를 하는 동안 말씀에는 귀를 기울이지 않고, 일반적인 이야기들이나 세상의 새로운 소식들에는 귀를 쫑긋 세우는 회중들의 모습을 보는 것은 매우 고통스러운 일이었습니다.

이러한 어둡고 유쾌하지 않은 광경에 두 가지의 또 다른 문제들이 더해졌습니다. 그 중 하나는 예배에 자주 출석하는 사람들에게조차 신성 모독적인 맹세가 만연하다는 점이며, 그것은 '샘이 한 구멍으로 단물과 쓴물을'[2] 내는 것과 같았습니다. 또한 교회 정회원들 사이에서도 여러 가지 죄와 불결한 일들이 자주 발생했고, 심지어 심각한 범죄도 일어났습니다.

언제 이 '오지언(Augean)의 외양간'[3]을 깨끗하게 치워 하나님의 성전으로 만들 수 있겠습니까? 그것을 행할 수 있는 것은 이 우주 안에서 오직 한 가지 능력뿐이었습니다.

---

2. 약 3:11 샘이 한 구멍으로 어찌 단물과 쓴물을 내겠느뇨.
3. 역자주 – 그리스 신화에 나오는 오지언 왕의 외양간 이야기로, 30년간 한 번도 청소하지 않은 것을 헤라클레스가 강물을 끌어 와서 하루 만에 청소했다고 합니다.

에트릭에서의 사역 초기에 그에게 고통을 주고 평강을 무너뜨리던 또 다른 요인은 그의 교구 안에 사는 맥밀란(Macmillan) 씨였습니다. 그는 1688년의 명예혁명 계승에 동참하는 것과 네덜란드의 윌리엄이 세운 새로운 왕조에 동참하기를 거부한 장로교회 한 분파의 목사요, 리더였습니다. 맥밀란 씨를 따르는 이들이 그 교구 안에는 상당히 많았습니다. 이들의 신실함이나 양심적인 삶과는 상관없이, 보스톤은 종종 그들의 공격을 받았습니다. 그들의 지속적인 선동은 언제나 그의 예민한 본성을 자극했습니다. 또한 제자도의 훈련에 대한 불평과 기피를 일삼는 자들은 흔히 그 악의적 진영을 도피처로 삼았습니다.

그러나 자신을 낙심시키는 이러한 모든 언짢음 속에서도, 그는 에트릭으로 온 것을 절대 후회하지 않았습니다. 그도 때때로 심프린을 생각하며 한숨을 짓기도 했을 것이며, 자신을 '그물에 걸려 푸드덕거리는 한 마리 새나 광야의 부엉이'[4]로 묘사하는 어두운 순간도 있었습니다. 그러나 그는 선하신 손길이 자신을 우울함이 가득한 곳으로 인도하신다는 사실과, '빛을 비추어 줄 황혼의 때'가 반드시 찾아오리라는 사실을 믿었습니다.

에트릭에서 사역을 하기 시작한 첫 해에는 이러한 공적인 시련들과 더불어, 가정을 무대로 삼은 또 다른 시련이 기다리고 있었습니다. 11개월이라는 짧은 기간 안에, 보스톤은 두 명의 어린 자녀들을 하늘로 보내야 했습니다.

구약의 성도들이 종종 자신의 자녀들에게 축복이나 믿음, 거룩하게 구별된 삶 등을 바라는 마음의 표현으로 특별한 이름을 붙여 주곤 했던 것처럼, 그도 첫째 아이에게 에벤에셀이라는 이름을 붙여 주었습니다. 그러나 이러

---

4. 시 102:6 나는 광야의 당아새같고 황폐한 곳의 부엉이같이 되었사오며.

한 감사의 증거요 헌신의 고백을 담고 있던 첫째 아이는 곧 세상을 떠나고 말았습니다. 그 후 곧 둘째가 태어났고, 이 어린 생명이 살아남기를 간절히 소망하는 마음으로 그 아이에게도 신성한 이름을 붙여 주었습니다. 그러나 오래지 않아 전능하신 지혜께서는 이 작은 한 송이 꽃도 꺾어 하늘 정원에 심으셨습니다.

두 번째 사별은 사랑스러운 아버지의 마음에 못을 박았을 뿐만 아니라 한동안 그의 믿음을 뒤흔들어 놓았습니다. 마치 자기 아이를 바친 헌신이 거절된 것은 아닌가 하는 생각으로 말입니다. 그는 감정에 복받쳐 그 죽음의 방에서의 한 장면을 눈물 없이는 읽을 수 없는 글로 남겼습니다. "그 아이를 관속에 뉘였을 때, 아내는 자신의 분신에 입을 맞추었다. 나는 단지 그의 얼굴을 덮은 천을 벗겨, 그 모습을 응시하고는 다시 덮어 주었을 뿐이다. 이 몸이 영광스러운 몸으로 다시 일어날 것을 믿으면서 말이다. 관에 못질이 시작되었을 때 나는 흐느껴 울었다. 예수 그리스도께 연합되었을 그 고귀한 티끌에 입 맞추지 않은 것이 내가 그 사실을 멸시한 것처럼 여겨졌기 때문이다. 나는 그 못을 다시 뽑고 싶었다. 그러나 그 자리에 있는 사람들 때문에 나는 곧 자신을 질책하고 진정시켰다."

훗날 그의 묵상은 더욱 성숙한 그의 부성애적인 슬픔을 보여 주며, 그것은 '깊음 속으로의 깊은 부르심'의 음성을 들은, 이와 유사한 경험을 지닌 많은 사람들에게 유익을 줍니다.

"나는 하나님의 전능하심이 허용 범위를 결정한다는 사실을 밝히 보고 있다. 그 길이 사람이 한 번도 발을 들여놓지 않는 작은 길이라고 할지라도 주님을 따르는 일에 복종하고 그것에 만족해야만 한다. 이러한 믿음 때문에 나는 첫째 아이보다 훨씬 더 수월하게 두 번째 에벤에셀을 떠나보낼 수 있었다. '내 마음에 주를 위하여 한 집을 지었나이다' 라는 말씀이 내게 큰 위로가 되었다. 나는 '그 집이 어떻게 지어지는 것입니까?'라고 부르짖지 않는 법을 배웠다. 도리어 지금은 그러한 일에 대하여 젖 뗀 어린아이가 되어 주님의 임재로 말미암아 세워지기 위해 잃어버리기를 사모한다."

† 위 로

드디어 보스톤은 낙심 중에도 기뻐하기 시작했습니다. 그의 설교를 '자신의 삶을 성숙하게 하고 마음의 비밀들을 드러내는 설교였다'라고 말하는 사람들에 대해 들었기 때문입니다. 그 설교는 마치 굳은 흙을 씨를 뿌리기에 안성맞춤으로 뒤집어엎는 쟁기와 같았습니다. 이러한 영혼을 깨우는 설교들은 계속해서 선포되었으며, 청중들에게 천둥과 폭풍 후에 들리는 '고요하고 세미한 음성'(왕상 19:11, 12 참고)과 같은 하나님의 구원의 방법을 보여 주었습니다.

이러한 설교들 속에 이미 그의 『네 가지 상태』라는 책의 싹이 트고 있었는데, 이 책은 적절한 때에 세상에 알려짐으로써 수많은 사람들을 하나님의 나라로 인도하는 도구가 되어, 보스톤 자신과 오는 세대를 위한 또 하나의 생명의 책이 되었습니다.

그는 또한 심프린에서처럼 소요리문답서를 교재로 삼아 기독교 교리에 대한 교리문답 강좌를 열었습니다. 이러한 강의는 거룩한 플라벨(Flavel)을 비롯한 영국의 다른 청교도들이 이미 여러 세대 전에 일반적으로 시행해 오던 것이었습니다. 이러한 강의들은 그의 교구를 더럽히는 신성 모독적이고 부정한 죄악들을 지적하는 시의 적절한 설교들과 병행되었습니다. 그는 필요하다고 판단되면 표적을 향하여 날개 달린 화살을 쏘는 일을 늦추지 않았습니다.

보스톤은 강단 사역 외에도 참빛을 던져 주기 위하여 열심을 다하여 적절한 도구들을 사용했습니다. 그는 일 년에 두 번씩, 자신의 교구 여러 지역에 사는 사람들에게 교리문답을 했고, 일 년에 한 번, 바울이 에베소에서 한 것처럼 교구민들의 가정을 방문했습니다.

에트릭 교구는 매우 넓고 산이 많은 지역이어서 산에서 흘러 내려오는 시내가 많이 있었습니다. 그렇게 만들어진 수로들만이 보스톤이 다닐 수 있는 유일한 길이었기 때문에, 이러한 심방 사역은 많은 수고와 위험이 따르는 일이었습니다.

그는 할 수 없이 작은 조랑말 한 마리를 준비했지만, 위험하기는 마찬가지였습니다. 짙은 안개나 어둠 때문에 길을 잃는 일도 수없이 겪었고, 폭우로 인해 계곡이 범람한 산에 고립되어 오도 가도 못 한 적도 많았습니다. 길을 잃고 방황할 때면 그는 움직이지 않는 말의 목에 고삐를 던져두고, 그 말이 영민한 본능을 따라 예전에 몇 번 다녀본 적이 있는 길을 찾을 때까지 기다리곤 했습니다. 참새 한 마리도 주님의 허락이 없이는 땅에 떨어지지 않는다는 사실을 묵상하며, 흘러넘치는 감사 속에 적절한 시편의 말씀을 찾아 읊조리면서 말입니다. 그의 노랫소리는 외로운 계곡에 울려 퍼졌습니다.

"여호와여, 주는 사람과 짐승을 보호하시나이다. 하나님이여, 주의 인자하심이 어찌 그리 보배로우신지요. 인생이 주의 날개 그늘 아래 피하나이다"(시 36:6, 7).

이처럼 그는 자신의 신성한 사역에 따르는 모든 수고와 위험을 감내했습니다. 그러한 사역으로 그는 자신에게 맡겨진 사람들의 성품에 더욱 익숙해질 수 있었으며, 그들이 생각하는 방식이나 영적인 필요, 기쁨과 슬픔으로 뒤섞인 가정사 등을 속속들이 알게 되었습니다. 그 결과 종종 심프린을 기억하며 그리워하던 그는, 에트릭 사람의 마음속에 따스한 자리를 얻을 수 있었고 설교하기에 적절한 본문들을 더 많이 발견할 수 있었습니다. 또한 그의 도덕적 영향력은 배나 증진되었고, 그의 강단을 설교자의 왕좌로 만들었습니다.

그는 에트릭에서의 목회 초기에 주변 교회의 장로들과 친하게 지냈습니다. 그 장로들은 자신들의 경험과 친절한 권고로써 그를 격려했으며, 그와 그의 성도들 사이에서 살아 있는 연결 고리 역할을 함으로써 그가 그의 양떼들을 돌보는 일을 많이 도와주었습니다. 부적절한 사람들이 교회의 신성한 교제 속으로 들어오는 것을 막아 주었고, 그리스도 외에 다른 주를 섬기는 불경건하고 부도덕한 사람들에게서 교회를 순결하게 지키기 위하여 신실한 경건의 훈련을 통하여 그를 도와주었습니다.

장로라는 직분은 장로교회에 있어서 강점이며, 보스톤은 그러한 사실을 민감하게 인식하고 높이 평가하고 있었습니다. 우리는 그의 일기에서, 빛나는 감사로 '선한 증거를 얻은' 장로들의 이름을 금박으로 표시하며 그들에 대한 애정을 나타내는 그를 볼 수 있습니다. 마치 바울이 '주 안에서 그를 많이 도운' 가이오, 아굴라와 브리스길라, 그 외에 여러 수고하는 자들의 이름을 기록하듯이 말입니다.

보스톤은 어느 장로에 대하여 '가장 친절하고 경건하며 뛰어나고 나의 직무에 매우 유용한' 사람이라고 말합니다. 또 다른 장로에 대해서는 '그와 그의 가정은 나에게 가장 위안이 되는 사람이었고 변함없이 그러했으며 지금까지도 여전히 그러한 사람으로, 하나님의 복이 대대로 그의 가정 위에 머물기를, 예수 그리스도의 영광스러운 복음이 그 후손들을 사로잡으며, 내가 지금까지 본 것처럼, 끝 날까지도 항상 함께 하기를' 간구합니다.

그는 또 한 사람의 장로에 대하여 특별한 존경을 나타내며 그를 대략적으로 묘사하는 글을 남겼습니다. "그는 항상 목사들의 친구였다. 가난하지만 항상 밝은 눈웃음을 지니고 있었으며, 신실하고 유능한 장로였다. 그는 죄에 민감했으며, '달리는 마차에 한 마디 던지는' 조언과 책망하는 일에 특별한 재능이 있었다. 그의 책망은 매우 쓰라렸지만, 동시에 특별한 달콤함을 안겨 주는 것이었다."

† 성만찬

보스톤이 장로들의 조언에 따라 교구 내에서 성찬식을 거행한 것은, 그가 에트릭에 정착한 지 3년이 지난 후였습니다. 그 예식은 오랫동안 도외시되어 왔고, 이스라엘의 암흑기의 유월절처럼, '생각 밖의 일'이 되어 왔습니다. 그러나 신실한 보스톤은 오직 참된 제자들과 그리스도를 향한 신실한 신앙을 고백하는 사람들만이 그 의식에 참예(參詣)할 권리가 있으며 언제든지 거룩한 회상 속에서 성만찬에 참예할 수 있다는 사실을 잘 알고 있었습니다. 따라서 그는 자신이 할 수 있는 가장 지혜로운 사역은 그의 회중들을 재건하는 것이라고 결론을 내렸습니다.

이러한 확신을 실현하기 위해 그는 성찬에 참예하기를 원하는 모든 사람들과 인격적이고도 개별적인 대화를 나누었습니다. 이러한 면담은 알곡에서 가라지를 골라내어 교회를 정결케 하는 키질을 하기 위한 것일 뿐만 아니라, 진리를 추구하는 어린 신자들을 훈육하고 거룩한 결심을 강화시키며, 오류를 바로잡고 원리들을 제시하며, 두려워하는 자들을 기쁘게 만들고 경험이 없는 사람들을 바른 길로 인도하는 일의 효과를 높이기 위한 것이었습니다. 이렇게 주어진 교훈들과 조언들은 신실한 제자가 된 이후에도 매우 잘 기억될 것입니다.

깊이 헌신된 이 목사는 이러한 일을 수행할 때, 영혼들을 돌아보는 짐의 무게를 느끼면서도 자신의 수고가 결코 헛되지 않으리라고 스스로 격려했을 것입니다.

여러 주 동안 하나님의 사람 보스톤은 떨리는 두려움으로 영적 축제를 준비했습니다. 그러나 그날이 점점 가까워 오자 부담감이 더욱 커졌습니다. 그는 성찬 이전 몇 주일의 설교들이 매우 무거웠다는 사실을 생각하고 오직 기도로써 그 일을 준비해야만 한다는 강한 압박감을 느꼈습니다.

"그 사역 자체로 볼 때, 그 일은 내가 기대했던 것보다 훨씬 위로가 넘쳤고, 그 예식 가운데 성령의 바람이 불고 있는 것처럼 보였다. 나는 예전에는 결코 회중들의 그러한 모습을 본 적이 없었다."

그는 계속 덧붙입니다. "그들은 예전보다 눈에 띄게 진지해졌다. 그 자리에서 성찬을 받은 사람들은 우리 교구 사람들만 약 57명에 이르렀다. 그러나 그들 중에서 내가 기대했던 것 이상의 반응을 보인 사람은 극히 소수에 불과했다."

그 시간 이후 에트릭 교구에서는 해마다 주의 만찬을 지속적으로 지켰습니다. 그러한 만찬은 목사가 지난날을 평가하고, 해가 거듭되면서 자신의 성도들의 영적인 진보를 측정하는 고지와 같은 역할을 했습니다. 이처럼 열정적인 목사는 자기 교구민들 안에 성령의 임재와 역사의 증거가 나타나기를 기다렸습니다. 마치 농부가 자신의 밭작물들을 소생시킬 수 있는 비를 기다리는 것처럼, 그리고 항해사가 자신의 길을 인도해 줄 별이 나타나기를 바라면서 하늘을 바라보는 것처럼 말입니다.

해가 거듭될수록 그는 감사로 무릎을 꿇게 만드는 여러 가지 증거들로 인하여 기쁨을 누렸습니다. 그곳 교구의 수천 명의 사람들에게 새생명과 변화가 나타나거나 불세례를 깊이 경험하는 오순절과 같은 성령의 역사가 나타나지는 않았지만, 신령한 일들에 대한 관심이 깊어지고 있었고 그 범위가 점차 넓어지고 있었기 때문입니다. 뿐만 아니라 많은 사람들의 마음속에는 확신과 간절한 욕구들이 생겨나고 있었습니다.

20년 동안 성만찬을 한 번도 지키지 않았던 사람들이 그리스도의 구속의 사랑을 보여 주는 거룩한 상징들을 맛보고자 나아왔습니다. 모든 기독교 예식들의 황무지였던 사람들은 자신이 지금보다 더 나아지기를 사모했습니다.

해마다 시행되던 성찬식 중 다섯 번째 예식을 언급하면서 보스톤은 그 내용을 따스한 필체로 이렇게 기록합니다. "그 거룩한 예식에 150여 명의 사람들이 참예하여 성찬을 받았다. 보통 때는 일곱 개의 상을 마련했지만 올해에는 열 개를 준비했고, 그것도 보통의 것보다 더 긴 상이었다. 멀리서도 많은 사람들이 찾아왔기 때문이다."

† 포기령

보스톤은 자기 교구에서 나타난 생명 소생의 증거로 인하여 감사가 넘쳤지만, 앤(Anne) 여왕의 의회가 반포한 법령으로 인하여 괴로움을 겪었습니다. 그것은 '포기의 맹세'로 명명된 일종의 맹세를 강요하는 일로서, 교회의 모든 목회자들에게 그것을 받아들일 것을 명령했습니다. 만일 그것을 거절할 때에는 거의 파산할 지경에 이를 정도의 무거운 벌금형을 내려서 고통을 겪게 만들었고, 그래도 계속 거절할 경우 목회직을 강제로 박탈했습니다. 이러한 충격적이고도 독단적인 법령은 자연히 온 교회 안에 그 의도에 대한 의심과 경계를 불러 일으켰습니다.

처음 사역에 입문할 때 왕권에 대한 충성을 맹세했던 사람들에게 또다시 충성을 맹세하라고 요구하는 것은 불필요한 일이었습니다. 또한 그 용어들이 너무 모호하고 추상적이어서 예민한 사람들은 혼란스러워할 수도 있었습니다. 즉, 그 표현의 범위가 어디까지인지를 정확히 알 수 없었기에 그것들을 자칫 어길 수도 있었으며, 따라서 교회의 자유와 순결이 국가 권력에 의하여 통제될 때 그것에 대한 신실한 증거를 선포하는 일에 입을 다물게 할 수도 있었습니다. 그 용어가 모호하면 모호할수록, 거기에는 올무가 숨어 있을 수밖에 없었습니다.

따라서 당대 최고의 목사들은 모든 위험을 무릅쓰고 그 맹세를 거부했습니다. 주저하면서 양심의 고통으로 괴로워하던 많은 목회자들은 마음속 깊이 이 일을 '원수의 짓'으로 여겼습니다. 그러나 결정의 날이 다가왔을 때, 국가 지도자들은 그 결과를 두려워하여 가장 잔혹하고도 충격적인 징벌을 내리는 일을 철회했으며, 보스톤도 사택과 교회 영지 안에 그대로 머물러 있게 되었습니다.

나중에 좀 더 완화된 규정으로 그 법령의 외형을 꾸며 좀 더 입맛에 맞게 고치고자 했을 때, 보스톤은 성도들 앞에 서서 특유의 어투로, '그 맹세는 깨끗함을 받을 수 없는 것으로, 문둥병균이 번진 집처럼 무너뜨려야 할 것'임을 선포하며, 죄를 짓기보다는 차라리 모든 것을 잃어버리는 고난을 당할 준비를 하라고 공개적으로 외쳤습니다.

그러나 보스톤의 교구민들 중 많은 사람들은 결정적인 순간에 그가 끝까지 굴하지 않을 것이라고 믿지 않았습니다. 그들은 심지어 그 거절이 불러올 결과들을 대하는 마지막 순간에 그가 그 역겨운 맹세를 받아들일 것이라고 예언하기까지 했으며, 그의 이러한 실족을 경계하는 눈초리로 살피며 기다렸습니다.

이 열심 있는 목사는 그 사실을 알고 마음이 아팠습니다. 그들은 그가 어떠한 사람인지를 알지도 못하면서 그의 양심과 의무가 언제 이기심 앞에 굴복

할지를 자기 멋대로 판단했습니다. 그러나 그들의 목사가 '불 가운데 뛰어든 사람처럼 활동했다'는 소식이 온 교구에 퍼지게 되고, 양심의 소리 앞에 그가 모든 세상적 이익들을 내버렸다는 사실이 알려지자, 더 이상 그에게 찬동하지 않을 수 없었습니다. 그날 이후로 그의 영향권 밖에 있는 교구민들에게도 그의 도덕적 영향력이 증대되었습니다. 이것은 에트릭에서의 그의 사역에 더 큰 승리를 주시기 위한 하나님의 역사하심이었습니다.

보스톤은 이웃 교구에서 사역하는 많은 목사들과의 관계 속에서도 용기와 위로를 얻었습니다. 그들은 기독교 신앙과 영적인 경험에 있어서 보스톤과 같은 생각을 가지고 있었습니다. 그들이 서로에게 끌리게 된 것은 그리스도인 형제애에서 비롯된 의식적인 연합이었으며, 그 결과 그들은 서로에게 힘을 주었습니다. 보스톤이 이러한 연합에 동참하게 된 것은 목사들에게 강요하려던 포기령(The Abjuration Act)으로 인한 그의 당혹감과 고통 때문이었습니다.

사랑하는 형제들 중에서 그는 갤라쉴즈(Galashiels)의 헨리 데이비드슨(Henry Davidson)과 모어배틀(Morebattle)의 존 심슨(John Simson)을 거명하며 '하늘의 찬사'로 칭송합니다. 또한 그의 가장 친한 동료 중 한 사람인 맥스톤(Maxton)의 가브리엘 윌슨(Gabriel Wilson)에 대해서는 자신의 일기에서 크게 기뻐하면서 그의 성품을 말하고 있습니다.

"이 사람과 나 사이에는 기질상 닮은 여러 가지 기이한 점들이 있다. 나는 그에게서 나 자신의 모습을 발견한다. 그는 놀라울 만큼 온순한 사람이다. 그러나 심각한 일에 부딪히게 되면 매우 외향적이고 날카롭게 변한다. 이러한 두 가지 기질의 혼합 속에서 그는 말에 가하는 박차처럼 내게 도움을 주고, 나는 말고삐와 같이 그를 돕는다. 나는 우리 두 사람을 결합시켜 준 지혜로운 섭리에 종종 경탄하곤 한다."

많은 시간이 흘러 이 땅의 탁월한 사람들이 하늘 기업으로 떠난 후에도, 그들의 이름이 그들이 사역했던 교구 내에서 신성한 전통들과 더불어 여전히 살아 있다는 점과, 그들의 무덤 위에 영광의 빛이 되었다는 사실은 우리가 주목할 만한 가치가 있습니다. "의인은 영원히 기념하게 되리로다"(시 112:6).

† 야곱 족속의 반란

구름 한 점 없이 맑은 날은 오랫동안 지속되지 않는 법입니다. 짧지만 행복했던 평안한 시간이 지나갔습니다. 그때 보스톤은 교구에 나타난 영적인 생명이 확장되고 깊어져 가는 증거들로 인하여 기쁨으로 충만했습니다. 그러나 그 왕국의 평화를 깨뜨리는 시련이 갑작스럽게 찾아왔는데, 그것은 에트릭과 보스톤이 함께 나누어야 할 고통이었습니다.

그 시련은 1715년 8월 말에 당시 왕조를 뒤엎고 유배되었던 스튜어트 가문의 후손을 대영 제국의 왕좌에 앉히려는 의도로 일어난 반란입니다. 멀리 떨어진 산간 계곡에 거주하던 이 선한 목자와 그의 백성들이, 어리석고도 무모한 시도에 어떻게 휩쓸렸는지에 대해서는 단 몇 줄의 간단한 언급으로도 충분히 설명할 수 있습니다.

그 반란은 마(Mar)의 얼(Earl)에서부터 시작되었는데, 그는 스코틀랜드 북부에 위치한 브래마(Braemar)에서 반역의 깃발을 들었으며, 프리텐더(Pretender)[5]가 영국의 왕권 계승의 적통임을 선언했습니다. 즉시 하일랜드(Highland) 지방의 군주들과 부족들이 동조하고 나서자, 그는 퍼스(Perth)

---

5. 역자주 – 제임스 2세의 아들 제임스 에드워드(James Edward, 1688-1766)를 말합니다.

에 도달하기까지 많은 동조자들을 얻으면서 남쪽으로 진군하기 시작했습니다. 반역군 지휘관들은 군대를 몇 개의 부대로 나누어 서로 다른 길을 이용하여 영국으로 진격하되, 그 중 한 부대가 에트릭이 포함된 지역을 통과한다고 결정했습니다. 보스톤이 등장하는 것은 바로 이 시점입니다.

그 소식은 에트릭 전역을 단번에 혼란의 도가니로 몰아넣었습니다. 날마다 그와 관련된 경고의 소리로 아침이 밝았습니다. 킬트를 입은 하일랜드인들의 군대는 인근 모든 산악 지대에서 그 모습을 드러냈고, 다른 부대들은 해가 진 후 조용한 에트릭 근처에 잠입해 들어왔습니다. 마치 어떠한 해(害)나 폭동이 있지는 않을까를 염려하면서 말입니다.

겁에 질린 동네 사람들은 이웃집들이 불타고 가축 떼들이 뿔뿔이 흩어지거나 죽었다는 소리를 들으면서도 아무것도 할 수 없었습니다. 외진 곳에 떨어져 있는 집에 침입해 약탈을 하거나 무고한 사람을 해친다는 소리를 들으면서도 그저 침묵해야만 했습니다.

몇 주 동안 이러한 혼란은 계속되었고, 그것은 이 열심 많은 목사에게 커다란 근심거리였습니다. 그런데 이 시련은 보스톤에게 또 다른 염려를 불러일으키는 새로운 문제를 가지고 있었습니다.

지역의 권력자들은 에트릭에 있는 16세 이상 60세 이하의 모든 남자들을 소집하는 훈령을 내렸고, 어느 날 셀커크에 와서 보스톤에게 그 교구를 방어하기 위한 임시 군대를 조직하는 일에 동참해 줄 것을 요청했습니다. 또한 보스톤은 강단에서 이 훈령을 읽고 교구 내에 모든 유능한 젊은이들을 동참시켜 행정판사를 도울 것과 그의 교구민들에게 이 부름에 거국적으로 순종할 것을 강요하라는 요청을 받았습니다.

그러나 거기에는 거절만이 있을 뿐이었습니다. 대다수의 사람들은 그 경고가 지나치며, 이미 손에 권력을 쥐고 통치하고 있는 지도자들로 인하여 그들이 위험에 처할 수도 있고, 또한 이전 시대의 그들의 조상과는 달리 그들은 패배할 가능성이 많다고 확신했습니다. 에트릭의 사람들은 칼보다 자기 목자의 지팡이에 더 의지하는 법을 배웠습니다.

보편적으로 나타난 저항의 분위기가 단호한 결단으로 바뀐 것은 반역자들과의 충돌에 필요한 예산을 충당할 목적으로 세금이 할당되었을 때였습니다. 그것은 보스톤이 마셔야 할 쓴잔이었습니다. 특히 가장 쓰디쓴 요소는 그의 교구민들과 내키지 않는 의사소통을 하도록 강요받고 있다는 점이었습니다. 그는 그들의 사랑 안에서 살기를 원했지만, 그들의 분노는 그 일을 초래한 자들보다 보스톤에게 더 크게 임할 것이 분명했습니다. 때때로 고통스러운 말로 표현된 그들 사이의 부적절한 분리는, 일시적인 것이긴 했지만, 그것이 지속되는 동안에는 견디기 힘든 것이었습니다.

결국 반갑지 않은 침략군들은 켈소(Kelso)에서 영국 반란군들과 연합한 후 사라졌고, 프레스턴(Preston)을 향하여 남쪽으로 진격했습니다. 그들은 그곳을 즉각 수중에 넣으면서 세력을 얻기 시작했으나, 며칠 못 가서 왕정군의 지도자였던 윌리스(Willis) 장군의 공격을 받았고, 반역군들은 무조건적으로 무장을 해제당하고 항복했습니다. 그들 중 많은 이들이 투옥되었고, 많은 고관들은 고통과 불명예 처분을 받았으며, 스코틀랜드 귀족들은 잔혹하게 처형되고 말았습니다.

우리는 이 이야기의 마지막 장면을 살펴보기 위하여 스코틀랜드의 과거를 반드시 되짚어 볼 필요가 있습니다. 마의 얼은 한동안 던블레인(Dunblane)을 향하여 진격해 나갔습니다. 쉐리프뮤어(Sheriffmuir) 인근에 위치한 그곳에서 그는 얼의 진격을 차단하기 위하여 북쪽으로 올라오고 있었던 아가일(Argyle) 백작의 강력한 저항에 부딪혔습니다.

자신의 거사가 회복 불능의 낭패에 빠지고, 어떠한 구조를 요청하기에도 늦어 버리자, 프리텐더는 변장을 하고 여섯 명의 수행원만을 거느린 채 프랑스의 덴커크(Dunkirk)에서 스코틀랜드로 배를 타고 넘어와 애버딘(Aberdeen)에서 멀리 떨어지지 않은 곳에 상륙했습니다. 뒤이어 마의 얼과 소수의 귀족들과 고관들이 페터레소(Fetteresso)에서 합세했습니다. 몇 주 동안 그는 자신을 왕으로 세우는 법령을 만드는 일에 공을 들였고, 비록 힘을 잃기는 했지만 여전히 충성스러운 추종자들에게 존경을 얻었습니다. 왕위 즉위식에 걸맞는 외형적 화려함을 갖출 만한 힘이 전혀 없었는데도 말입니다.

그는 지칠 대로 지쳐 누더기를 걸친 채로, 놀라운 기사도 정신으로 무장하고 그를 끝까지 따르는 자들을 향하여 더 이상 자신에게 소망이 없다고 선언했습니다. 그 후 소수의 충성스러운 신하들만을 대동하고는 작은 배를 타고 몬트로즈(Montrose) 인근 지역에서 떠났습니다. 그 일행은 5일 만에 프랑스의 그라블린(Gravelines)에 도착했고, 어느 이름 없는 곳으로 돌아갔습니다. 비극이 얼마나 급속하게 코미디와 광대극으로 돌변하는 모습입니까!

† 보스톤의 내면 생활

이제 우리는 보스톤의 내면 생활들을 살펴볼 때가 되었습니다. 그동안 우리가 살펴본 다양한 사건들을 겪는 여러 해 동안에도, 그는 하나님과 친밀한 동행을 계속 유지했습니다. 하나님과의 친밀함은 그의 피난처요, 성소였습니다. 자신의 개인적인 생활이나 가정에서 일어나는 모든 사건은 그에게 결국 헌신을 강화시키는 음식이 되었습니다.

때때로 그는 금식과 자기반성을 실천했으며, 그 속에서 그는 '심판을 내다보는 것이 안전하고 지혜로운 일'이라고 생각했습니다. 그가 자신의 일기 뒤편에 남긴 이러한 훈련에 관한 여러 가지 기록들은 둘도 없는 가치를 지닌 것으로, 우리 시대에도 진리가 무엇이며 가장 해로운 것이 무엇인지를 알고자 하는 사람들에게 도움을 줍니다.

다음의 내용은 그가 '하늘에 대한 증거'라고 이름 붙인 체험을 기록한 것입니다.

"내 영혼은 나의 왕이 되시는 그리스도로 만족한다. 비록 내가 죄에서 자유로울 수 없다고 할지라도, 하나님은 그리스도로 인하여 나의 욕망이 파멸되고 내가 거룩케 될 것을 아신다. 또한 나는 내가 싫어할 욕망이 없다는 사실을 안다. 나는 내 의지의 손과 발을 묶어 그분의 발아래 두기를 갈망한다. 할 것이냐, 말 것이냐에 대한 큰 싸움이 있을지라도, 나는 나를 위하여 하나님께서 행하시는 일은 무엇이든지 형통하리라는 것을 믿는다."

"이러한 갈등들이 우리를 향한 하나님의 사랑의 증거라는 사실과 그분을 향한 우리의 사랑의 증거임을, 우리는 언제 확신할 수 있을까? 갈등 그 자체가 비록 주님의 사랑을 보여 주는 증거가 될 수는 없다고 할지라도, 일반적으로 주님께서 주시는 채찍과 갈등이라는 본질적 산물이 죄인으로 하여금 주님에게서 도망치게 만들지만 나에게는 그렇지 않다는 사실을 발견한다. 오히려 그러한 아픔은 나를 하나님께로 더 가까이 나아오게 하고, 주님을 송축하게 하며, 나의 허물에 대한 징계를 기쁘게 받아들이고 더욱더 하나님을 사랑하게 만든다. 또한 그분을 더욱더 신뢰하게 하며, 그분의 길을 더욱더 즐거이 묵상하게 함으로써 내 마음이 그분께 더욱 친밀하게 연합하게 만든다. 그러한 결과들을 볼 때, 나는 그러한 갈등이 그분의 사랑의 증거라고 생각하지 않을 수 없다."

우리가 지금 살펴보고 있는 이 기간의 보스톤의 경험을 묘사하는 또 다른 구절들을 인용해 보겠습니다. 그것은 자기반성을 위한 것이라기보다는 '하나님께 받는 위로로써 모든 환난 중에 있는 자들을 능히 위로하기' 위한 내용입니다. 그것은 영원에 대한 충만한 소망을 보여 주며, 그 소망은 구름이 걷히게 하고 마음을 부드럽게 만들어 줍니다.

막내 캐더린이 죽은 후 부성애로 가득해진 그는 그와 유사한 사별을 겪으면서도 한 번도 그처럼 생생하게 느껴 본 적이 없는 어떤 생각이 떠올랐습니다. 그는 이렇게 말합니다.

"나는 지금까지 나의 자녀들에 대해 주님이 행하신 일을 보면서 이러한 선명하고도 위로가 넘치는 생각을 가져 본 적이 없었다. 주님은 그 아이들을 유아기에 데려가셨다. 그러나 그들은 헛되이 세상에 보내진 것이 아니다. 나는 잠깐 내 곁에 머물다가 지금은 무덤 속에 있는 여섯 아이들의 아버지가 된 것에 대해서 주님을 찬송할 이유를 발견했다. 나는 그들 중 한 아이도 잃지 않은 것이다. 나는 부활의 날에 그 아이들을 모두 만날 것이다. '나는 네 후손의 하나님이다' 라는 언약의 말씀이 얼마나 달콤한지 모른다."

사무엘 루터포드(Samuel Rutherford)[6]는 이보다 약 100년 전, 앤워스(Anwoth)에 있는 자신의 사택에서 이와 유사한 묵상을 통하여 다른 사람들에게 위로의 샘에서 물을 길어 마시도록 했습니다. 그는 아이를 잃고 슬퍼우는 한 어머니에게 이렇게 말합니다. "당신은 전능자의 사랑의 가슴에 안겨

---

6. 역자주 – 사무엘 루터포드(Rutherford, 1600-1661)는 1627년에 앤워스(Anwoth)에 있는 교회에 목사로 임명된 후, 그곳에서 탁월한 사역을 전개한 청교도 설교자입니다. 그는 사역을 하는 동안 매일같이 새벽 3시에 일어나 정오까지 연구하고, 오후에는 심방과 교리 교육으로 양 떼를 헌신적으로 돌보았습니다. 오늘날에도 『사무엘 루터포드의 서한집』으로 널리 사랑받고 있습니다. 지평서원 간(2006.6) 『사무엘 루터포드』를 참고하십시오.

잠들어 있는 딸을 잃었다고 생각하십니까? 아버지의 집에 있는 그 아이를 잃어버렸다고 생각하지 마십시오. 그리스도께 발견된 그 아이가 당신께는 잃어버린 바 된 것인가요? 오, 지금 그 아이는 사랑스런 친구 곁에 있지 않습니까? 당신의 딸은 부활의 날에 당신과 다시 만나리라는 확실한 소망 속에서 더 높은 곳으로 올라간 것이 아닌가요? 우리 주님께서 자신이 기뻐하시는 때에 자신의 열매를 거두어 가시는 것을 인정하십시오. 그들은 당신이 잃어버린 것이 아닙니다. 그들은 하늘 금고에 들어가 아주 아름답게 장식되어 있습니다. 그곳에는 우리 주님의 최고의 보석들이 있답니다."

이제 다시 보스톤의 자기 점검과 거기에서 얻은 무한한 가치로 돌아가 봅시다. 우리는 보스톤의 내면에 대한 한 가지 사실을 이야기하려고 합니다. 아마도 그는 이러한 지나친 정신의 습관을 가지고 있었던 것으로 보입니다. 그것은 근거 없이 자신을 비난하는 쓰디쓴 말을 적었다는 사실에서 알 수 있습니다.

그는 정신을 침울하고 슬프게 만드는 실제적인 요인이 지친 육체와 결합될 때나, 혹은 과도한 정신적 노동을 쉬게 해 줄 휴식이 필요할 때, 에트릭의 산을 상쾌하게 걸으면서 회복시켜야 할 만큼 신경이 혼미해져 있을 때에 영적 침체에 떨어지곤 했습니다. 그는 이러한 영적 침체를 종종 하나님의 버리심, '아버지의 얼굴 가리우심'이라고 표현했습니다.

그러나 그가 자주 경험하듯이 쾌활함이 침체로 변하는 일이 하루에도 여러 번, 바람이 불면 저절로 울리는 풍명금(風鳴琴)처럼 변덕스럽게 나타난다면, 그것을 영적인 요인들보다는 육체의 상태와 관련된 것으로 보아야 하지 않을까요? 따라서 영적인 상담자보다는 육체를 고치는 의사가 더 필요하지 않을까요? '그 은종들은 모두 서로 음정이 맞지 않았습니다.'

어느 탁월한 신자의 다음과 같은 고백은 시사하는 바가 큽니다. "그는 동쪽에서 바람만 불어도 신앙 생활 속에서 기쁨을 누리지 못했다."

죄 없이 고통당하는 많은 사람들은 다음의 말에서 표현하는 것과 같은 경우가 많이 나타납니다. "지나치게 선명하게, 뚜렷하게 느끼고, 그 환상이 확실히 실현되기를 바라는 곳, 지나치게 그것이 끊임없기를 사모하는 곳, 그곳, 바로 그곳에 균형을 깨뜨리는 과도함이 있다."

물론 자신이 최근에 저지른 죄에 대한 양심의 비난이나, 영적인 침체를 가져오는 환경에 자기 마음을 고의적으로 노출시키거나, 혹은 은혜의 수단들을 부분적으로 소홀히 하는 일 등이 있는 자리에는, 하나님을 근심케 하는 요소가 있습니다. 그러한 때에는 영혼 속에 살고 있는 음악의 딸들이 힘을 잃는다고 할 수 있을 것입니다.

이러한 육체적 요인에 뿌리를 두고 있는 영적 침체는 우리의 목회자가 실수하게 하고, 자신에 대하여 불행한 결론을 내리게 합니다. 이 같은 영적 침체는 때때로 하나님의 복이 자신의 사역에서 떠나가 버렸다고 상상하거나, 황폐함의 저주가 임한 길보아의 산들처럼 하늘 은총의 이슬이 천상에서 보내온 말씀 위에 더 이상 임하지 않는다고 생각할 때 그 모습을 드러냅니다.

보스톤의 일기에는, 어떠한 경우에는 며칠 후에 그 상한 갈대가 회복되었고, 하늘에서 온 부드러운 책망과 설교로 인하여 변화되었다는 교구민들의 소식들이 마치 영혼의 세례처럼 임하여 그를 깨우고 기쁨을 누리게 했다고 기록되어 있습니다. 그 설교들은 그가 '땅에 엎지른 물'처럼 실패한 것으로 여겼던 바로 그 설교들입니다.

이러한 침체가 자주 나타나는 것은 아니었습니다. 우리는 오히려 하늘 생명의 행복으로 충만한 그의 모습을 더 많이 볼 수 있습니다.

이제 잠시 멈추어, 에트릭에서 보낸 10년 동안 그의 신앙적 체험에서 나온 여러 가지 경구들을 뽑아 보고자 합니다. 앞에서 인용한 부분에서도 볼 수 있듯이, 이들 중 어떠한 것들은 마치 약용 식물과 같고, 어떠한 것들은 달콤한 향기를 뿜어내는 꽃과 같습니다.

"사람들은 종종 하나님께서 인간에게 주시는 시련들 위에, 스스로 자신의 짐을 더한다. 그 결과 사람들은 확실히 감당할 만한 짐을 더욱더 무겁게 만들어 감당할 수 없게 된다."

"사탄은 우리의 고난이 낳는 선을 막기 위해 늘 깨어 있다. 그러하다면 이러한 사탄에 대하여 우리는 훨씬 더 깨어 있어야 마땅하지 않은가!"

"나는, 육신을 선택함으로써 빈 마음은 영의 생각으로 채워지지 않는 한 헛될 뿐임을 깨달았다."

"나는 하고자 하는 의도를 품는 것을 넘어 의무를 실천하는 것이 옳다는 것을 종종 발견한다."

"나는 나에 대한 심판이 무엇인지를 생각하고자 노력한다."

"내가 경험한 섭리의 일반적인 방식에 의하면 복들은 여러 개의 철문들을 지나서 찾아온다."

"휘장 안에 들어가는 것을 허락받은 자들은 더욱더 자신의 발을 주의해야 마땅하다. 왜냐하면 우리 하나님은 감찰하는 하나님이시기 때문이다."

"나는 주님이 간청하기 좋은 분이시요, 오래 기다리게 하지 않으시고 회복시켜 주시는 분임을 발견한다."

"우울함은 축복과 은혜의 적이요, 불신앙의 절친한 친구이다."

† 저술 활동의 시작

1715년, 보스톤은 그의 많은 목회 동료들의 간곡한 요청으로 『영원한 혼인』(*Everlasting Espousals*)이라는 제목의 소책자를 발간했습니다. 그 책의 핵심 내용을 설교를 통하여 들은 회중들은 그것을 발간하는 일에 진심으로 찬성했습니다.

이 책은 호세아 2장 19, 20절을 근거로 하여, 하늘의 신랑이 그의 신부인 교회를 향하여 하시는 말씀을 강론한 것입니다. "내가 네게 장가들어 영원히 살되 의와 공변됨과 은총과 긍휼히 여김으로 네게 장가들며, 진실함으로 네게 장가들리니 네가 여호와를 알리라."

이 책은 그가 목사가 된 후에 펴낸 처녀작이요, 그가 교회를 위하여 제공한, 길고도 연속적인 신앙서적이라는 추수단의 첫 묶음이었습니다. 거기에는 이미 그가 후기에 펴낸 성숙한 저작들에서 볼 수 있는 탁월함이 나타나고 있었습니다.

무엇보다도 이 책은 그를 기독교의 유명한 저자로 인정받게 하는 기회가 되었습니다. 그 결과는 고무적인 것이었습니다. 비교적 짧은 기간에 이 책은 3판을 찍어 냈고, 에트릭 골짜기 너머 먼 곳까지 독자를 만들었습니다. 에딘버러에도 새롭게 열린 그 샘에서 더 많은 신선한 물을 단번에 들이키기를 간절히 원하는 독자들이 생겨났습니다.

이러한 교류는 그의 삶의 생각과 열망들이 담긴 걸작을 준비해야 한다는 암시와 충동을 주었을 뿐만 아니라 자신의 사명이 자신을 위한 집을 세우는 것이 아니라 하나님을 위한 성전을 세우는 것임을 일깨웠습니다.

여기서 또 한 가지 우리가 주목해야 할 점은, 우리가 지금 살펴보고 있는 시점보다 몇 년 전에, 이미 보스톤은 히브리어 성경을 손에 넣었다는 것입니다. 그는 크로스(Cross)의 『테그미컬 아트』(Tagmical Art)의 도움을 받아, 열심과 흥미를 가지고 그 성경을 공부하기 시작했으며, 그 일은 생애를 마치는 순간까지 계속되었습니다. 『휴디브라스』(Hudibras)[7]의 저자조차 투덜거렸다는 히브리어 어근을 공부하는 일이 그에게는 전혀 지루하지 않았습니다. 귀찮게 달라붙어 있는 히브리어 액센트마저도 그에게는 매력적으로 다가왔습니다.

이 시기에 그는 워스머스(Wasmuth)가 지은 『히브리어 액센트법』이라는 전문 서적을 손에 넣었는데, 그 책은 그 문제에 관한 그의 궁금증을 더욱 유발했습니다. 또한 많은 사람들을 두 손 들게 만드는 그 일에서 큰 기쁨을 누리게 해 주었습니다.

그는 항상 스스로 새로운 것을 발견하고자 애썼던 것 같습니다. 그가 자신의 온 마음을 쏟아 부었던 이러한 연구들은 한 주 동안 설교를 준비하는 일에 매우 유용한 정신적 보조 수단이 되었습니다. 또한 그는 이러한 연구들이 구약 성경의 많은 부분에 대하여 놀랄 만큼 풍성한 새로운 빛을 던져 주었다고 단언합니다. 그는 집요한 연구와 묵상을 통하여, 유럽 대륙과 영국 대학의 학자들을 당혹케 하는 문학 분야의 온갖 문제들을 해결하는 데 자신이 도움을 줄 수 있기를 소망했습니다. 우리는 후에 다시 한번 히브리어 '액센트' 문제를 다루게 될 것입니다.

---

7. 역자주 – 『휴디브라스』는 17세기 사무엘 버틀러가 지은 영웅 조롱시(mock heroic poem)입니다.

† 다른 교구에서 온 청빙

우리는 이제 보스톤과 그의 교구 역사에서 매우 중요한 사건을 살펴볼 것입니다. 1716년 9월, 덤프리셔의 클로즈번(Closeburn) 교구와 거기 소속된 교회에서 보스톤에 대한 청빙이 날아들었습니다. 자신들의 목사가 되어 달라는 요청이었습니다.

이 요청은 클로즈번 교구와 그 교구가 속한 노회에서 온 위원들이 에트릭을 다녀간 직후 전달되었으며, 특히 많은 회중이 있지만 혼란스러운 분열의 문제에 빠져 있던 니스데일(Nithsdale) 교회로 와 줄 것을 요구했습니다. 그것은 아마도 보스톤의 사역과 감독이 그 문제들을 치유하기에 적절하다고 믿었기 때문으로 보입니다. 한편, 여기서 좀 더 암시된 사실은, 그 교회의 사례비가 현재의 사례비보다 훨씬 많다는 점입니다. 외부에서 온 그 불청객들이 에트릭의 사택을 자주 방문하는 모습은 눈치 빠른 교구민들의 눈에도 띄게 되었고, 그들의 용무가 무엇인지를 쉽게 알아차렸습니다.

이러한 모든 일들 때문에 보스톤의 마음은 근심과 염려로 가득하게 되었고, 습관을 따라 확실한 방편인 기도의 자리로 나아갈 수밖에 없었습니다. 그는 에트릭을 떠나기가 싫었습니다. 그의 마음과 양심은 '목자 없는 양과 같은' 그 사람들을 떠난다는 것을 받아들일 수가 없었습니다. 비록 그 교구 안에서 그를 사람들과 굳게 묶는 끈을 느슨하게 하고 그의 사랑을 식게 만드는 일들을 많이 겪었지만 말입니다.

그는 자신이 이들의 목사가 되기 위하여 이곳에 처음 왔을 때인 9년 전의 영적인 황폐함을 생각해 보았습니다. 넘치도록 수고했던 첫 해, 한자리에 모여 있었던 그 소수의 무리들을 기억했습니다. 또한 최근 몇 년간, 겉으로 드러난 많은 반대와 그를 낙심시키는 일에도 불구하고, 교구에 나타난 수백 배의 놀라운 변화를 돌아보았습니다.

그러나 동시에 그는 그들의 미숙함과 불완전함을 생각해 보았습니다. 그들 중에는 자신이 떠난 후에 일어나게 될 위기 속에서 성도들을 이끌 만한 자질을 갖춘 사람이 거의 없었습니다. 그리고 그는 자신이 그들을 떠난다면 지금까지 이루어 놓은 결과들을 상당 부분 헛되이 만들어 버릴 수도 있음을 인식했습니다. 반면, 그것은 이러한 일들을 방해하고 문제를 일으킬 기회를 찾으면서, 언제든지 양 떼를 물고 삼키려는 사람들에게 하나의 신호가 될 것이라는 생각도 했습니다.

예리한 관찰력과 도덕적 예민함을 갖추고 있는 그 선한 목자는, 자신에게 좀 더 많은 보수와 더 높은 사회적 지위를 약속한 그 청빙을 받아들이는 것이, 그의 성도들에게는 자신이 물질적인 이유 때문에 그러한 행동을 하는 것처럼 보일 수도 있다고 염려했습니다. 그렇게 되면 함께 살면서 보여 줬던 그의 도덕적 감화력은 하룻밤 사이에 사라질 것이며, 복음 사역은 고통을 당하게 될 것입니다.

결국 그는 그 무엇도 자신을 에트릭에서 떼어 놓지 못하게 하리라고 결심했습니다. 그곳은 거룩한 모임들과 아름다운 추억들로 그에게 이미 신성한 곳이 되었습니다. 그러나 하나님의 섭리는 이 산 속의 집이 더 이상 그의 안식처가 되지는 않을 것이라는 점을 명백히 지적하셨습니다.

성도들의 생각과 행동은 이러한 그의 확신과 결심을 더욱 확고히 만들어 주었습니다. 다른 사람들이 자신들의 목사에 대해 평가하는 가치는 그 목사에 대한 그들 자신의 평가를 더욱더 높여 주었습니다. 일반적으로 복이 사라지기 직전에 더 높은 가치를 인정받듯이 말입니다.

사소하고도 우연한 일들도 늘 깨어서 주의 깊게 공부하던 사려 깊은 목사에게는 많은 깨달음을 가져다 주었습니다. 어느 날 니스데일의 한 장로와 그가 동행할 때였습니다. 그들은 길에서 가난한 여인을 만났습니다. 그 여인은 니스데일의 교회 장로들이 여러 번 방문하고 면담한 것이 어떻게 결말이 날지를 두려워하며 큰 소리로 울고 있었습니다.

보스톤의 교구에서 가장 부유한 상속인들 중에 한 사람은, 그때까지 그의 교회에 들어오지도 않고 영향을 받지도 못한 사람이었는데, 이제는 신앙적인 공적 모임들에 정규적으로 출석하기 시작했으며 생애를 마치기까지 그 일을 계속했습니다.

또한 병들거나 슬픔에 빠져 있을 때 그가 위로해 준 사람, 혹은 가난으로 고통당할 때 도움을 베풀었던 사람들과, 불경건함과 악한 삶을 청산하고 그리스도께로 돌아오게 된 많은 사람들이 그에게 찾아와 간청했습니다. 심지어 좀처럼 눈물을 흘리지 않는 사람들까지도 눈물을 흘리면서 자신들 곁에 있어 달라고 호소했습니다.

결국 죄의 고백과 기도로써 자신들을 위협하는 그 곤경을 되돌리기 위한 금식이 선포되었는데, 성찬에 참예할 수 있는 정회원들뿐만이 아니라 나머지 모든 교구민들까지도 동참했으며, 에트릭 사방 모든 곳에서 몰려오던 모든 예배자들에게까지 퍼졌습니다. 경건하고도 신실한 보스톤의, 에트릭과 성도들에 대한 사랑은 성도들의 자발적인 존경과 사랑의 고백으로 인하여 큰 힘을 얻고 더욱 견고해졌습니다.

우리는 이 '청빙'의 과정을 상세하게 추적하지는 않을 것입니다. 이 청빙에서 클로즈번은 '가장 큰 은사들을 간절히 사모하면서' 보스톤을 자신들의 목사로 얻고자 힘썼습니다. 이에 에트릭은 최선을 다해 열심히 그를 잡기 위해 애썼으며, 그러한 노력은 자연스럽게 보스톤의 가치를 더욱더 높여 주었습니다.

이 청빙 과정은 12개월에 가까운 오랜 시간 동안 질질 끌면서 진행되었기 때문에, 만일 당회들, 노회들, 그리고 대회들 등에서 진행되었던 청빙과 관련된 여러 단계를 설명한다면, 지루하고도 혼란스러운 이야기가 될 것입니다. 그래서 우리는 1717년 전체 총회 앞에 최종적으로 이 안건을 제출하는 장면만을 볼 것입니다.

관례에 따라 박식한 변론자들은 양편에 서서 이미 발언을 마친 상태였습니다. 그들의 논증이 끝났을 때, 그때까지도 에트릭에 마음을 담고 있었으며, 이 안건에 대한 사실들을 가장 잘 알고 있었던 보스톤이 일어나서 발언권을 요청했습니다.

그는 본래 수줍음이 많고 소심한 사람이지만, 의무감에 사로잡혀 있는 동안 그러한 인간의 두려움을 극복했습니다. 자기 교구민들에게서 존경을 받고 있다는 것 자체를 두려워하면서도, 그들을 향하여 타오르던 그의 사랑은 그로 하여금 거룩한 열정과 부드러운 설득으로 입을 열게 만들었습니다. 그의 입술은 마치 천상의 불이 닿은 것처럼 보였습니다. 그 내용으로 이 장을 마무리하고자 합니다.

"의장님, 목회자 위원회의 공의는 한 회중을 황폐하게 버려두는 것을 허용하는 것일까요? 그들의 신앙은 많은 어려움 속에서 뿌리를 내렸고 시련 가운데서 성장했습니다. 저의 이명(移名)을 다루는 이 자리가 그 시골 마을 사람들과의 이별의 자리가 되어야만 할까요? 그 마을은 위로라고는 조금도 얻을 수 없는 곳입니다. 그들은 그동안 혼신의 힘을 다하여 이 일을 다시 고려해 줄 것을 요청했습니다. 이 모든 상황은 여전히 제가 에트릭에 남아야 한다는 사실을 보여 줍니다.

반면에 저를 데려가려는 교구는 저의 이명이 철회될 경우, 더 큰 유익을 얻지 않겠습니까? 제가 말씀드린 상황에 처한 회중을 탄식하게 만드는 일은 교회의 평화를 바라는 그들을 오히려 괴롭히는 것이 아닐까요?

만약 이러한 문제로 인하여 마음이 갈가리 찢긴 저를 데려가는 것을 허용한다면, 그래서 그곳에서 멀리 떨어진 또 다른 낯선 곳으로 저를 던져 넣거나 견딜 수 없는 차가운 얼음 위에 세워 둔다면, 그래서 제가 넘어지고 만다면, 결국에는 아무것도 남지 않을 것입니다. 즉, 제가 옮겨 갈 그 교회는 저로 인하여 아무런 유익을 얻지 못할 것이라는 말입니다.

아, 의장님, 저는 이러한 결과를 결코 받아들일 수 없습니다. 저는 이미 두 곳에서 사역을 감당해 왔습니다. 또한 저는 그 모든 곳에서 교회의 부름뿐만 아니라 주의 부르심도 저에게 확실하게 보여 주신 주님을 찬송합니다. 저는 이전에 섬기던 교회가 많이 부족하다는 사실을 느꼈기에 그곳에 머물렀고, 그것은 제가 지금 섬기는 교회의 경우도 마찬가지입니다. 그렇기 때문에, 그러한 느낌도 없이 다른 교구로 옮기는 모험을 한다는 것은 용서할 수 없는 일이 될 것입니다.

제 양심은 주님께서 저를 에트릭으로 부르셨다는 것을 확신합니다. 그곳으로 부르신 저의 소명과 확신은 결코 흐려지지 않았습니다. 아니, 가장 고통스러운 순간에도 흐려지지 않았습니다. 저를 붙잡는 그러한 확신이 없다면, 저는 저의 무거운 짐에 눌려 쓰러지고 말았을 것입니다. 저는 저에게 주어진 은혜를 따라 제 자신의 소원이나 쉽고 평안한 길을 찾는 제 마음의 기대를 내려놓고자 애써 왔습니다. 또한 이 문제를 주님 앞에 놓고 빛을 비추어 주시기를 구하면서 주님의 뜻을 발견하고자 애써 왔습니다. 그분의 말씀과 일하심에 주목하며 그분을 기다리기 위해서 말입니다.

제가 이제 확실하게 말씀드릴 수 있는 사실은, 저에게는 클로즈번으로의 부르심에 대한 확신이 전혀 없다는 것입니다. 또한 이러한 이명을 제 양심이 허락하지를 않습니다. 그 결정은 인간의 권위에 근거해서는 안 되는 것이기 때문입니다. 저는 교회의 권위에 기꺼이 복종합니다. 또한 에트릭에서의 사역은 말할 수 없이 만족스럽습니다.

저는 여러분의 발아래 엎드려 간청합니다. 이 이명을 허락하지 말아 주십시오. 이 이명은 제가 속한 노회와 대회도 거부한 것입니다. 그분들은 에트릭 교구의 상태와 저에 대하여 가장 잘 알고 있지만, 이 자리에 계신 존경하는 재판관님들은 몇 분을 제외하고는 그 교구나 저에 대해서 거의 알지 못하십니다.

만일, 거룩하시고 지혜로우신 하나님께서 저를 연단하시기 위하여 제게 고난을 주시거나, 저를 에트릭 교구에서 클로즈번 교구로 옮기라는 여러분의 판결 아래 두기를 원하신다면, 그 결정은 저의 확신과 상관없이 주어진 책임이므로, 저는, 은혜로 말미암아, 무모하게 그 책임을 받아들이기보다는 차라리 징계를 당하고자 합니다. 그러나 그 징계도 제게는 큰 고통이 될 것입니다. 왜냐하면 저는 다른 사람들의 눈으로 이 문제를 바라볼 수 없기 때문입니다."

보스톤이 입을 열기 시작했을 때, 청중들뿐만 아니라 클로즈번으로의 이명에 찬성하려던 사람들과 목회자 위원회의 모든 구성원들에게 큰 감동이 임했습니다. 그의 주장과 호소가 계속되자 나이 든 장로들의 얼굴에는 점점 커지는 희망으로 인한 흥분과, 평결이 결국 에트릭 편으로 떨어질 것이라는 기대감이 드러났습니다. 결과는 예상한 대로 되었습니다.

감사로 가득한 보스톤은 이렇게 적고 있습니다. "압도적인 표차로 평결은 우리의 손을 들어 주었다. 나뿐 아니라 다른 사람들도 내가 행한 연설이 그 위원회에 영향을 주어 감동을 이끌어 내었음을 확신했다. 나는 그 과정 속에서 주님께서 나와 함께하셨다는 것을 말하지 않을 수 없다. 주님은 그 한 시간 동안 말해야 할 것과 그것을 전할 수 있는 용기를 주셨다. 주님은 내가 달려갈 때에도 내가 넘어지지 않도록 도우시기 위해 나를 떠나지 않으셨다."

이 좋은 소식은 에트릭에 있는 모든 농가와 목자의 방목장, 가난한 사람의 오두막에 큰 기쁨을 안겨 주었습니다. 우리는 그 넓은 교구의 모든 산마다 타오르는 큰 화톳불을 상상할 수 있습니다. 옛 사람들이 국경이 적에게 침공을 당했을 때 종종 피워 올리곤 했던 불입니다.

그 다음 주일, 교회는 수많은 인파들로 가득 찼습니다. 그들은 여러 달 동안 간절히 바라던 일이 행복하게 마무리된 것에 대하여 하나님께 감사하기 위해 그 교구 사방에서 몰려든 사람들이었습니다. 그 사건은 보스톤의 생애에서뿐만 아니라 신앙적 역사에 있어서도 획기적인 일로 평가됩니다.

냉랭함과 불신은 거의 사라진 것처럼 보였습니다. 에트릭에서 계속 사역할 수 있게 되기를 간절히 호소한 보스톤의 그 사심 없는 행동은 그의 고귀한 이타심을 보여 주었고, 많은 물로도 결코 꺼뜨릴 수 없는 자기 교구민들을 향한 타오르는 사랑을 드러냈습니다. 이렇게 그는 온 교구민의 마음을 얻었습니다. 그들은 비로소 자신들의 목사를 이해할 수 있었습니다.

그 이후부터 그의 말씀의 능력은 그 어느 때보다 더욱 커졌을 것입니다. 그는 이제야 하나로 연합된 이들에게 설교한다는 사실을 의식하게 되었습니다. 그의 더욱 커진 영향력과 효용력이 다양한 형태로 나타나기 시작하는 데는 오래 걸리지 않았습니다.

그는 자기 교구민들 속에서 불합리한 모습을 두 번 다시 발견하지 못할 것이라거나, 낙심천만의 타락의 모습을 볼 수 없을 것이라고는 생각하지 않았습니다. 그러나 지금의 현실은, 마치 배가 돌풍이 몰아치는 지역을 벗어나서 순풍을 맞아 평온히 항구를 향해 나아가고 있는 것 같았습니다.

6장

확장되어 가는 영향력

† 『네 가지 상태』

당시 교구민들의 사랑과 신뢰를 한 몸에 받으며, 분열로 인한 혼란과 마음을 짓누르는 염려에서 벗어난 보스톤은, 『네 가지 상태』(*Fourfold State*)를 쓰기 시작했습니다. 그 책은 보스톤과 에트릭의 이름을 불가분의 관계로 묶어 주는 역할을 했습니다.

그 책은 아마도 그가 에트릭에서 사역했던 20년이 끝난 후, 2년이 채 안 되어 저술된 것으로 보입니다. 그러나 여러 가지 요인으로 인해 긴 공백기를 거치면서 더 이상 진척을 보이지 못하다가, 출판이 무기한 보류되고 말았습니다. 거듭된 망설임이 그가 결정적인 걸음을 내딛지 못하도록 붙잡은 것입니다.

그가 가장 이상적인 형태로 책을 내고 싶어했기 때문에 그처럼 중요하고 흥미로운 주제들을 다루는 일이 더욱 지체되었습니다. 거기다가 넉넉지 못한 수입을 생각하면서 그는 자신의 책이 성공할 수 있을지에 대해 정직하게 평가했고, 실패할 경우에 겪게 될 재정적인 어려움을 깊이 우려했습니다. 그러나 이러한 장애물들은 그의 동료 목회자들이 필요한 모든 것을 돕겠다고 약속하면서 사라졌습니다. 그들은 그 책과 보스톤에게 매우 강한 애정을 가지고 있었습니다.

특히 트로터(Trotter) 박사는 사랑받는 의사요, 보스톤이 심프린과 에트릭에서 사역할 때 그의 절친한 친구였으며, 『네 가지 상태』를 쓰도록 처음으로 암시를 던진 사람입니다. 그는 다윗의 친구 요나단과 같이 헌신적으로 보스톤을 사랑한 동료였습니다. 그는 자신이 가진 모든 재산을 털어서라도 그 어려움들을 극복하도록 기꺼이 도울 준비가 되어 있었습니다. 그러나 그는 안타깝게도 오랜 지체 기간에 그만 세상을 떠나고 말았습니다. 그리하여 결국 에딘버러의 한 출판사가 그 일을 맡게 되었고, 드디어 『네 가지 상태』가 인쇄되기 시작했습니다.

그런데 진행 초기에 한 사건이 발생했습니다. 약간 우스꽝스러운 면이 없지 않은 일이지만, 그 사건은 그 인내심 많은 목사를 쓰라리게 시험했을 것이 분명합니다. 그 정황은 이렇습니다.

에딘버러 시의 한 고위 인사가 여러 가지 방식으로 『네 가지 상태』의 출판을 위한 출판사와 적절한 인쇄업자를 소개하는 일과 관련된 사업 협상을 도왔습니다. 그러나 그는 이것에 만족하지 않고 요청하지도 않은 또 다른 봉사를 자원했습니다. 그의 이러한 친절이 성공했다면 보스톤에게 도움이 되었겠지만 그 일은 실패로 돌아갔습니다. 그 봉사란 책이 인쇄되자마자 그것을 재교정하는 것으로, 인쇄업자에게서 책들이 넘어온 후 에트릭으로 보내기 전에 수정과 여러 가지 제안을 하는 것이었습니다.

이러한 그의 태도는 도가 지나친 자만심에서 나온 것이었습니다. 이 보수 없는 검열관은 자신의 교정이 출판사의 정확성에 대해서뿐만 아니라 저자의 성향이나 사상에까지 확장되어야 한다고 생각했습니다. 그리하여 그는 문장 속에 전혀 어울리지 않는 문장을 끼워 넣거나, 문장을 잘라내기도 했습니다. 보스톤이 그 후원자가 제 마음대로 지우고 뒤바꾼 교정을 받았을 때 얼마나 경악하고 수치를 느꼈겠습니까!

거기에는 온통 뒤바꾸고 고치면서 지우고 빠진 흔적이 가득했으며, 출판사의 실수들뿐만 아니라 저자의 감정과 글의 분위기도 손상되어 있었습니다. 활기찬 표현을 맥 빠진 표현으로 약화시켰고, 양심을 일깨워서 각성시키기 위한 강력하고도 열정적 표현들은 진부한 허풍적 표현으로 바뀌어 있었습니다. 그것은 마치 경주마를 타고 달리는 사람에게 속도를 줄이라고 조언하는 것과 같으며, 전사(戰士)의 손에 담쟁이 덩쿨로 만든 칼을 쥐어 주는 것과 같은 일이었습니다.

이러한 주제넘은 행동은 보스톤의 인내로도 견디기 힘들었습니다. 그래서 그는 인쇄업자에게 깨끗한 교정본을 보낸 후, 지나친 후원자에게 이제는 더 이상 도움을 받지 않겠다는 의사를 넌지시 비쳤습니다.

많은 작가들의 저작물을 제멋대로 사용하는 일이 보스톤 시대에도 있습니다. 찬송시로 교회의 찬송가학을 놀랍도록 부요케 한 시인 몽고메리(Montgomery)는 여러 번 그러한 일에 대해 불평한 적이 있습니다. 찬송가책의 편집자들이 자신이 준 원고에 만족하지 않고 아무런 말도 없이 제멋대로 그의 찬송시를 전용(轉用)하고, 자기 구미에 맞게 고치고, 심지어 그 시의 리듬과 행간의 운율을 파괴하거나 그림같은 표현을 단조로운 산문 형태로 바꿔서 시를 엉망으로 만들어 놓곤 했다는 것입니다. 때로는 그 시의 사상을 바꾸어 놓는 것만이 아니라 저자가 믿지 않는 것을 저자의 말로 만들어 놓기까지 했다고 말합니다.

보스톤의 책의 내용을 포괄적으로 나타내는 제목은 '인간 본성의 네 가지 상태, 곧 본래의 순결함, 전적 타락, 회복의 시작, 불행에서 벗어난 완전한 행복'입니다. 이 책을 통해 저자는 기독교 신학의 완벽한 체계를 알려 주고자 했습니다. 또한 인류를 구속하시는 하나님의 방법과 '복되신 하나님의 영광스러운 복음'을 요약하여 진술하고, '상실된 낙원'에서 '회복된 낙원'으로 돌아가는 길을 보여 주고자 했습니다.

이 책은 중요하고도 두드러진 특징을 지니고 있습니다. 저자가 그 주제를 다루는 방식이 그동안 알려져 있던 수많은 신학 체계와는 다르다는 점입니다. 그동안의 체계들은 구조나 문체가 일반 독자들이 읽기에는 지나치게 과학적이거나 학문적이었으며, 실천적인 면이 부족했습니다. 또한 사소한 문제들에 대해 혼란스럽고도 무익한 논쟁을 함으로써 일반 독자들이 접근하기 어렵게 만들었습니다.

그러나 보스톤은 평신도들을 만나면서 그들의 생각과 감정의 구조를 이해하게 되었기 때문에 기독교 진리를 조직적인 형태로 제시하여 그 속에서 그 진리와 성도들의 상호 관계와 의존성을 보여 주고자 했습니다. 또한 독자들의 일반적인 수준에 맞는 단어들을 사용함으로써 인간의 가장 궁극적인 필요와 그들의 영원한 복락을 잘 드러내고자 했습니다.

이 때문에 그는 퍼스의 영 박사에게 다음과 같은 찬사를 받았습니다. "그는 소란을 일으키며 이리저리 방황하는 어린아이를 친절하게 붙잡아 주었고, 교육을 제대로 받지 못한 그 아이의 수준에 맞춰서 진리를 명쾌하고도 조리 있게 설명했다. 곧 타락하기 전에 지녔던 순결함은 무엇이며, 과거에 처해 있었던 비참함은 어떠한 것인지, 구속의 경륜과 그 경륜을 따라 그에게 보장된 장차 누릴 즐거움의 소망이 무엇인지를 가르쳐 준 것이다.

그처럼, 그의 눈은 아직 깨어나지 못한 죄인을 향해 있었고, 죄인을 그 위험한 무감각에서 일으키고자 했다. 또한 그의 눈은 열렬한 탐구자를 바라보면서 그를 올바른 길로 인도하고자 했으며, 젊은 회심자를 유혹의 길에서 지체하는 위험에서 벗어나게 하고자 했다. 그는 기독교 교리가 양심과 감정, 생명과 어떠한 관계가 있는지를 보여 주는 일에 성공했으며, 부드럽고도 실제적인 호소를 통하여 그것들을 조직적으로 가르치는 데에도 큰 성공을 거두었다."

『네 가지 상태』를 읽으면서, 우리는 성경 구절들을 절묘하게 적용하는 저자의 능력에 놀라게 됩니다. 그는 그 구절들을 상황에 맞게 매우 적절히 활용하는데, 그것은 마치 그 구절들이 바로 그러한 상황을 위해서 기록된 것처럼 보이게 할 정도입니다.

또한 무의식적으로 지나치는 상황에 성경의 사건들을 적절하게 적용하는 그의 기술과, 매우 친숙한 본문에서 전혀 새로운 사상을 끌어내는 그의 독창성을 바라보면서, 마치 새로운 발견을 한 것처럼, 사람의 왕래가 많은 길에서 진주를 발견한 것처럼 매혹을 느낄 것입니다. 이 모든 내용들은 마치 '은쟁반에 금사과'[1]처럼 적절한 단어로 표현되었는데, 그 온화하고도 아름다운 분위기가 필립 헨리를 능가할 정도입니다.

한편, 우리는 그가 우리의 마음을 읽고 있는 것처럼 느낄 때나 보이지 않는 것과 영원한 일들을 놀랍도록 실제적으로 드러내는 것을 볼 때 깜짝 놀랄

---

1. 잠 25:11 경우에 합당한 말은 아로새긴 은쟁반에 금사과니라.

수밖에 없습니다. 그럴 때면 우리는 『지금이 아니면 결코』(Now or Never) 나 『성도의 영원한 안식』(Saint's Everlasting Rest) 등의 책에 나타나는 리 차드 백스터의 타의 추종을 불허하는 기이한 능력을 그가 이어받은 것이 아 닌가 하는 느낌을 받습니다.

보스톤의 일기는 『네 가지 상태』가 많은 기도로써 저술되었음을 보여 줍니 다. 또한 천국이라는 아름다운 주제를 다루는 그 책의 마지막 장은 그가 무 릎을 꿇고 저술했다는 전설이 내려오기도 합니다. 우리가 그 부분을 읽는다 면, 그 전설은 더욱 믿음직스럽게 다가올 것입니다. 거기에는 앞에 기록된 모든 내용을 능가하는 특별한 기품이 깃들어 있는 묵상의 웅장함이 있습니 다. 그것은 마치 존 번연의 『천로역정』에서, 그가 새로운 땅(Beulah)을 걷는 동안 천사들을 만나고 하늘의 아름다운 노래를 들을 때와도 같습니다.

다음의 내용은 '천국에서 서로 알아보는 일'에 관한 그의 글입니다.

"우리는 하늘 낙원에서 생명나무의 열매를 먹으면서 아담과 하와를 만나 게 될 것입니다. 아브라함과 이삭, 야곱, 그리고 모든 거룩한 족장들을 만날 것이며, 그들은 더 이상 이 땅 저 땅을 유리하지 아니하고 영원한 안식을 누 리고 있을 것입니다. 또한 자신이 장차 오리라고 예언했던 그분의 영광을 바 라보면서 기쁨을 누리고 있을 선지자들도 모두 만나게 될 것입니다.

열두 보좌에 앉아 있을 어린양의 열두 사도들도 보게 될 것이며, 희고 긴 옷을 입고 머리에는 면류관을 쓴 거룩한 순교자들도 모두 볼 것이요, 요동하 지 않는 나라를 바라보았던 경건한 왕들도 만날 수 있을 것입니다. 그리고 많은 사람들을 의로운 데로 돌아오게 하여 별처럼 영원토록 빛나는 많은 사 람들도 만나게 될 것입니다. 거기서 우리는 우리의 경건한 친구들과 친척들, 친하게 지냈던 모든 사람들을 볼 것이며, 그들은 모두 하나님의 성전의 기둥이 되어 더 이상 우리와 헤어지지 않을 것입니다.

성도들이 하늘에서 서로 알아보는 것은 가능성이 아니라 확실한 사실입니다. 즉, 마지막 날에 그들은 자신의 친구와 친척들을 알아볼 것이며, 땅에 거할 때 친하게 지냈던 사람들을 알아볼 것입니다. 마치 교회 안에서 가장 두드러진 사람을 알아보듯이 말입니다. 이러한 즐거움은 장차 성도들이 참여하게 될 완전한 행복의 일부분입니다.

여호와 하나님께서 하와를 아담에게 데리고 오셨을 때, 아담은 하와를 처음 보는 순간, 그가 누구이며 그의 본질이 무엇인지를 알아차릴 수 있었습니다. 그러하다면 남편과 아내가, 부모와 자식이 영광 중에서 서로 알아본다는 사실을 어떻게 의심할 수 있습니까? 바울의 사역을 통하여 회심한 데살로니가 교인들이 '주 예수 그리스도의 강림하실 때 주님 앞에서 기쁨의 면류관이 된다' 면(살전 2:19 참고), 왜 천국에서 목사들과 그들의 성도들이 서로 알아보지 못한다는 말입니까? 변화산에 있던 제자들이 그곳에 나타난 모세와 엘리야를 한 번도 본 적이 없는데도 알아보았다면, 우리도 또한 하늘에 이르렀을 때 그들을 알아볼 수 있는 것이 당연할 것입니다.

거기서 성도들은 가장 친근한 교제를 나누게 될 것입니다. 그들은 천국에서 '아브라함, 이삭, 야곱과 함께 앉게 될 것' 입니다.[2] 나사로는 '천사들에게 받들려 아브라함의 품에 들어갔습니다' (눅 16:22 참고). 이는 가장 친밀하고 친근한 관계가 형성될 것을 증거합니다."

1720년 11월 6일, 보스톤은 에딘버러에 있는 출판업자에게서 처음으로 제

---

2. 마 8:11 또 너희에게 이르노니 동서로부터 많은 사람이 이르러 아브라함과 이삭과 야곱과 함께 천국에 앉으려니와.

본된 『네 가지 상태』를 받았습니다. 다음 날 아침, 그는 자신의 서재에서 한없는 감사의 기도로 오랜 시간을 보냈습니다. 그는 일기에 이렇게 적었습니다. "나는 이 책의 출판을 생각하면서, 내가 감히 엄두도 내지 못할 책을 지은 사람들은 오히려 잠잠한데 이 보잘것없는 조각 하나를 세상에 모험적으로 던져 넣는 일과, 섭리의 부르심에 잠잠히 앉아 있는 일에 대한 두려움 사이에서 오랫동안 머뭇거렸다."

몇 달 못 되어 지나치게 조심스러운 그 저자에게 에딘버러에서 날아온 큰 기쁨의 소식이 전해졌습니다. 『네 가지 상태』가 빠르게 팔려 두 번째 판은 이미 다 팔렸고, 세 번째 판을 찍을 정도라는 것입니다. 소천(召天)하기 수년 전에 그는 떨리는 겸손과 경외스러운 감사로 그 책의 내용이 모든 계층과 모든 조건의 사람들의 마음을 사로잡았다고 적을 수 있었습니다.

우리가 이미 살펴보았던 것처럼, 대중에게 알리기를 오랫동안 주저했던 『네 가지 상태』라는 책으로 말미암아, 보스톤은 하늘의 위대한 사랑의 복음을 에트릭의 자기 교회 성도들에게뿐만 아니라 스코틀랜드 남부와 남동부 지역에 있는 사람들에게까지 설교할 수 있게 되었습니다. 트위드, 니스(Nith), 아난(Annan), 디(Dee) 등의 지역과 클라이드(Clyde) 강 상류 근처 습지들의 모든 주민이 그 책을 읽었고, 수천 명의 사람들이 회심했습니다.

그의 일기 마지막 장에서, 이 『네 가지 상태』가 처음에 좋은 결실을 거둔 지역보다도 훨씬 더 먼 지역, 스코틀랜드의 하일랜드 지방에서도 유용하고 효과적이라는 사실을 드러내는 '위로를 주는 일화'를 볼 수 있습니다.

가난한 사람들의 오두막과 중산층의 가정들뿐만 아니라 상류층의 호화로운 저택과 귀족들의 성에 이르기까지 그 책은 열렬한 환영을 받았고, 그들을 위한 치료법을 전해 주었습니다. 깊은 산골짜기 외로운 오두막 작은 책장 위에도 그 책은 번연의 불후의 명작 『천로역정』과 나란히 소중한 보물로 자리 잡았으며, 이러한 역사는 한두 세대가 지나고 나서도 지속적으로 일어났습니다.

이 책은 하나님께서 자신의 은혜의 기적을 나타내시기 위해 선택하신 많은 책 중에 하나였습니다. 일반인들의 일상적인 대화조차도 끝에 가서는 그들에게 인상 깊었던 『네 가지 상태』에 담겨 있는 잠언의 글귀나 감동적인 표현을 인용하면서 풍성해졌습니다.

그 표현들을 지속적으로 묵상하는 것은 성도들뿐만 아니라 뛰어난 많은 신학자들에게도 기쁨이었습니다. 심지어 바울 서신들보다는 당시 문학 작품에 더 익숙해져 있던 특정 종파의 신앙 지도자들은 이러한 평범한 성도들과의 신앙적인 논쟁에서 무참히 패한 것으로 알려지기도 했습니다.

이 오랜 시간 동안 이 책이 사람들을 하나님의 나라로 인도하는 가장 강력한 도구가 되었다는 사실을 인정하지 않고서는, 18세기와 19세기 초기의 스코틀랜드의 신앙 역사를 적절하게 기록할 수 없을 것입니다. 또한 오늘날까지도 그 책은 힘을 잃지 않고 있습니다.[3]

† 에트릭의 성찬의 때

보스톤의 마음에 거룩한 즐거움을 안겨 준 성만찬에 관한 경험은 아마도 그가 생애를 마감하는 날까지 그의 영혼을 기쁘게 했을 것입니다. 에트릭은 해마다 열리는 성만찬과, 그것과 관련된 거룩한 축제들에 동참하기 위해 몰

---

3. 편집자주 – 이 책은 오늘날에도 스코틀랜드, 에딘버러의 진리의 깃발(Banner of Truth) 출판사에서 인쇄, 출판되고 있습니다.

려든 다른 교구의 사람들과, 심지어 스코틀랜드 먼 지역에서 온 사람들로 발디딜 틈이 없었습니다. 이러한 모습은 해마다 가지는 모임에서 보스톤과 친근한 관계를 맺은 다른 목사들의 친절한 마음의 증거요, 설교자로서 보스톤의 탁월한 은사가 매력을 지녔다는 증거입니다.

뿐만 아니라, 스코틀랜드의 수많은 교구의 목사들이 '다르지 않은 다른 복음'[4]을 전했다는 증거요, 피상적이고 메마른 철학 껍질로, 혹은 메마른 도덕적 교훈 나부랭이들로 하나님께서 그들에게 맡기신 영혼을 구원하는 신적 음성을 대체해 버렸다는 증거입니다. 그리하여 거기서 만족을 얻지 못한 수많은 청중들은, 마치 광야의 목마른 여행객들이 생수의 샘을 찾아 나아오듯이, 이러한 성만찬의 잔치 마당으로 구름 떼처럼 몰려들었습니다. 시편 찬송들을 부르며 산골짜기와 산등성이를 넘어서 말입니다.

> "그들은 단정한 옷차림에 꾸밈없는 음조로 노래하네,
> 자신의 마음을 조율하여 가장 고상한 소원의 마음을.
> 아마도 던디(Dundee)의 야생의 지저귀는 곡조가 일어났거나,
> 혹은 이름도 고귀한 '순교자들'의 슬픈 곡조이거나,
> 또는 하늘을 향해 타오르는 불꽃, 고귀한 '엘긴(Elgin)'의 사탕들,
> 곧 스코틀랜드가 낳은 가장 달콤한 거룩한 성도들을 노래했으리라."

이러한 여행은 구약 시대 이스라엘 백성들이 유월절을 지키기 위해 무리지어 예루살렘을 향하여 오르던 순례여행을 떠올리게 합니다.

보스톤은 이렇게 해마다 정기적으로 방문하는 사람들을 따뜻하게 영접했

---

4. 역자주 - 복음의 핵심이 빠진 피상적인 내용의 복음을 말합니다.

습니다. 사도가 준 교훈처럼 말입니다. "손님 대접하기를 잊지 말라. 이로써 부지중에 천사들을 대접한 이들이 있었느니라"(히 13:2).

그는 여러 날이 더 연장되곤 하던 축제 기간 내내 언제나 앞장서서 매우 극진하게 사람들을 대접했습니다. 심지어 늘어가는 손님들의 숙박을 위하여 자비(自費)를 들여 자신의 사택에 두 개의 넓은 방을 새로 만들 정도였습니다. 그들 중 대부분은 그리스도 안에서 진실한 형제로 알고 지내던 자들이었고, 또한 생명의 길을 찾는 구도자들로서 천국에서 그리 멀리 떨어져 있지 않은 사람들이었습니다.

행복한 에트릭 성도들은 자신들의 목사를 향한 깊은 애정을 품게 되었고 더욱 후한 대접을 해 드리기를 원했습니다. 이 외로운 산골짜기와 계곡 근처에 사는 사람들 가운데는 뵈뵈나 가이오, 또는 브리스길라를 능가하는 마음으로 자신의 호의와 사랑을 온전히 표현할 기회만 찾는 사람들이 있었습니다. 보스톤은 그러한 사람으로 '외부인들을 섬기는 엄청난 짐을 오히려 즐기는' 이사벨 비가(Isabel Biggar)를 언급하면서, 그녀를 '둘도 없는 그리스도인'이라고 적었습니다. 또한 신성한 축제에서 있었던 일에 대하여 그는 매우 즐거운 마음으로 다음과 같이 적습니다.

"외딴 미즈호프(Midgehope)의 한 지역에는 약 180명에 달하는 손님들이 와 있는데, 앞서 언급한 이사벨 비가의 남편이 그중에 80명을 맡아 즐거움을 누리고 있다. 그는 그들을 위하여 빵을 만들 식용 다래(boll) 절반을 굽기 전에, 4실링 10펜스 하는 통밀 빵을 샀고, 세 마리의 어린양을 잡았으며, 침대를 서른 개나 만들었다. 거기다가, 그 곁에 사는 이사벨의 형제인 로버트 비가(Robert Biggar)도 더하면 더했지 못하지는 않았다.

내가 기록하는 이 사례는 단지 그 교구에 가득한 사랑의 정신의 일부분일 뿐이다. 왜냐하면 하나님께서는 이 사람들에게 이러한 경우뿐만 아니라 또 다른 일들에도 자신의 물질을 나누고자 하는 넓은 마음을 주셨기 때문이다. 나는 오랫동안 그들의 물질에 복이 임하기를 사모해 왔다. 마치 내 몸에서 난 자식들을 향한 것과 같은 염려와 사랑을 품고 말이다. 지금도 교회에서 1마일 떨어진 곳 주변에 사는 사람들은 이러한 어려운 일들에 대하여 훨씬 더 무거운 짐을 감당해 오고 있다."

†물질적인 훈련

여러 가지 정황으로 볼 때, 보스톤이 자신의 수입의 일부를 신앙생활과 구제의 목적으로 따로 떼어 놓기 시작한 것이 바로 이때부터라고 생각할 수 있습니다. 이러한 행위는 고린도 교회 성도들에게 준 바울 사도의 교훈을 따른 것입니다. "매 주일 첫날에 너희 각 사람이 이를 얻은 대로 저축하여 두어서 내가 갈 때에 연보를 하지 않게 하라"(고전 16:2).

그 시대에 페일리(Paley) 박사는 이러한 사도의 제안을 교회가 본받아야 한다고 받아들인 최초의 사람으로 인정받고 있습니다. 그러나 이 에트릭의 선한 목자가 그 정신과 원리를 실천하기까지는 오랜 시간이 걸렸습니다. 그는 일기에서 그가 생애 마지막 순간까지 기쁨으로 이어갔던 그 실천의 시작을 다루고 있습니다.

"1718년 3월 30일, 나는 그 무렵 받은 사례비 중 50머크 가량을 경건한 목적을 위해 따로 떼어 놓았다. 나는 그 이후로 지금까지 상자 하나를 마련하고 그 50머크의 돈을 일 년 동안 모았다. 조금씩 모아서 필요할 때 꺼내어 썼고, 언제나 그 돈을 왼쪽 주머니 속에 넣고 다녔다. 집에서 가난한 사람들을 위해 음식을 제공하는 일은 이 돈과 상관없이 계속했다. 여름에 그들에게 제공된 양모는, 내가 가진 것이 없었기 때문에 이 돈으로 샀다. 주일 헌금 역시 여기서 꺼내어 드렸다. 나는 이러한 방법이 가난한 사람들을 돕는 데 매우 유용하고, 내 자신이 그 일을 더욱 쉽게 실천하게 만드는 방법이라는 사실을 발견했다. 왜냐하면 나는 그로 인하여 특별한 일이 있을 때마다 상당액을 제공할 수 있었기 때문이다. 나의 일 년 수입 중 그만큼은 나의 것이 아니요, 주님의 것임을 상기하면서 훨씬 수월하게 일할 수 있었다. 만일 그렇게 하지 않았다면 힘들었을 것이다."

이러한 글 속에서 우리는 이 뛰어난 목사가 그 일을 실천한 것만을 언급하고 있는 것이 아니요, 그 일을 오랫동안 실천하면서 얻게 된 만족도 언급하고 있다는 사실을 주목할 수 있습니다.

이러한 실천은 신중하고도 체계 있게 나누는 일을 할 수 있게 했고, 그의 수입을 따로 떼어 놓는 일과 나누는 일을 신앙적인 영향력과 동기로 행할 수 있게 만들어 주었습니다. 또한 그 일은 세상의 도구들을 관리하는 일에 양심과 사랑이 함께 작용함으로써 경솔한 과다 지출이나 인색한 절제를 피할 수 있게 도와주었습니다. 더 나아가 그러한 실천은 매년 저축된 금액으로 건강한 신앙적 정신을 부양하게 도왔습니다. 그는 자신의 물질을 성전에서 하나님의 제단 위에 올려 드린 예배자의 거룩한 예물과 동일하게 여겼기 때문입니다.

† 악화되는 아내의 병세

이 헌신된 사역자의 마음속에 기쁨과 감사의 많은 샘을 터뜨려 준 사건들과 경험들 이면에, 그의 근심과 걱정거리가 된 한 가지 사건을 살펴볼 필요가 있습니다.

1720년 여름, 아름답고 이해력 많은 그의 아내가 뚜렷한 정신병 증세를 나타내기 시작했던 것입니다. 보스톤의 말을 인용해 봅니다. "그녀의 상상력은 어떠한 때에는 추해졌고, 극에 달했다. 헤아릴 수 없이 많은 만성 질환으로 인해 그녀의 육체는 허약해졌으며 그녀의 정신은 크게 불안정해졌다."

이 어두운 영혼의 일식(日蝕) 기간은 때때로 약해지기도 했지만, 좀처럼 완쾌되지 않았습니다. 오히려 시간이 지날수록 그 어둠은 더욱 짙어졌습니다. 한때 달콤하게 울려 퍼졌던 류트 소리는 그 화음을 잃었고, 그 소리는 보스톤의 가장 예민한 부분을 찔렀습니다.

다윗처럼 그에게도 여러 가지 고난들 중에 한 가지를 택하라는 선택이 주어졌다면, 이 고난은 그가 선택할 수 있는 마지막 고난이었을 것입니다. 결국 그의 아내는 다른 곳에 격리되었고, 그는 그곳을 '깊은 감옥'이라 부르며 가슴 아파했습니다. 거기서 그녀는 여러 달, 여러 해를 보냈습니다. 그러나 그녀의 정신 질환은 인간의 그 어떠한 의학이나 방법으로도 완화시킬 수가 없었습니다.

이로 인한 말할 수 없는 슬픔이 그의 일기 곳곳에 나타납니다. 우리는 그 내용들을 읽을 때, 마치 그의 신음과 탄식을 듣는 것 같습니다.

이 시련이 일곱 번 연단하기 위해 금을 한 번 더 집어넣는 대장장이의 불이었을까요? 그의 그치지 않는 기도와 사역과 수고는 고난의 당사자인 그에게 최고의 도움을 주었습니다. 그 환난은 수많은 하나님의 성도들이 겪은 신비한 섭리 중에 하나였으며, '하나님의 빛 가운데 빛을 보게 될' 그 영광의 나라에서만 설명할 수 있는 일이었습니다.

7장

가정생활, 그리고 목회 사역

풍성한 사역의 열매와 사람을 사로잡는 뛰어난 능력뿐만 아니라, 『네 가지 상태』로 말미암아 급속히 뻗어 가는 명성과 영향력을 누리던 보스톤은, 드디어 그 생애의 중심이 되었던 이정표에 도달했습니다. 그의 전기(傳記)를 계속 써 나가기 전에, 그의 가정생활과 신성하고도 다양한 사역들을 잠시 살펴 보려고 합니다.

† 가정에서의 영적 생활

보스톤은 자녀들이 어린 나이에 회심하는 데에 큰 열심을 나타냈습니다. 사랑하는 아내의 질병으로 어두워지기만 하던 그때 이후로, 그는 자녀들의 회심을 위하여 자신의 책임이 더욱더 무거운 것을 인식했고 열심은 갈수록 더했습니다. 아내는 더 이상 그를 돕는 행복한 배필이 되어 줄 수 없었기 때문입니다.

보스톤은 자신의 어린 자녀들을 위하여 지속적으로 기도했고, 때로는 아이들과 함께 기도하기도 했습니다. "나는 오늘 아침에 어린 자녀들을 위한 은혜를 특히 사모했다. 나는 너무나 사랑스런 토마스와 그의 영혼의 상태에 대하여 이야기하고 함께 기도했다."

그는 신앙적인 진리와 성경의 내용들을 아이들의 생각 속에 심어 주려고 애를 썼습니다. 어린 시절에 심긴 첫 기억들과 인상들은 잘 잊혀지지 않는다는 사실을 알고 있었기 때문입니다. 그는 그러한 소원을 품기만 한 것이 아니라 관심을 가지고 새생명의 여명이 터오는지를 살폈고, '싹 속에 숨은 꽃'은, "어린아이들을 용납하고 내게 오는 것을 금하지 말라"(마 19:14)라고 말씀하신 그분이 특히 기뻐하시는 것임을 확신했습니다.

또한 그는 '그의 문 안에 든 남종과 여종'의 최고의 행복에도 관심을 가졌습니다. 그들 역시 자신이 돌보아야 할 자신의 가족이라는 사실을 인식하면서 말입니다. 그는 자신의 사택이 '은혜로 둘러싸인 작은 장소', '그의 집에 있는 교회'로 여겨지기를 바랐습니다.

보스톤은 그 정신과 그것을 실천하는 면에서 브로드 오크(Broad Oak)의 필립 헨리 목사나 초기 청교도들을 따랐습니다. 필립 헨리는 주일 저녁마다 아이들을 모아 놓고 그들과 함께 기도하며 여러 가지 질문들을 던지곤 했습니다. 아이들은 그 질문에 대답하면서 삼위일체 하나님께 자신을 헌신하는 고백을 했습니다. 그러고 나면 그는 사랑 어린 엄숙함으로, '그러므로 이렇게 말하고, 이렇게 행하거라. 그러면 영원히 살 것이다'라고 응답했습니다. 이 아름다운 이야기는 그의 아들이자 위대한 주석가인 매튜 헨리가 전해 준 것으로, 그도 그 시절 어린아이들과 함께 아버지 곁에 앉아 있었습니다. 그

때 아버지는 그 아이들의 머리 위에 손을 얹고 축복의 기도를 해 주었다고 합니다.

가정에서의 보스톤의 모습은 주변 사람들에게 쉽게 전이되었습니다. 케넷에 있는 정원의 사과나무 아래에서 무릎을 꿇고 기도하던 젊은 시절부터, 그는 자신의 영혼 속에는 살아서 움직이는 어떠한 것이 들어 있다는 사실을 발견했습니다. 아침과 저녁 기도 시간은 '살아 계신 하나님'과 더욱 오랫동안 교제하고 싶어하는 그를 충족시키기에는 부족했습니다.

모든 상황에서 그는 하늘 은혜의 보좌 앞에 안고 나아가야 할 기도제목을 발견했습니다. 환난을 당할 때에는 위로를, 혼란 속에서는 인도를, 시험을 당할 때에는 그것을 물리칠 만한 도움을 구하고, 순간마다 의무를 수행할 힘과 영적인 직무를 위한 곱절의 능력을 구하기 위하여, 그는 빈 그릇을 가지고 생명 샘으로 급히 달려갔습니다. 때때로 영적인 부패로 인하여 자신을 책망하거나 하나님의 임재가 사라질지도 모른다는 두려운 생각이 들 때에는, 그는 야곱처럼 날이 새도록 축복을 위하여 씨름하기도 했습니다(창 32:24-32 참고).

남부에 있는 섬에서 한 젊은 여인이 회심했다는 기도 처소가 발견되었습니다. 그곳은 그녀가 오랜 시간 동안 지나다님으로써 만들어진 길을 따라가다가 찾을 수 있었습니다. 이러한 점은 이 참된 성도의 고독한 헌신을 말해 줍니다.

보스톤은 루터와 비슷한 사람이며, 그와 비슷한 목사였습니다. 하나님께서는 루터를 '여러 가지 업적들을 행하기에 충분히 강한' 사람으로 만드시고, 지역과 나라를 뒤흔드는 데 사용하셨습니다.

보스톤의 사역이 놀라운 성공과 최고의 복들을 성취하는 데에 그의 기도의 습관에 얼마나 큰 빚을 졌습니까! 그 속에서 그는 전능한 능력을 얻을 수 있었습니다. "당신이 내게 축복하지 아니하면 가게 하지 아니하겠나이다"(창 32:26)라고 말하는 기도의 수고가 없었다면, 외형적 수고들은 무력하고 열매가 없었을 것입니다.

여기서 또 한 가지 사항을 언급하고 싶습니다. 그것은 보스톤이 때때로, 자신의 은밀한 기도와 더불어 행하던 습관입니다. 그것은 바로 개인적인 금식입니다. 이 두 가지 훈련은 초대교회의 모습이나 산상수훈을 비롯한 다른 여러 곳에 나타난 주님의 가르침, 그리고 사도행전과 서신서들 속에서 이미 우리들에게 친숙합니다. 우리는 보스톤의 일기 곳곳에서 이와 관련된 암시들을 볼 수 있습니다. 그는 생애 후반기에 기도뿐만 아니라 금식이 영혼에 유익하다고 추천하는 짧은 글을 출간하기도 했습니다.

우리가 만일, 그가 금식하면서 헌신할 때 그가 육체의 고행이나 그와 유사한 괴로움을 함께 행했을 것이라고 생각한다면 크게 실수하는 것입니다. 이렇게 가정하는 것은 영혼 없는 몸을 가지는 것과 마찬가지입니다. 그는 결코 은둔하는 수행자가 아니었습니다. 그의 금식에는 온갖 육체적인 방종과 음식을 줄이거나 길게 중단하는 일, 또는 그 모든 것을 전적으로 거절하는 일 등이 포함되어 있었습니다.

그러나 보스톤이 기도와 함께 자주 실천하는 금식의 목표는, 세상과 세상적인 직무와 관련된 온갖 생각들에서 완전히 분리되고 격리되는 것이었습니다. 그리고 이것은 자신의 생각을 보이지 않는 영원한 것들에 집중시키고, 기도의 날개를 온전히 펼치고 하늘 문을 향해 날아오르는 가운데 자신을 살피고자 하는 목적이었습니다. 그것은 '하나님을 갈망하는' 영혼이었으며, 영의 아버지와 나누는 교제에 방해와 장애물들이 끼어들지 못하게 하려는 수고였습니다.

그것은 "너희는 따로 한적한 곳에 와서 잠간 쉬어라"(막 6:31)라고 부르시는 예수님의 부르심에 대한 응답이었습니다. 또한 때때로 그러한 거룩한 분리는, 큰 환난에 부딪혔을 때, 혹은 중대하고도 곤란한 의무를 이행해야 할 때, 하나님의 종이 선택한 일이었습니다. 그가 이러한 일을 생애 마지막까지 계속했다는 사실은, 그가 이 일을 수행하는 가운데 많은 깨달음을 얻었다는 것을 보여 줍니다.

어떤 사람은 이렇게 질문할 것입니다. 과거 초창기의 경건한 사람들의 습관이나 그와 연관된 사실들은 오늘날 신앙을 고백하는 그리스도인에게 거의 알려지지 않은 상태가 아닙니까? 그러한 일들은 마치 잃어버린 예술품과 같이 되지 않았습니까?

그러하다면 그리스도인이라는 이름을 가진 많은 사람들이 자신에 대하여 무지한 상태에서 살아온 것입니다. 그들은 교회 위원회와 주중 모임 등과 같은 교회 활동을 열심히 하는 것이 활력 있는 신앙의 증거라고 생각하는 실수를 저지르고 있습니다. 이러한 생각을 하고 있는 성도들은 자신의 마음으로 하나님과 교제하는 일을 밖으로 밀어내는 위험에 빠져 있습니다. 지나치게 거대하고 과장된 활동 속에서 그들은 '세미한 음성'을 듣는 것을 중단해 버렸습니다.

† 널교 나역

이제 몇 걸음 옮겨 그의 서재로 들어가 보겠습니다. 거기에서 우리는 책상 앞에 앉아 있는 그의 모습을 볼 수 있습니다. 그는 영어 성경을 펴 두었고, 손이 닿는 가까운 곳에 히브리어 성경과 헬라어 신약 성경이 있습니다. 그의 사방은 제법 큰 규모의 서고로 둘러싸여 있습니다.

그는 자신의 서재에 있는 모든 책들을 잘 알고 있습니다. 그 책들의 제목들뿐만 아니라 그 내용까지도 모두 알고 있습니다. 이 방에서 그가 돌아오는 주일 설교문을 준비하는 일만 할 것이라고 생각하지 마십시오.

책상 위에는 '잡록'(Miscellanea)이라고 부르던 공책이 놓여 있는데, 거기에는 오랜 세월 손길이 닿은 흔적이 남아 있습니다. 그는 때때로 거기에 신학적인 어려운 질문들을 적었는데, 그중에 어떠한 것은 그가 이미 해답을 찾은 것들이었고, 또 어떠한 것들은 아직 풀지 못한 것들입니다. 또 다른 쪽에는 히브리어 연구를 위한 여러 권의 책들이 놓여 있는데, 그는 이 책들의 도움으로 문자뿐만 아니라 히브리어의 액센트에 관해 연구하고 있습니다.

그러나 그의 주된 작업은 하나님의 말씀에 대해 연구하는 것이며, 특히 자신의 사랑스런 양 떼들을 위해 매주의 '양식이 되는 말씀'을 준비하는 일이었습니다. 이 일은 의무를 이행하는 것일 뿐만 아니라 사랑의 수고였습니다. 그것을 준비하고 강단에 서는 것이 그가 있어야 할 본래의 위치였습니다. 그는 자신의 메시지와 그가 섬기는 주님 안에서 큰 기쁨을 누렸습니다. 결국 그는, 자신의 강단을 두고 '설교자의 기쁨과 보좌'라고 즐겨 말하던 거룩한 허버트와 동일한 고백을 할 수 있게 되었습니다.

우리는 앞에서 보스톤이 사역 초기에 설교 본문을 선정하는 일에 어려움을 겪었다는 사실을 보았습니다. 그는 여러 날을 고뇌 속에서 보냈지만, 그 수고는 아무런 소득 없이 끝나곤 했습니다. 그럴 때면 성경의 모든 말씀들이 자신을 향하여 굳게 걸어 잠긴 금고처럼 여겨졌습니다. 그래서 그는 크게 상심했고 심지어 신앙적 혼란을 겪기도 했습니다. 그러나 점점 어려움은 줄어들기 시작했고, 이내 사라져 버렸습니다.

왜냐하면 그가 성경의 한 구절이나 한 문단의 내용을 일련의 시리즈 형태로 강해하고 적용하여 설교했기 때문입니다. 이 설교들은 여러 주일 동안 그를 사로잡았습니다. 보스톤의 거룩한 지혜로 그 구절이 완전히 파헤쳐진 광산처럼 드러났을 때, 구원 진리의 황금 덩어리들이 끊임없이 밖으로 흘러 나왔고, 그의 성도들에게 기이한 기쁨을 안겨 주었습니다.

또한 경험이 쌓이면서 그는 상황에 적절한 본문과 주제들을 발견할 수 있었습니다. 때로는 자기 교구의 주된 죄의 모습이나 가정 예배와 같은 의무들이 간과되는 모습 속에서 설교 주제를 발견했고, 빈약하거나 풍부한 수확과 같은 섭리의 사건들 속에서, 혹은 가치 있고 감동적인 섭리의 사건들 속에서 설교 주제를 발견하기도 했습니다. 또한 심방을 하면서 나눈 성도들과의 대화나 개인적으로 읽은 성경, 혹은 가족과 함께 읽은 성경 말씀의 도움을 받았습니다. 이러한 요소들은 궁극적으로 하나의 피난처가 되었고, 위험한 때면 언제나 그리로 돌아갈 수 있었습니다.

어거스틴과 크리소스톰과 같이 - 특히, 크리소스톰은 안디옥(Antioch)의 옛 대성전에서의 성경 강해를 통하여 기쁨으로 충만한 회중들의 가슴 벅찬 환호를 끌어냈습니다 - 보스톤 역시 강해 설교를 매우 선호했으며, 거기에 적합한 은사를 가지고 있었습니다. 가끔, 설교의 목적이 강해를 하는 것이 아니었을 경우, 그는 교리를 진술하거나 실제적인 권면을 위한 기초를 견고하게 하기 위해서 그 구절을 잠시 강해하기도 했습니다.

이러한 방법은 성경 강해가 어떠해야 하는지를 보여 준 느헤미야의 방법[1]을 그대로 따른 것이었습니다. '모든 좋은 설교는 좋은 강해의 기초 위에서 이뤄져야 한다' 는 것과, 강해자의 역할은 자신의 생각을 본문에 끼워 넣는

---

1. 느 8:8 하나님의 율법책을 낭독하고 그 뜻을 해석하여 백성으로 그 낭독하는 것을 다 깨닫게 하매.

것이 아니라 그 속에서 하나님의 생각을 끌어내는 것이라는 사실은, 위대한 설교자, 보스톤의 좌우명이었습니다.

그 의미나 구조가 모호하여 회중들이 이해하지 못했던 구절에 대해 설교자가 설명하기 시작하면 그들은 새로운 깨달음을 얻었습니다. 새롭게 전해지는 말씀은 그들을 하늘 빛 가운데서 봄 기운에 젖게 하거나, 회개한 여인처럼 자신의 귀한 옥합을 열어 그 방이 향기로운 냄새로 가득하게 만들었습니다.

보스톤이 다음과 같은 설교자를 어떻게 생각했을지가 궁금합니다. 설교 시간에 그리스도의 사랑이 가득한 말씀이나 '매우 위대하고도 고귀한 약속의 빛으로 가득한' 구절, 혹은 '꿀과 송이 꿀보다 더 달콤한' 위로의 말씀이 흘러넘치는 구절을 읽고는, 즉시 그것을 내팽개치거나 그 본문을 세속적인 주제에 대한 강연에 활용해 버림으로써, 가려진 불신앙을 넌지시 조장하는 설교자 말입니다. 보스톤은 그러한 주제넘고 경솔한 사람을 그리스도를 모욕하는 죄를 저지른 사람이요, 떡과 생선을 얻기 위해 나온 회중들에게 돌이나 뱀을 주는 언약의 배반자요, 성도들을 모욕하는 자라고 책망하지 않겠습니까?

보스톤보다 더 위대하게 진리를 전하거나 말씀의 풍성한 의미를 밝힌다고 말할 만한 목회자나, 신실하게 '그리스도를 설교하는' 목회자라고 말할 만한 사람이, 그 당시 스코틀랜드에는 없었다고 확신 있게 말할 수 있습니다. 보스톤은 하나님의 말씀을 수종들 때 자신의 설교 속에서 그분께 합당한 최고의 자리, 중심의 자리를 드리기 위해 혼신의 힘을 다했습니다.

우리는 진리의 모든 실들이 그분 안에서 서로 긴밀하게 짜여 있는 것을 볼 수 있으며, 그분이 구속의 모든 복들을 제공하고, 그 복들이 그분에게서 흘러나오는 것임을 볼 수 있습니다. 자신의 강단에서, 일과 그 정신, 모든 면에서 이러한 사실에 부합하게 가르치는 것이, 그의 지속적이고도 주된 목표였습니다. 우리는 그의 실천이 이러한 목표를 얼마나 아름답게 성취하였는지를 보기 위해서 그의 설교문을 살펴보아야 합니다. 그의 모든 가르침은 '모든 이름 위에 뛰어난 이름'을 가진 아름다운 정원처럼 향기로웠습니다.

우리는 그가 인류의 구원이 달린 그리스도의 구속 사역의 다양한 면들을 거룩한 기쁨을 가지고 상세히 진술하면서, 영원 전에서부터 또 다른 편의 영원에 이르기까지 그 구속 사역의 여러 단계들을 추적해 가는 모습을 볼 수 있습니다.

그것은 곧, '태초에 하나님과 함께 계셨고 하나님 자신'[2]이시며, 때가 이르매 아버지의 품을 떠나 성육신하신 그분의 모습입니다. 뿐만 아니라 영광스럽고 아름다운 열매들로 나타나는 우리의 구원을 성취하시기에 합당한 자가 되시기를 기뻐하시고, 하나님의 율법에 온전히 순종하셨으며, 죄인들을 위하여 그들의 죄에 대한 형벌을 견디시고 '영원한 의'를 주신, 죄인들의 대속물로서 속죄의 고난과 죽음을 당하신 그리스도의 모습입니다.

그분께서는 또한 죽은 자 가운데서 부활하심으로써 그의 구속 사역이 승인되고 열납되었다는 사실에 대한 성부 하나님의 공적 증거를 받으시고, '능력으로 하나님의 아들로 인정되신' 분이시며, 하늘에 오르사 그의 백성들을 위한 거처를 확보하시고, 아버지 하나님으로부터 온 우주를 통치하는 '하늘과 땅에 속한 모든 권세'를 받으사 그들을 위하여 쉬지 않고 중보하시는 성령을 보내셨습니다. 그리고 하나님의 다스리심으로써 때가 되면 자신의 헤

---

2. 요 1:1 태초에 말씀이 계시니라. 이 말씀이 하나님과 함께 계셨으니 이 말씀은 곧 하나님이시니라.

아릴 수 없이 많은 구속받은 자들을 영광으로 인도하실 것입니다.

우리는 큰 기쁨으로 보스톤을 바라봅니다. 그는 그리스도의 대사(大使)입니다. 그는 그리스도의 구속 사역으로 말미암은 온갖 복들과, 낮의 빛과 호흡하는 공기처럼 누리게 된 자유를 그분을 붙들고 믿어야 할 모든 연약한 인생들에게 '돈 없이 값없이' 제공하고, 이 모든 것들을 그 신적이고도 헤아릴 수 없는 부요함 그대로 그리스도의 말씀 안에서 실제적으로 나눠 줍니다.

그가 이러한 구속의 복을 설교하는 동안, 우리는 그 설교자가 유한한 언어로써 그 복락들을 측량하고 표현하기 위해 얼마나 긴장하고 힘들어하는지를 자주 발견할 수 있습니다. 죄인 된 인생에게 필요한 모든 것들과 피조물 된 그들의 잠재력을 채워 줄 수 있는 복들을 바르게 전하기 위해서 말입니다.

그것은 곧 충만하고 취소될 수 없는 죄사함의 복이요, 하나님의 사랑과 교제의 회복이라는 복입니다. 빛을 비추시고 정결케 하시며, 평안을 주시고 사람들을 살아 계신 하나님의 산, 성전으로 이끄시는 성령 하나님의 은사라는 복이며, 사망에서 승리하는 복입니다.

또한 죽을 때 구속함을 입은 영혼이 아버지의 집으로 영접받는 복이며, 천사들과 교제를 나누고 하나님의 영광을 직시할 수 있는 자리로 들어가는 복입니다. 세상 마지막 날에 몸의 부활, 즉 그리스도의 영화로운 몸처럼 변화하여 영광을 얻은 영혼과 영원히 결합하는 복이며, 최후의 심판의 날에 승리의 용서하심을 얻고 그리스도와 모든 구속함을 얻은 백성들과 함께 하늘로 올라가, 거기서 '항상 주와 함께 있게 될' 복입니다.[3]

---

3. 살전 4:17 그 후에 우리 살아남은 자도 저희와 함께 구름 속으로 끌어 올려 공중에서 주를 영접하게 하시리니, 그리하여 우리가 항상 주와 함께 있으리라.

바로 이러한 복들이 보스톤의 설교를 풍성하고도 영광스럽게 만드는 지극히 매력적인 주제들이었으며, 그의 설교에 최고의 결과를 낳는 능력을 더했습니다. 그리하여 에트릭 전역의 오두막집에는 그를 통한 회심자 한두 명쯤은 거의 다 있었습니다. 보스톤은 그 회심자들에 대해 이렇게 말할 수 있을 것입니다. "우리의 소망이나 기쁨이나 자랑의 면류관이 무엇이냐. 그의 강림하실 때 우리 주 예수 앞에 **너희**가 아니냐"(살전 2:19).

넓은 에트릭 지역은 보스톤의 사역 20년을 맞이하던 즈음 하나님의 동산으로 변화되었습니다.

보스톤은, 이 모든 결과를 뛰어넘어, 만일 자신이 그리스도에 대해 온전하고도 신실하게 설교하려면 회중들에게 도덕법을 가르쳐야 한다고 생각했습니다. 문자적 의미뿐만이 아니라 그 법들이 지닌 영적이고도 총체적인 의미와 그 안에 담긴 복음적인 규정들과 동기들을 가르치고자 했습니다. 만일 그리스도께서 교회 안에서 선지자이시고 왕이시라면, 그분을 따르겠다고 맹세한 자들이 그 왕의 법을 아는 지식을 배워야 마땅하지 않겠습니까? 바로 이 일을 하는 것이 사역자로서 보스톤이 받은 사명이었고, 그 일은 바로 그곳에서 그리스도에 대하여 설교하는 일이었습니다.

그의 설교문의 문체와 상상력에는 특징이 있었는데, 그것들은 회중들을 붙들기에 아주 적합했습니다. 그는, 불필요한 대지와 소지들을 만들어서 청중들이 이해하는 데 어려움을 주거나 기억하는 데 혼란을 주었다는 비난을 받을 일이 거의 없었습니다.

그의 생각들은 연결고리로 이어진 교훈이 담긴 단락들 속에서 질서 있게 배열되었습니다. 그것들은 단순하고도 아름답게 표현되었으며, 등불을 연상시키기보다는 아침 이슬을 머금은 갓 피어난 꽃을 연상시키는 놀라운 신선함이 있었습니다. 이러한 단락들은 종종 그 내용의 요점을 담고 있는 압축된 잠언적 경구로 묶였는데, 그 구절의 전체적인 본질을 그 안에 담은 것처럼 보였습니다. 오늘날에도 그 설교를 읽으면서 우리는 데이지나 야생 제비꽃이 아름다운 자태로 피어 있는 에트릭의 언덕을 떠올리게 됩니다.

보스톤의 설교에서 발견할 수 있는 또 다른 매력적인•특징은 그가 에트릭의 자연환경이나 그곳 사람들의 일상생활 습관에서 끌어낸 묘사와 상상력, 적절한 표현력입니다. 이것은 청중들의 주의를 끌고 이해와 기억을 돕기에 놀랍도록 적절했습니다. 그러한 표현은 가장 위대하고도 성공적인 많은 설교자들이 사용하던 방법입니다. 그것은 사람들의 삶과 가슴속에 진리를 효과적으로 각인시켰습니다.

하늘의 교사이신 그분은, 세상을 더욱 풍성하게 만들었던 비유들 속에서뿐만 아니라 얼마나 자주 무한한 가치를 지닌 자신의 교훈들의 외투요 운반 도구로서, 팔레스틴의 자연환경과 관습들을 활용하셨습니까? 씨를 뿌리러 나가는 사람, 알곡과 섞여 자라는 가라지, 잃어버린 양을 찾으러 나가는 목자, 잃어버린 은전을 찾는 여인, 그물을 던지고 가치 있는 고기를 따로 분리하는 어부들과 같은 비유적 내용과 일상의 많은 요소들이, 하늘의 보냄을 받은 예수님이 자신의 교훈들을 사람들의 마음속에 더욱 쉽게 심으시고 그 교훈들을 잊지 않게 하시기 위하여 사용하셨으며, 그리하여 땅에 속한 것들로 하늘에 속한 것들을 돕도록 만드신 것들입니다.

시민전쟁 중에 한 연대에서 담당 목사로 섬겼던 제러미 테일러(Jeremy Taylor)는 전쟁이 끝난 후 그 부대와 전쟁터에서 얻은 각양각색의 비유적 표현들을 그의 설교문에 끌어 왔습니다.

에트릭의 목사도 그와 유사했습니다. 그의 설교문들 중에 주변의 다양한 환경들을 거룩한 용도로 변경해서 활용하지 않은 것이 거의 없습니다. 계절, 하늘의 다양한 모습, 끝없이 이어진 언덕에 울려 퍼지면서 대지를 흔들어 깨우던 천둥소리, 목자의 음성을 아는 양, 안개 속에 길을 잃은 여행객, 눈 속에 장사(葬事) 된 양, 양 우리의 울타리, 흥정하는 소리로 왁자지껄한 시장바닥과 정기 장터, 그는 이러한 모든 것을 영적 진리와 도덕적 교훈을 드러내는 외투로 활용했습니다. 말하자면 그것들을 '섬김을 위해 드리는 십일조'가 되게 한 것입니다.

사역 초기에 보스톤은 한 번 자신이 설교했던 설교문으로는 그것을 이미 들은 사람들에게 더 이상 설교하지 않았습니다. 그렇게 하지 않으면 자신을 방탕한 행동을 하는 게으른 자로 의심하고 낙심하게 될지도 모른다는 근거 없는 두려움 때문이었는지, 그의 회중들 중에 누군가가 편견을 품을지도 모른다는 염려 때문에 어쩔 수 없이 그렇게 했던 것인지는 확실히 알 수 없습니다.

그러나 해가 갈수록 그의 지나친 세심함은 줄어들었습니다. 특히 그의 건강이 상하고 당시의 연구 작업이 그를 지치게 하자 더욱 그리 되었고, 때문에 그는 자기 성도들에게 '오래 묵은 포도주'를 자주 맛보게 해 주었습니다.

성찬식을 거행하던 어느 날, 완전히 새롭게 고쳐 쓴 설교문으로 설교를 하면서 그는 전례 없는 용기를 회복하게 되었습니다. 그날, 그는 자신의 커다란 설교 원고 묶음에서 지난 설교 한 편을 뽑아서 보게 되었는데, 거기서 그는 자기 회중들이 항상 새로운 설교보다 오래 묵은 포도주에 더욱 감사해한다는 사실을 발견했습니다. 그는 이렇게 말합니다. "그것은 주님께서 성도들과 나를 동시에 달콤하게 만드신 바로 그것이었다."

이 부드럽고도 세심한 목사는 에트릭 강단에서 동일한 설교를 반복했던 적이 없었습니다. 그러나 진정한 의미에서 그가 같은 회중들에게 반복된 설교를 한 것이 아니라, 그의 회중이 새롭게 바뀌어서 설교를 듣는 대부분의 회중들은 그 설교를 처음 듣는 것이었기 때문입니다.

한편, 그는 한 사도가 말한 것처럼, 분별력 있는 반복은 가능한 일이라고 생각했습니다. 이는 그러한 반복이 게으름이나 자기 방종 때문이 아니며, 과도한 정신적 수고와 긴장에서 벗어날 필요가 있음을 깨달았기 때문이요, 활도 지나치게 휘면 부러지는 법임을 알았기 때문입니다.

사도는 이렇게 말합니다. "너희에게 같은 말을 쓰는 것이 내게는 수고로움이 없고 너희에게는 안전하니라"(빌 3:1). 더욱이 오랜 세월이 지난 후에 반복하는 설교 속에는 새로운 경험에서 나온 새로운 깨달음들이 집약되기 마련입니다.

이러한 문제에 관해 풀러는 재치있고도 지혜로운 교훈을 주고 있습니다. 그 교훈은 아마도 다른 사람들에 대해서만이 아니라 자신의 그러한 행동을 스스로 변호하는 것으로 보입니다. "목사로서, 그는 꼬챙이에서 아직 설익은 뜨거운 고기보다는 차라리 전체가 차가운 고기를 내놓아 자신의 회중들을 기쁘게 하기를 더 좋아했습니다. 그런데 같은 설교를 반복할 때, 그 설교에는 추가된 사항들, 즉 새로운 문제, 혹은 새로운 감동들이 들어 있습니다. 바울 사도는 이렇게 말했습니다. '내가 여러 번 너희에게 말하였거니와 이제도 눈물을 흘리며 말하노니'(빌 3:18)."

이제 우리는 강단 위에 선 보스톤을 생각하려고 합니다. 주일 아침이면 그의 가족들이나 다른 사람들은 그가 서재에서 중얼거리는 모습을 자주 목격하곤 했습니다. 그들은 이미 그 이유를 잘 알고 있었습니다. 그는 회중들에게 설교하기 전에 먼저 자신에게 설교하고 있었던 것입니다. 또한 그는 전능한 능력의 도우심을 간절하게 구하며 씨름하고 있었습니다. 그것이 없이는 참된 복음의 설교도 무력할 뿐이기 때문입니다.

그 당시 스코틀랜드에는 보스톤처럼 하나님이 존귀하게 사용하시던 두 명의 목회자가 있었는데, 이들은 랠프 어스킨과 그의 형제 에벤에셀 어스킨[4]이 었습니다. 이들은 스코틀랜드 교회 역사에서 존귀하게 여겨집니다. 이들의 설교들은 여전히 옛 목회자들의 서재에 2절판 크기로 당당히 꽂혀 있으며, 네덜란드의 많은 시골 가정들과 회중 교회 서고에서 네덜란드어로 번역된 옷을 입고 자리 잡고 있습니다.

보스톤이 설교자로서 가지고 있었던 은사들도 살펴보지 않을 수 없습니다. 그의 외모는 위엄과 자비가 함께 서려 있었으며, 이것들은 그가 거룩한 주제들을 뜨겁게 외치며 타오를 때 그의 청중들을 매료시키고 그에게 집중시키는 데 도움을 주었습니다. 그리고 그의 멋진 목소리는 젊은 시절부터 훈련된 것으로, 그의 연설을 더욱 효과적이게 해 주었고, 그에게 귀 기울이려고 몰려든 수많은 청중들의 귀를 즐겁게 해 주었습니다. 또한 그가 자주 자신의 생각과 감정에 옷 입히는 희귀하고도 아름다운 묘사들은 그의 설교에 또 다른 매력을 더해 주었습니다.

그러나 그의 이러한 모든 자질과 은사들이 그 자체로만 존재했더라면 위대하고도 영광스러운 기독교 역사의 목적을 이루는 일에 무익했을 것입니다. 만일 설교자가 하나님의 나라로 영혼들을 이끄는 일에 성공적인 도구로 쓰이고자 한다면, 그 안에 담긴 광대한 복음의 메시지가 설교자 자신의 주제

---

4. 랠프 어스킨(1685-1752)은 에딘버러 대학에서 공부하고, 1711년 던펌린(Dunfermline)에서 목사 안수를 받았습니다. 또한 에벤에셀 어스킨(1680-1754)은 스코틀랜드 교회에서 분리되어 나온 분리교회(secession cuurch)의 창시자로 알려져 있습니다.

가 되어야만 하고 그의 마음이 그 주제에 사로잡혀 있어야만 합니다. 복음 없는 유창한 설교자도 무리를 매료시킬 수 있습니다. 그러나 그의 설교는 한 영혼도 구원에 이르게 할 수 없습니다.

보스톤의 위대한 성공의 비밀은 타고난 은사와 복음의 감화력이라는 두 가지 자질이 그의 사역에 함께했다는 데 있습니다. 우리가 지금 살펴보고 있는 이 행복한 시절, 그의 설교를 들은 많은 청중들은 주일마다 회심하는 최고의 복을 누리는 큰 기쁨의 파도를 맞이했습니다. 복음의 그물이 텅 빈 채 올라오는 일은 거의 없었습니다. 청중들은 설교자의 입술에 집중했습니다. 그 집중력이 너무나 강렬하여 모든 소리는 침묵 속에 잦아들었고 오직 한 사람의 뜨거운 호소만이 있었습니다. 그곳에는 감화력뿐만 아니라 황홀함도 충만했습니다.

이러한 모습은 보스톤이 에트릭에서 사역을 시작할 때와 얼마나 다릅니까! 그 당시에는 그가 설교하는 도중에도 청중들 가운데 많은 사람들이 특별한 이유나 미안하다는 말도 없이 밖으로 나갔으며, 그럴 때마다 그는 설교를 멈추고, 거친 언사를 삼가고 교회 문밖에서 큰 소리로 떠들거나 웃지 말라고 주의를 주곤 했습니다.

그러나 세월이 흐른 지금, 땅에서 난 것이 아닌 하늘에서 임한 변화가 찾아왔습니다. 모든 에트릭 사람들은 그 변화의 온화한 능력에 사로잡혀 있었습니다. 그들은 거룩한 예배를 마치고 집으로 돌아간 후에도, 삼삼오오 모여 앉아 자신이 들은 설교에 대하여 이야기하며 자신의 마음을 나누고, 그날의 교훈들을 기억하고 잘 간직하도록 서로를 도왔습니다. 또한 그들은 그 열정적인 설교자의 설교의 '제목들'과 '특별한 요점들'이 아무 의미 없는 것이 아니라 그들이 들은 내용을 더욱 잘 기억하고 간직할 수 있게 만드는 고리와 같은 역할을 한다는 사실을 발견했습니다.

보스톤이 설교할 때 자주 일어났던 한 가지 사건이 있습니다. 그것은 그의 강단의 영향력과 능력을 단적으로 보여 줍니다. 그 당시 거룩한 성만찬 예배들은, 우리가 살펴본 대로, 수천 명의 사람들이 모였고, 헌신된 많은 목사들이 서로 돌아가면서 설교를 했습니다. 물론 보스톤도 성만찬 예배에서 자신에게 맡겨진 직무를 온전히 수행했습니다.

그러나 그가 설교한 후에 설교를 해야 하는 목사들은 강단에 올라가기를 거절했습니다. 왜냐하면 보스톤의 설교가 끼친 감화력이 너무나 강렬하여 자기가 그 복을 무의식 중에 소멸시키지는 않을까 염려했기 때문입니다.

† 심방 사역

이제 보스톤이 그의 설교의 능력과 영향력을 위해 끊임 없이 행했던 노력을 생각해 보려고 합니다. 바울 사도가 에베소의 장로들에게 했던 고별 설교는, 거룩한 지혜와 감동적인 사랑으로 충만하여 구절마다 그들의 심금을 울렸는데, 그 말씀은 에트릭의 목사가 자기 교구민들에게 할 수 있었던 말일 것입니다. 비록 바울 사도보다는 사역 기간이 훨씬 더 길지만 말입니다.

"지금까지 내가 항상 너희 가운데서 어떻게 행한 것을 너희도 아는 바니, 유익한 것은 무엇이든지 공중 앞에서나 각 집에서나 꺼림이 없이 너희에게 전하여 가르치고, 그러므로 너희가 일깨어 내가 삼 년이나 밤낮 쉬지 않고 눈물로 각 사람을 훈계하던 것을 기억하라"(행 20:18, 20, 31).

그가 영혼의 풍성한 추수 더미를 쌓아 올릴 수 있었던 것은, 설교와 심방[5]이라는 그의 목회 사역의 두 축이 결합하여 상호 보완했으며, 그 모든 것 위

---

5. 역자주 – 보스톤의 설교뿐만 아니라 그의 목회적 심방 역시 오늘날의 심방과는 다른 것입니다. 그의 심

에 기도가 더해졌기 때문입니다. 그는 사랑의 눈물로 그가 뿌린 좋은 말씀의 씨앗에 물을 주었고, 심방 사역을 통해 교구민들의 사랑과 신뢰를 얻고 그의 설교의 능력을 갑절로 증가시켰으며, 말씀으로 들어가는 길을 열어 주었습니다. '양들은 그의 음성을 알고' 그를 따랐습니다.6 우리가 살펴본 대로, 이러한 모습은 심프린에서와 동일합니다.

그들은 그의 사랑의 진정함과 힘을 의심할 수 없었습니다. 그는 그 어떠한 경우에든지, 비록 양 무리 속에 매우 깊은 상처를 남기는 끔찍한 죄에 관한 달갑지 않은 소식이라 하더라도, 탄식과 고뇌 속에서 그것들을 품고 받아들였습니다. 또한 그는 깊은 연민을 품고 교구민들의 질병이나 사별의 소식, 또는 교회 식구들에 대한 충격적인 실망의 소식들에 귀를 기울였고, 아무리 먼 곳이라고 하더라도 한걸음에 그 집으로 달려가 그들의 시련에 동참하곤 했습니다.

"누가 약하면 내가 약하지 아니하며 누가 실족하게 되면 내가 애타하지 않더냐"(고후 11:29).

그 목자의 마음은 그의 회중들의 슬픔, 염려, 기쁨 등이 담긴 저장고였습니다. 그는 도덕적 위험이나 어려움으로 상담이나 격려, 경고 등이 필요한 교구 내의 사람들을 개인적으로 만나서 대화하는 일의 가치를 잘 알고 있었습니다. 경험이 부족한 젊은이들은 항상 그에게 특별한 관심의 대상이었으며, 그는 종종 그들을 자신의 사택으로 불러 주변의 유혹들이나 위험들에 대

방은 30분 내외로 간단히 끝나는 것이 아니었습니다. 방문하는 가정의 가족들을 어린아이들까지 모두 불러 모아 그들의 신앙을 개인적으로 점검하고, 교리문답을 확인하고 가르쳤으며, 그들의 영적 상태와 기도 제목들을 살폈습니다. 그는 강단에서뿐만 아니라 이 사역을 통하여 교구민들의 진정한 목자로서 사랑과 헌신을 보여 주었고, 교구민들 역시 그가 자신의 선한 목자임을 확인할 수 있었습니다.
6. 요 10:4 자기 양을 다 내어 놓은 후에 앞서 가면 양들이 그의 음성을 아는 고로 따라 오되.

하여 경고하고, 그리스도를 향한 즉각적인 결단을 촉구하기도 했습니다.

그는 배교자들 가운데 단 한 명도 외면하지 않고 첫사랑을 잃어버리지 않도록 조심하라는 경고와 권면을 했습니다. 그리하여 우리에서 벗어나 방황하던 양들이 기도와 감사의 눈물로 다시 돌아오는 일이 적지 않았습니다.

회중은 주일 아침에 강단으로 들어서는 그의 모습을 보면서, 그들이 지금 하나님과 교제하던 자리에서 막 나온 사람을 보고 있다고 생각했습니다. 또한 그가 곧 하나님의 대사요, 자신들의 친구임을 깨달았습니다.

그는 헌신적이고도 거룩한 삶과 감화력있는 설교와 목회적 보살핌에 집중했으며, '영혼을 위하여 경성하기를 자기가 회계할 자인 것같이' 했습니다 (히 13:17 참고). 특히 목회적 보살핌의 역할을 수행하는 일이 자신의 능력에 속한 일이라고 여기면서 그 섬김을 소홀히 하는 목사는, 마치 한 손으로만 일하는 것과 같다고 여겼습니다.

보스톤은 자신의 건강이 상하지 않고 유지되는 한, 이러한 자신의 신성한 직무를 즐거워했고, 죽어 가는 사람들과 위로가 필요한 사람들을 돕기 위해 비바람과 추위에도 아랑곳하지 않고 그 교구의 가장 먼 곳까지도 방문할 준비가 되어 있었습니다. 그가 교구민들의 만류를 억지로 받아들인 것은, 오랜 세월이 흘러 건강이 악화되어 쇠약해졌을 때뿐이었습니다.

> "드넓은 그의 교구,
> 거리들에만 있지 않고 이곳저곳 흩어진 집,
> 그러나 그는 언제나 기쁨으로 그 곁에 있네.
> 병자들을 섬기며 빈궁한 자들을 돕기 위해,
> 두려움도 없이 홀로 즐거이 걷는,
> 폭풍우 치는 어두운 밤의 위험."

8장

잡록과 히브리어 연구, 그리고 해외 교류

보스톤은 매주 강단을 준비하기 위해 정기적으로 연구하는 것 외에도 일상에서 벗어나 두 가지 특별한 주제를 연구하곤 했습니다. 그것은 다양한 연구의 즐거움을 위해서뿐만이 아니라 자기 발전과 풍성한 사역을 위해서였습니다.

† 잡록

그러한 연구들 중 한 가지는 '잡록'에 관련된 연구입니다. 이것은 특히 심프린에서의 사역 초기에 자주 나타났는데, 주일의 교육을 위한 연구 과정에서 그의 흥미를 자극시킬 뿐만 아니라, 그를 혼란스럽게 만드는 질문들이 자주 떠올랐습니다. 그것은 곧 그에게 낯선 신학적 문제들로 다가왔고, 그 질문들 중에는 그가 즉시 답변을 할 수 없는 것도 있었습니다. 그것을 해결하기 위해서는 더 많은 생각과 독서, 충분한 기도가 필요했습니다.

그래서 그는 이러한 질문들을 주의 깊게 적어 두곤 했습니다. 그것을 충분히 묵상할 수 있을 때 집중적으로 그 문제들을 다루기 위해서 말입니다. 그는 '잡록'이라고 부르는 큰 공책 안에 질문 형태로 다루고자 하는 주제를 기록했고, 여백들을 충분히 남겨 두어 어려운 부분의 실마리가 풀렸을 때 그 답변을 적고 자신이 내린 결론의 이유를 적었습니다.

여기 그가 적어 둔 질문들 중에 하나가 있습니다. "거듭난 사람들에게 있어서 죄는 어디에 자리하고 있는가? 왜 주님은 거듭난 사람들 속에 죄를 남겨 두셨는가?"

그의 사역 초기, 이와 같은 질문들이 열심 있는 그의 양손에 헤아릴 수 없이 많았으리라는 것이나, '잡록'이 오랫동안 텅 빈 채로 있지 않았으리라는 점을 우리는 쉽게 추측할 수 있습니다. 특히 젊은 시절에 그에게 성경 주석이 단 한 권도 없었다는 사실과 서고의 반밖에 채우지 못하는 몇 안 되는 책들만이 있었다는 사실을 볼 때 말입니다.

그러나 이러한 상황이 완전히 무익한 것은 아니었습니다. 왜냐하면 참고도서의 부족은 그로 하여금 개인적인 자료들을 더욱더 활용하게 만들었으며, 홀로 생각하는 시간을 많이 갖게 했습니다. 이렇게 해서 얻은 지식의 상급은 더욱 값진 것이었습니다. 우리는 그가 에트릭에서 오랜 세월을 보내면서 그 지역의 계곡이나 언덕의 중턱을 걸으며 오랫동안 깊은 사색에 잠겨 신학적 난제들을 묵상하는 모습이나, 밤새 잠 못 이루고 생각에 잠겨 있는 모습을 상상할 수 있습니다.

이렇게 해답을 얻은 질문들은 그의 생전에는 출판되지 않았으나, 그가 죽고 나서 몇 년이 흐른 뒤에 제드버러(Jedburgh)에서 목사가 된 그의 아들이 편집하여 출판했습니다.

앞에서 거론한 두 가지 질문들의 대답은 촘촘하게 인쇄해도 모두 32페이지에 달했습니다. 그의 추론은 완벽하고 독창적이었으며, 막 피어난 꽃처럼 신선했습니다. 또한 그것을 읽으면서 그의 발자취를 따라 빛 가운데로 들어갈 수 있었고, 많은 신학적 문제를 즐겁게 풀어 갈 수 있었습니다.

"왜 주님은 거듭난 사람들 속에 죄를 남겨 두셨는가?"라는 질문에 대한 그의 정성 어린 답변의 마지막 부분을 인용해 봅니다.

"거두절미하고, 마지막으로 확실한 사실은, 인간 구원 사역의 성취가 어려울수록 하나님의 값없는 은혜는 더욱더 영광을 얻는다는 것이다. 곧, 우리 주 예수, 영원한 구원의 주님은 더 큰 영광을 얻으신다. 만일 그 첫 번째 은혜로 말미암아 그리스도인들이 완전하게 되었다면, 본래대로 이루어졌을 때보다 더 큰 어려움의 구덩이에서 이 일이 진행되었을 것이다.

쓰디쓴 수고와 가장 큰 시련을 겪은 사람들만큼 큰 안식의 상급을 얻을 자가 없다는 사실을 바라보면서, 나는 다음과 같이 생각했다. 수많은 오르막과 내리막을 겪은 후에 여행의 목적지에 도착하게 되거나, 세상이라는 시련의 바다를 건너면서 많은 파선의 위험들을 겪은 후에 안전한 항구에 도착하게 된다면, 아무런 위험을 겪지 않는 경우보다 더욱 큰 소리로 값없는 은혜를 찬양하게 될 것이며, 더욱 고양된 마음과 더 높은 목소리로 어린양과 모세의 노래를 부르게 될 것이다. 이 모든 내용을 고려해 볼 때, 이러한 섭리는 그리스도 안에 있는 참되고도 값없는 은혜의 부요함을 찬양하는 복음의 거대한 목적에 가장 부합하는 일이다. 그리스도의 사랑을 입은 자들이 '아멘'이라 말하지 않겠는가?"

† 히브리어 성경 연구

매주 강단을 준비하기 위한 연구 외에 보스톤을 사로잡은 또 다른 연구 주제는 히브리어 성경에 나타난 히브리어의 문법과 구조에 관한 것이었습니다. 젊은 시절, 그가 심프린에서 행복한 시간을 보내던 기간에, 원어로 기록된 구약 성경 사본 한 권을 가지게 되었다는 사실은 이미 언급한 바 있습니다. 그 책을 보자마자 그는 거기에 큰 흥미를 느꼈으며, 그 성경책은 그의 목회자로서의 생애 동안 그의 지성과 마음에 푸른 초장이 되어 주었습니다. 그것은 그의 발 아래 갑자기 열려서 그의 일상생활이라는 길을 따라 흘러가는 샘이 되었습니다.

이 히브리어 성경은 초기에 계시를 받은 족장들과 왕들, 선지자들을 통하여 하나님께서 인간들과 교제를 나누셨던 바로 그 언어로 기록되었습니다. 또한 천둥으로 뒤흔들리는 시내산 꼭대기에서 모세에게 전달된 십계명이 기록된 바로 그 언어였습니다. 이러한 사실은 그 책을 더욱 특별하고도 신성한 것으로 만들었습니다. 우리는 그가 자신의 일기와 서신들 속에서 그 히브리어 성경을 '거룩한 혀', 혹은 '사랑하는 연구'라고 불렀다는 사실을 발견할 수 있습니다.

그는 히브리어로 된 성경을 창세기부터 체계적으로 읽기 시작했습니다. 그는 자신이 처음부터 영어 성경의 많은 구절들과 흔히 '단어의 그림'으로 알려진 히브리어 모음들 위를 비추는 새로운 빛을 얻는 큰 복을 누린다는 사실을 주저없이 인정합니다. 이러한 발견들은 그를 더 행복하게 만들었고, 그는 그 깨달음들을 미래에 활용하기 위해 창고에 쌓아 두었습니다.

사역이 완숙기에 접어들었을 무렵, 그는 사전(事前)에 히브리어 원문을 검토함으로써 본문을 더욱 개괄적으로 이해하여 신선함과 풍성함을 얻게 된 후가 아니면 구약의 본문을 설교하지 않았습니다.

히브리어 성경에 대한 조직적 연구를 시작한 지 얼마 지나지 않아서 크로스의 『테그미컬 아트』라는 책이 그의 손에 들어왔습니다. 그동안 접해 보지 못했던 새로운 것들로 가득한 그 책은, 이 신성한 연구에 새로운 의문과 흥미를 더했습니다. 특히 히브리어 본문의 액센트에 관한 내용은 특별한 흥미를 불러 일으켰습니다. 액센트들은 일반적으로 단어의 발음을 돕거나 발음하기 좋은 일정한 규율을 만들어 주는 것 이상으로 여겨지지 않았습니다.

그러나 『테그미컬 아트』의 저자는 이 액센트의 기원이 신적인 것임을 주장했습니다. 즉, 그것들은 성경에 사용된 단어들만큼이나 오래된 것들로써, 신적 영감을 통하여 주어진 것이며, 소리를 내는 것만이 아니라 성경을 깨닫게 하기 위한 장치라고 주장한 것입니다.

보스톤은 이 이론에 큰 흥미를 느꼈습니다. 그 주장의 기발함이나 그럴듯함 때문만이 아니라 스스로 가지게 된 확신 때문이었습니다. 만일 그 액센트들이 그 주장대로 만들어진 것이라면, 성경의 가치와 내용을 살피는 일에 액센트에 대한 연구가 더해져야 할 것이며, 어둡고 의심스러운 채로 남아 있는 많은 성경 구절들에 비춰지는 반가운 빛으로 여겨져야 할 것이라는 확신입니다.

보스톤은 뛰어난 영어 학자요 경건한 사람이었던 리챠드 엘리스(Richard Ellys) 경에게 다음과 같은 열렬하고도 활기찬 내용의 편지를 보냈습니다. "그 액센트 위에 임한 하나님의 은혜로 말미암아, 저는 신의 흔적으로서의 액센트법의 신적 기원과 권위를 믿게 되었습니다. 저는 그 속에서 내적인 빛이나, 거룩한 히브리어 본문을 읽을 때 내가 얻는 것과 동일한 빛을 발견하기 때문입니다. 그것이 자연스럽고도 꾸밈없는 장치라는 면에서, 히브리어 성경의 액센트법의 본질에 대한 만족할 만한 설명이나 참된 묘사는 그것이 다른 거룩한 본문과 동일한 위엄을 얻게 하는 유일한 길입니다."

이 주제에 대한 그의 열정은 그를 당시 유럽 대륙의 가장 뛰어난 성경 학자들과 교류하게 했습니다. 그들 중 상당수는 그 토론에 학자적인 흥미뿐만이 아니라 애정을 품고 임했으며, 그 증거가 매우 확실해져서 자신들도 이 스코틀랜드 목사 편에 설 수 있게 되기를 진심으로 바랐습니다. 이러한 호의적인 관심자들과 탐구자들 중에는 저명한 네덜란드 레이던(Leyden)의 셜텐스(Schultens)와 그로노비우스(Gronovious)와 로테르담(Rotterdam)의 로프투스(Loftus)와 같은 학자들이 있었습니다.

서로의 관점을 비교하는 이러한 지적 교류를 더욱 용이하게 하기 위해, 보스톤은 액센트의 신적 기원과 권위에 대한 긴 평론을 썼을 뿐만 아니라 그것을 당시 신학자들이 일반적으로 사용하던 라틴어로 번역하기도 했습니다. 그러자 독자들의 수가 늘어나게 되었고 히브리어 액센트에 대한 관심이 확산되었습니다. 스코틀랜드 산골의 외지고 으슥한 땅에서 쓴 글과 치밀한 논리로 나타난 이 스코틀랜드 목사의 견실한 학문은, 그의 겸손과 깊이 있는 경건과 함께 독자들을 매료시켰고, 그들이 보스톤의 관점에 호감을 가지게 만들었습니다.

독자들은 성경 해석과 관련된 이 위대한 주제가 해결되기를 기대했고, 그가 액센트의 신적 영감에 대한 그의 확신을 정당화시키기를 원했습니다. 그에게 의심을 품고 있는 관심자들도 많이 있었는데, 그들은 그 저울의 눈금을 돌릴 수 있는 결정적인 무게가 되기를 기다리고 있었습니다.

보스톤과 가장 가까운 학자 친구가 다음과 같은 격려의 글을 보내 왔습니다. "만일 히브리어 액센트에 대한 당신의 논문이 성공을 거둔다면, 그것은 영광스러운 작업이 될 것입니다. 하나님의 섭리가 성경에 대한 평가를 확증하기 위한 규례를 만들도록 당신을 이끌어 온 것이 아닐까요? 혹은 더 나아가 최소한 그 평가를 지금보다 더 확실히 이끌기 위해 인도하신 것이 아닐까요? 저는 인도 사람들의 왕이 되기보다는 이러한 책의 저자가 되고 싶습니다. 이 본질에 대한 어떠한 시도가 실패하더라도 그 자체로서 장점을 지니고 있습니다. 당신도 알고 있듯이 '그럼에도 불구하고 위대한 사람은 모험을 피하지 않는다' 는 것은 결코 하찮은 성품이 아닙니다."

† 『네 가지 상태』의 해외 전파

보스톤이 해외 신학자들과 교류하는 오랜 기간 동안, 스코틀랜드 남부와 동부 지역들에 있는 수많은 가정에 생명을 불어넣었던 그의 저서 『네 가지 상태』가 독일과 네덜란드의 신학자들과 목회자들 사이에서 알려지기 시작했고, 그들을 통하여 일반 성도들에게도 읽히기 시작했습니다. 저자 자신이 그 책의 인쇄본들을 보냈을 것입니다. 어쨌든 우리는, 많은 사람들이 큰 관심을 가지고 그 책을 읽었으며 거기서 지속적인 유익을 얻었다는 사실을, 독자들이 그에게 보낸 편지를 통해 알 수 있습니다.

그 책은 모든 독자에게 하늘의 사랑을 담은 소식으로 임한 값없고 충만한 부요함을 가진 복음을 전달했습니다. 그의 책은 그 당시 지나치게 차갑고도 철학적인 위엄을 풍기는 신학 서적들과는 달랐습니다. 이로 인하여 독자들은 그 책이 단순한 사색이나 변증적 토론이 아니라 그들 자신을 위한 최고의 개인적 관심사를 직접적으로 다루고 있다고 생각했습니다. 구절마다 거룩한 열정이 묻어났습니다.

그것을 읽는 자들은 더 이상 무관심한 채로 있을 수가 없었습니다. 많은 사람들은 감사의 인사와 함께, 보스톤의 『네 가지 상태』가 자신들에게 구원 진리의 위대한 핵심 교리들을 선명하게 이해시켜 주었으며, 생명으로 가는 길을 명백히 보여 주었다고 고백했습니다.

하나님의 생명책은 위대하고도 시급한 필요에 직면했습니다. 하나님은 그들을 사랑하셨고, 그래서 그들을 구속하기 위해 자신의 독생자를 내주기까지 하신 것입니다. 보스톤이 오래전 심프린에 있는 한 군인의 통나무집에서 『현대 신학의 정수』를 읽었을 때 일어났던 일이, 이제는 그들이 사는 해외의 땅, 신학교들과 일반 성도들의 수많은 가정에도 일어났습니다.

그러나 시간이 지나면서 점점 에트릭의 이 훌륭한 목사와 대륙의 학자들 사이의 교류가 약화되었고, 결국 중단되었습니다. 이는 보스톤의 건강이 악화되었으며, 그가 교회의 어려움들과 격렬한 논쟁에 휘말렸기 때문입니다. 그러한 어려움들은 각 나라에서 나타나기 시작했습니다.

† 히브리어 액센트에 대한 반증

이 주제를 끝내기 전에, 주의를 기울여야 할 일이 있습니다. 만일 보스톤이 세월이 지난 후에 알려진 사실들을 미리 접할 수 있었더라면, 히브리어 액센트들이 처음부터 구약 계시의 일부로 형성된 것이라거나, 그것들이 히브리어 본문과 동일하게 신적 영감을 받았으며 구약 성경과 동일한 권위를 지녔다는 견해를 주장하기 위해 자신을 헌신하지는 않았을 것입니다.

그러나 서서히 보스톤의 주장에 반대하는 학자들이 나타났으며, 결국 그들은 지식이 늘어나면서 히브리어 액센트가 신적 영감으로 형성된 것이 아님을 확신했습니다. 그들은 이렇게 주장했습니다.

"만일 이 액센트들이 처음부터 히브리어 본문의 핵심 부분으로 형성된 것이라면, 히브리어 성경을 풍부하게 인용하고 있는 제롬(Jerome)이나 오리겐(Origen), 혹은 다른 초대교회 교부들의 대부분의 문서에서 이것들이 빠져 있거나 언급되지 않는 이유는 무엇입니까? 이 질문에 대한 답은 오직 한 가지뿐입니다. 즉, 그 액센트가 그 당시에는 존재하지 않았기 때문이라는 것입니다. 동일하게 중요하고도 결정적인 또 다른 사실은, 유대교회당에서 읽히는 히브리어 성경 사본들은 세상에서 가장 오래된 것들이며, 가장 작은 획이나 제목에서도 그 완전성과 순결성이 최고의 존경심과 열심으로 보존된 것인데, 이 사본들 안에서도 액센트를 발견할 수가 없다는 점입니다."

액센트의 기원과 사용에 대한 가장 정확한 사실은 유대인들에게서 얻을 수 있습니다. 랍비 엘리어스 세비타(Elias Sevita)의 진술에 의하면, 히브리어 액센트는 기독교 시대였던 기원후 5세기 티베랴(Tiberias)의 박사들이 발견한 것입니다. 그리고 이 사실은 가장 학식 있는 랍비들에 의하여 확증되었습니다.

그들은 우리에게 많은 정보를 전해 줍니다. 이 액센트는 본래 히브리어 본문 속에 삽입될 의도로 만들어진 것이 아니고, 단지 각 단어들의 일률적인 발음을 돕기 위해 만들어졌다고 합니다. 즉, 그것들은 단지 편의를 위해 인간들이 만든 보조 장치일 뿐이며, 하나님의 영감으로 주어진 말씀과는 아무런 상관도 없고, 단지 그 말씀의 소리와 관련된 것입니다.

이러한 몇 가지 사실들을 보스톤은 알지 못했다는 점을 확신할 수 있습니다. 만일 그가 이러한 사실들을 알았더라면, 그 주제에 대한 대화와 교류에 나타나는 확신으로 액센트의 신적 영감과 고대성을 주장하기 위해 애를 쓰지는 않았을 것입니다.

그는 이 액센트가 구약 문서들의 본문으로 만들어진 첨가물이라며 본문의 의미를 해석하기 위해 만들어진 장치라고 생각했고, 더 오래 살아서 이 감추어진 보화들을 세상에 밝히 드러내고 싶은 소원까지 품었습니다.

보스톤과 그 시대 사람들은 금광에서 일하는 사람들과 같았습니다. 그들은 스스로 자신들을 무한히 부요하게 만들 만한 새로운 광맥을 찾아냈다고 생각했습니다. 그러나 그것은 그들의 가장 거룩한 본성들이 매력을 느끼는 헛된 상상에 불과했고, 버리기가 매우 힘든 것이었습니다. 그러나 후세 사람들의 합치된 의견은 그러한 주장을 뒤엎었고, 결국 그 주장은 '허무한 꿈처럼' 사라지고 말았습니다.

9장

몰려오는 먹구름

 보스톤의 교구, 에트릭에는 평화와 신앙적 부요함이 오랫동안 지속되었습니다. 그 교구는 마치 세심하게 관리되고 잘 가꾸어진 정원과 같았으며, 보스톤을 향한 그곳 사람들의 사랑과 존경심은 그들이 함께한 세월만큼이나 지속되었습니다. 그러나 그 푸른 구릉 너머에는 그를 근심하게 만들고 경각심을 일깨우는 반갑지 않은 조짐과 사건들이 있었습니다.

† 잘못된 가르침과 총회의 묵인

 문둥병 환자의 몸에 난 반점들처럼 점점 확산되어 가는 잘못된 교리가 결정적이고도 위험한 오류로 가득한 가르침 속에서 빠르게 악화되며 선포되고 있었습니다. 1717년, 글래스고 대학에서 신학 강사로 있던 심슨(Simson) 교수는 펠라기우스주의(Pelagianism)[1] 냄새가 풍기는 비성경적인 교리들을 가르쳤다는 이유로 총회 앞에 호출되었습니다. 그러나 그 책임이 인정되기는 했지만 총회로부터 '말을 주의해서 하라'는 부드러운 책망만을 받았을 뿐입니다. 그와 비슷한 시기에, 세인트 앤드루(St. Andrew) 자매 대학의 캠벨 교수 역시 더욱 심각한 잘못을 저질렀지만 그와 유사하게 고상한 처분을 받았습니다.

그때 보스톤은 교회의 신앙과 순결을 지키기 위해 그러한 자들을 물리치는 대신 부적절한 충고만을 하는 것은, 앞으로 이단들을 더욱 고무시킬 것임을 주저 없이 예언했습니다. 그리고 몇 년 후 그의 예언처럼 심슨 교수는 강의에서 우리 주 예수 그리스도의 무한한 신성과 성도의 소망뿐만 아니라 기독교 진리의 기초에 대해서 의문이 생길 정도로, '성도에게 단번에 주신 믿음의 도'(유 1:3)에서 벗어나는 행동을 하고 말았습니다.

총회는 스코틀랜드 교회 내의 대다수 노회들이 요청한 대로 그에게 위임된 거룩한 직무를 빼앗거나 그의 사역을 중단시키는 대신, 교회와 관련된 직

---

1. 영국 신학자 펠라기우스를 중심으로 제창된 죄와 구원에 관한 교설(敎說)로서, 인간의 구원은 하나님의 은총(은혜)이 아니라 인간의 내적 능력으로 가능하다고 주장하고, 원죄와 유아세례를 부정합니다. 로마에서 성서해설자로 있던 펠라기우스는 410년 이후 제자 켈레티우스와 북아프리카로 갔으며, 이듬해 카르타고에서 성(聖) 아우구스티누스와 만나 논쟁을 벌였습니다.

펠라기우스는 인간은 선과 악을 스스로 선택할 수 있는 타고난 능력(본성)을 올바르게 사용함으로써 죄를 물리칠 수 있고 하나님과 화목하게 된다고 주장했습니다. 또한 죄가 없는 어린아이는 속죄로서의 세례를 받을 필요가 없고, 인간의 자연적인 모든 기능 안에 하나님의 은총이 내포되어 있기 때문에, 그 자연이 하나님과 직접 교통하는 길이라고 생각했습니다. 즉, 은총도 인간의 본성과 자유의지에 따른다고 주장한 것입니다. 이러한 주장은 아우구스티누스의 강력한 비판을 받았습니다. 이 '펠라기우스 논쟁'은 여러 번 종교회의에 회부되었고, 418년 카르타고 회의에서 최종적으로 펠라기우스주의를 이단으로 규정했습니다.

그러나 이 설은 그리스도교 범주를 벗어나 서유럽 정신사에 큰 영향을 미쳤으며, 훗날 M. 루터의 《노예의지론》 및 D. 에라스무스의 《자유의지론》에서 그 사상적 영향을 찾아볼 수 있습니다.

무 수행만을 일시 정지시켰습니다. 이것은 그가 그의 직무에 해당하는 모든 이익들을 그대로 누릴 수 있다는 것을 의미했습니다.

이러한 처분이 가지는 가장 심각한 문제는 그렇게 관대한 처분을 받은 사람들이 교회의 미래의 목회자들을 훈련시키는 직무를 맡았다는 것입니다. 또한 이러한 일부 지도자들에 대한 부당한 징계는 가장 핵심적인 기독교 진리에 대해 광범위한 무관심이 존재한다는 것을 의미했고, 그처럼 가벼운 징계를 주는 것에 대한 암묵적인 동의가 있었음을 의미했습니다. 이것은 외과 의사의 수술이 필요한 상처에 반창고만 덧붙인 격이었습니다.

이제 이 사건의 전말을 끝까지 살펴보도록 하겠습니다. 사람들을 시험하는 이 중요한 사건에서, 총회의 결정에 대항하여 단호하게 맞설 용기를 지닌 사람은 오직 한 사람뿐이었습니다. 니케아 공의회에서의 나이 든 아타나시우스[2]를 연상하게 하는 이 고독한 사람은 바로, 에트릭의 토마스 보스톤이었습니다. 다른 모든 두려움을 이기게 하시는 하나님을 의지한 그는, 가슴에 엄숙한 위엄을 품고 일어나 이의를 제기하기 시작했고, 그의 말은 주변의 많은 사람들을 주춤하게 만들었습니다.

"의장님, 예수 그리스도의 무한한 신성이라는 위대하고도 본질적인 내용을 다루는 일에 있어서 공의로워야 할 이 총회 공개 법정에서 지금 심리되고 있는 것은, 다름 아닌 예수 그리스도의 대의라는 것을 저는 말하지 않을 수 없습니다. 이 자리에 계신 모든 분들을 위하여 이 법정에서 제가 말하고자 하는, 혹은 제가 행하고자 하는 바를 짧게 설명하자면, 저는 이 결정에 동의할 수 없다는 것입니다. 오히려 저는 이 결정에 강력하게 반대해야 할 의무

---

2. 역자주 – 아리우스와 함께 삼위일체론 논쟁을 벌인 인물로서, 그의 신앙고백이 니케아 회의에서 채택되었습니다.

감을 느낍니다. 그러므로 제 이름과 저를 지지할 모든 분들의 이름을 걸고, 아니, 이 자리에 그러한 분이 한 분도 없다면 저 한 사람만을 위해서라도, 이 행위에 대한 총회의 결정에 제기하는 저의 이의를 받아 주시기를 호소하는 바입니다."

이 안건에 대하여 보스톤의 친구들은 침묵으로 일관했고, 그것은 변절이나 무관심이라기보다는 두려움이요, 겉으로는 아무렇지도 않은 듯이 꾸미고 싶은 마음 때문일 것입니다. 또는 '상석(上席)'에 앉아 있던 교회 당국자들을 불편하게 하면 어쩌나 하는 두려움 때문일 것입니다. 보스톤의 곁에서 그와 함께 저항하며 '모든 이름 위에 뛰어난 이름'[3]을 지니신 그분을 영화롭게 해야 할 그 순간에, 그의 친구들은 스스로 보스톤에게서 멀리 떨어져 있었습니다.

그들은 "내가 또한 너희에게 말하노니 누구든지 사람 앞에서 나를 시인하면 인자도 하나님의 사자들 앞에서 저를 시인할 것이요"(눅 12:8)라고 약속하신 그분께 자신들의 충성을 입증할 수 있는 좋은 기회를 상실했습니다. 또한 그들은 오래 지나지 않아 자신들의 양심이 마음속에서 무장한 사람처럼 일어나 이 일로 그들을 고발하게 되었습니다. 이들 대부분은 죽음의 침상에서 이 시험의 시기에 의무를 다하지 못한 것을 회고하면서 괴로워했습니다. 그 일이 비록 그들의 소망의 불꽃을 꺼뜨리지는 않았지만, 그들의 평화를 뒤흔들어 놓았던 것입니다.

보스톤의 신실한 친구요, 함께 진리의 증인이 되었던 랠프 어스킨이 적은 보스톤의 비문에는 이때의 영웅적 행동이 기록되어 있습니다. 그때 그는 신

---

3. 엡 1:21 모든 정사와 권세와 능력과 주관하는 자와 이 세상뿐 아니라 오는 세상에 일컫는 모든 이름 위에 뛰어나게 하시고.

실치 못한 자들 중에 홀로 신실하게 선 것처럼 보였습니다.

"위대하고, 깊고 지혜로운 보스톤 잠들다.
담대한 아타나시우스처럼, 한때 홀로 굳게 섰던 사람,
오는 시대를 위한 그의 황금 펜은
그의 이름을 전해 주리, 구름 타고 그의 주께서 임하실 때까지."

† 오염된 강단

이 사건이 일어나기 전, 보스톤의 마음은 근심스러운 전조들로 인하여 신음하기 시작했습니다. 많은 스코틀랜드 강단에 일반적으로 나타나기 시작한 부정적인 설교 때문이었습니다. 그것은 특히 젊은 목회자들 사이에서 나타났습니다. 젊은 목회자들은 신앙의 위대한 진리를 직접적으로 부정하거나 거기에 의문을 던지지는 않았지만, 그것을 다루지도 않았고 오히려 그 자리를 다른 것으로 대체해 버렸습니다. 즉, 거기에는 하나님께서 사람들을 회심시키시고 그들을 구원받은 자들의 나라로 인도하시는 데 사용하시는 살아 있는 능력이 없었습니다.

젊은 목회자들은 성전 바깥뜰에서만 웅성거리고 있을 뿐, 영광이 거하시는 성소를 바라보려고 하지 않았습니다. 그들은 '좋은 나무라야 좋은 열매를 맺을 수 있다'(마 7:17, 18 참고)라는 신적 교훈에 관심을 갖지 않았습니다. 그들은 마음에서부터 외적인 삶 전체에까지 역사함으로써 사람을 새로운 피조물로 만드시는 하나님의 방법에 무지했습니다.

그들은 도덕적 교훈만을 냉랭하게 가르치고, 우아한 격언들을 간혹 사용할 뿐이었습니다. 그리스도께 마음을 드리고 사로잡힌 바 되어 그리스도를 사랑하고 섬기게 하며 그의 멍에를 '쉽고도 가볍게 만드는'⁴ 능력이 있는 복음의 내용들은 전혀 언급하지 않았습니다. 그들은 마치 그릇의 겉모양에만 관심을 기울일 뿐, 그 안에 담기는 음식에는 무관심한 것처럼 보였습니다.

녹스, 헨더슨(Henderson), 루터포드 등과 같은 헌신적인 사람들의 설교처럼, 많은 사람들을 회개케 하고 그들 안에 새생명의 불꽃이 타오르게 만드는 비밀스런 능력은 없었습니다. '졸리게 하는 방울 소리는 양 떼를 잠들게 하였고' 사람들은 복을 얻지 못한 채 공허한 마음으로 그들의 세속적인 삶을 즐기거나 옛 죄를 품기 위하여 돌아갔습니다.

그 당시에 널리 퍼진 또 다른 설교는 복음을 훼손시키지는 않지만 그 능력과 영광을 손상시키고 약화시켜 불구로 만들어 버렸습니다. 이러한 설교들은 산 속의 자신의 사택에 앉아 묵상하던 헌신적인 목사의 마음을 슬프게 했습니다. 복음 안에서 그리스도를 인류의 모든 죄인들에게 값없이, 제한 없이 제공하는 것에 반대하는 자들은 이 '선물과 공여 행위'가 오직 택함 받은 자들에게만 이루어져야 한다고 주장하거나, 혹은 다른 사람들보다 뛰어나다고 인정을 받은 자들에게만 주어져야 한다고 주장했습니다. 이 주장은 생명의 샘 주변에 낙담과 좌절의 울타리를 치는 것과 결코 다르지 않습니다.

이러한 주장을 하는 사람들이 가르치는 복음은 캄캄한 일식(日蝕)에 가려진 영광스러운 태양과 같았습니다. 타락한 인생들 가운데서 자신이 하늘 사랑의 잔치에 초대받았는지, 그렇지 않은지를 알 수 있는 사람이 누가 있겠습니까? 그렇게 왜곡된 복음은 보스톤과 그와 같은 생각을 지닌 형제들이 선포하는 '충만한 광채 속에 있는' 복음과 얼마나 다른 것입니까?

---

4. 마 11:30 이는 내 멍에는 쉽고 내 짐은 가벼움이라 하시니라.

진정한 복음은 "예수 그리스도는 모든 인류에게 베푸신 성부 하나님의 선물이요 복이다"라는 선언입니다. 이 복음에는 예외가 없습니다. 온 세상에 선포된 이 복음은 하나님이 세상을 사랑하셨다는 사실의 확실한 증거요, 선포입니다.

만일 아프리카 광야를 홀로 여행하다가 가난하고 헐벗은 한 야만인을 만났다면, 하나님 말씀의 권위에 의지하여, 우리는 그에게 그를 위한 복음이 있다고 확신 있게 전해야 할 것입니다.

보스톤은 17년간 전해 내려오는 이 생명의 말씀 안에서 다음과 같이 적고 있습니다. "그리스도를 받아들이는 근거는 모든 사람들에게 공통적인 것이다. 내가 땅 끝까지 퍼지는 나팔 소리와 같은 목소리를 가지고 있다면, 나는 맡기신 사명을 따라 목소리를 높여 이렇게 외칠 것이다. '오, 인생들이여, 내 말을 들으라. 내 목소리는 사람의 아들들을 위한 것이다. 그 누구도 제외되지 않는다. 다만 스스로 외면하는 자들만이 제외될 뿐이다. 어제의 회심은 내일의 영광의 기업이 된다'."

복음의 진리를 심각하게 훼손시키는 또 다른 가르침은 세인트 앤드루의 해도우(Haddow) 학장과 관련이 있습니다. 그는 교회의 갈등에 조용히 끼어들었습니다. 그는 복음을 받아들이고 무한한 복을 소유하기 위해서는 죄인이 어느 정도의 도덕적 준비를 해야 한다고 주장했습니다. 즉, '오라' 라고 곧바로 이야기하지 않고 당신이 깊이 겸비해질 때까지 '기다리라' 라고 말하며, '상당한 외적인 준비를 하라' 라고 말합니다.

보스톤은 이 가르침을 '속절없는 속임수' 요, 사람으로 하여금 현재의 감동들이 사라질 때까지 기다리게 하는 '영혼들의 원수가 놓은 덫' 이라 불렀습니다. 사람이 손에 든 값으로 그리스도께서 그를 위해 행하시려는 일을 스스로 행하려고 애쓴다면, 자기 의를 낳게 될 것입니다. 핵심을 지적한 리칼르툰(Riccaltoun)의 말에 의하면, 그러한 설교자들은 의사이신 그분께 가기 전에 나은 사람이나, 샘이신 그분께 나아가기 전에 깨끗이 씻음을 얻는 사람들을 찾는 것입니다.

바로 이 무렵, 적지 않은 목회자들은 이러한 최고의 목적을 성취한다는 명분으로 '성화를 위한 복음 전도 방법'이라는 그릇된 생각으로 설교함으로써, 그들 스스로 강단을 크게 훼손했습니다. 그들의 왜곡된 설교는, 외적인 도덕성이 결국 성화의 삶의 모습을 이루어 낼 것이며, 성경 말씀에서 묘사하는 것과 동일한 마음과 성품을 가지게 할 것이라는 인상을 심어 주었습니다.

그러나 성경은, 성화로 나아가는 필수적인 첫걸음은 인간이 하나님과 친밀한 관계를 얻는 것으로 이루어진다고 명백하고도 일관되게 가르칩니다. 즉, '그에게 전가된 그리스도의 의를 믿는 믿음으로 말미암아 얻는 칭의'로 이루어진다는 말입니다.

이러한 복된 변화가 사람 안에서 이루어지는 순간, 그는 그리스도와 연합하게 되고 성령의 새롭게 하시는 영향을 받게 됩니다. 또한 의롭게 하는 이러한 믿음은 그 사람 속에 그리스도 안에서 하나님을 향한 사랑을 낳고 유지하게 하며, 그러한 사랑은 그의 마음과 삶에서 모든 참된 거룩의 뿌리요 기원이 됩니다.

이러한 참된 거룩은 다른 방법으로는 만들어질 수가 없습니다. 물론 다른 방식으로도 겉으로는 도덕적 삶이나 자비로운 모습을 나타낼 수는 있습니다. 그러나 마음을 다스려 겉사람의 모든 환경 속에 거룩한 섬김을 이루어 내고, 새 피조물이 되었으며, 그리스도의 형상이 그 안에 인쳐졌다는 명백한 증거를 보여 주는 거룩한 사랑은, 반드시 칭의 이후에 나타나야 하고, 칭의를 통해서만 도달할 수 있는 것입니다.

"가지가 포도나무에 붙어 있지 아니하면 절로 과실을 맺을 수 없음같이 너희도 내 안에 있지 아니하면 그러하리라"(요 15:4).

보스톤은 자주 이렇게 말했습니다. "원하는 자로 회개하게 하라. 그리하면 그리스도께서 그들을 위하여 일하실 것이다. 나는 그리스도께서 나를 위하여 행하신 일을 믿는다. 그래서 나는 회개할 수 있다."

사랑이 없는 곳에는 가치 있는 순종도 없으며, 믿음이 없는 곳에는 사랑이 존재할 수도 없습니다. 이와 동일한 생각을 보스톤과 같은 던스 출신의 어떤 사람이 아름답게 표현했습니다. "회개의 눈물은 믿음의 눈에서 흐르고, 믿음은, 바로 그때 십자가 아래 서 있다."

> "윤리에 대하여 그들에게 말하라.
> 오, 미혹하는 어린양이시여,
> 인류의 새 윤리의 교사시여,
> 위대한 도덕은 당신의 사랑이오니."

보스톤과 어스킨 형제, 다른 매로우 주의자들이 칭의를 위한 것이 아닌 성화를 위한 복음 전도 방법을 묘사하는 일에 그 시대에 건전한 신학을 이루는 데 가장 큰 공헌을 했다는 것이 많은 사람들의 일반적인 평가입니다.

현대 설교자들 중에, 중심은 복음적이지만 '자유케 하는 온전한 율법'[5]을 온전히 이해하지 못하는 많은 설교자들은 '이스라엘 선생들'의 강연에서 주워 모은 노예적인 정신적 환상을 깨끗이 쓸어버려야 할 것입니다.

---

5. 약 1:25 자유하게 하는 온전한 율법을 들여다보고 있는 자는 듣고 잊어버리는 자가 아니요 실행하는 자니, 이 사람이 그 행하는 일에 복 받으리라.

영국에서 시작된 신율법주의(Neonomian)[6] 교리는, 도덕률폐기론(Antinomianism)처럼 신자가 삶의 법칙으로서 하나님의 율법에 복종할 필요가 없다고 단언하지는 않았습니다. 그러나 삶에 적응성을 높이고 인간의 연약한 마음을 끌기 위하여 율법의 기준을 낮추어 가르쳤는데, 이러한 가르침은 스코틀랜드 강단에서 은밀하게 자주 행해졌습니다. 보스톤의 후기 설교들 속에서 이러한 교리의 교묘하고도 그럴듯한 가르침들에 대해 저항하고 경고하는 신실한 파수꾼의 목소리를 들을 수 있습니다.

† 밝아 오는 하늘

이러한 상황에도 밝은 면이 있었는데, 그 일은 보스톤과 같이 영적으로 깨어나 헌신된 그리스도의 사역자들과 그들이 사역하는 많은 양 떼들 안에서 일어났습니다.

보스톤 주변에는 '성도들에게 주어진 믿음'을 순결하고 온전한 모습 그대로 붙잡고 있거나, 거룩한 삶으로 자신의 기독교 신앙고백에 대한 존중심을 드러내는 목회자들과 회중이 별로 없었습니다. 그러나 '바른 교훈에 합한 것'에서 벗어난 다양한 증거들과, 비록 강단에서 그릇된 것을 가르치지는 않았지만 구원의 진리가 감추어지고 그로 말미암아 교인들 속에 나타나는 영적 부패함은, 그리스도의 큰 뜻과 하나님의 일을 하는 사람들의 마음을 두렵

---

6. 역자주 – 신율법주의는 복음을 하나의 새로운 율법으로 보는 것으로, 보스톤과 관련된 매로우 논쟁에서 보스톤에게 반대했던 이들이 주장한 교리입니다. 구원이 믿음과 회개를 통하여 성취된다고 주장하며, 그리스도로 말미암는 구원이 아니라 믿음과 행위라는 인간의 자기 노력으로 말미암는 구원을 주장하는 결과를 낳았습니다.

고 슬프게 했습니다.

만일 이 시기에 "파숫군이여, 밤이 어떻게 되었느뇨?"(사 21:11)라는 질문을 보스톤에게 던진다면, 그는 아마도 다음과 같이 대답했을 것입니다. 우리는 그 내용을 그의 일기와 서신들 속에서 찾아볼 수 있습니다. "한때 맑았던 복음 교리의 물줄기는 이제 더럽혀졌다. 진리가 거리에 넘어졌다. 시온의 신음이 그 친구들의 집에 가득하다. 파수꾼의 노래가 손상되었다"

우리는 에트릭의 어느 골짜기, 인적이 드문 곳에서 이러한 생각으로 괴로워하며 애처로운 곡조로 이러한 시편을 노래했을 그를 상상할 수 있습니다.

"우리가 바벨론의 여러 강변, 거기 앉아서 시온을 기억하며 울었도다. 그 중의 버드나무에 우리가 우리의 수금을 걸었나니"(시 137:1, 2).

이 모든 상황은 스코틀랜드 교회에 영향을 미쳤고, 이는 종교 개혁의 옛 복음에 신실하게 머물러 성령의 전이 되어 있던 자들을 한데 뭉치게 했습니다. 그리하여 그들은 심각한 위기에 대처하기 위해 함께 모여서 의견을 나누고 기도했습니다.

목회자들과 성도들은 보스톤이 지은 『네 가지 상태』를 읽고 있었고, 그것은 하늘의 누룩처럼 그 땅 곳곳에서 사라지지 않는 능력으로 점점 더 넓게 확산되어 역사하기 시작했습니다. 또한 함께 모인 지도자들과 형제들은 『현대 신학의 정수』를 재출간하고 안정적으로 널리 보급하기로 결정했습니다. 그 책은, 우리가 앞에서 본 것처럼, 주로 복음주의 신학의 위대한 진리들에 대한 그 시대의 가장 위대한 사람들, 즉, 여러 나라, 여러 시대의 위대한 개혁자들, 유명한 저자들, 뛰어난 설교자들, 대학 교수들의 최고의 사상으로 이루어져 있었습니다.

우리는 이 탁월한 책이 사역 초기 보스톤에게 큰 복을 누리게 했던 것을 보았습니다. 이제 그 책은 보스톤과 함께 열정적인 협의를 하고 있는 헌신적인 지도자들과 형제들에게도 큰 복을 주었습니다. 말하자면 그들에게 두 번째 거듭남을 경험하게 해 주었던 것입니다.

이들이 제안한 많은 방법들은 스코틀랜드 곳곳에서 여러 가지 형태로 드러나는 악한 세력에 맞서기에 매우 적합했습니다. 그 방법은 분명히 하나님께서 주신 생각이요, 의도였습니다. 그러나 이 일의 결실을 보기까지 한동안 가장 심하고 악랄한 반대에 부딪혀야 했습니다.

이제 다음 장에서 스코틀랜드에서 『현대 신학의 정수』의 출간과 관련된 이야기를 간단히 살펴보겠습니다.

10장

매로우(Marrow) 논쟁

1719년 초, 카녹(Carnock)에는 제임스 호그라는 목사가 있었습니다. 그는 뛰어난 지적 은사를 가지고 있었고 동시대 사람들로부터 그 나라에서 가장 거룩한 목사들 중에 한 사람으로 인정받았습니다. 그는 기존에 출판되었던 『현대 신학의 정수』의 앞부분에 이 책을 강력하게 추천하는 서문을 첨가하여 재출판했습니다. 그 서문에서 그는, 모든 사람을 포용하는 복음의 본질과 복음적 거룩함을 얻는 참된 방법에 관하여, 이 책이 당시의 오류들을 다루는 데 얼마나 시의 적절한지를 강조했습니다.

같은 해 4월 초, 세인트 앤드루 대학의 해도우 학장은 파이프(Fife)의 대회 앞에서 설교를 했는데, 그때 그는 『현대 신학의 정수』의 내용을 비난했습니다. 이 설교는 대회의 요구로 곧 책으로 출판되었습니다. 뒤이어 그는 다른 설교집도 출판했는데, 그것은 『매로우 사상의 도덕률폐기주의』(The Antinomianism of the Marrow detected)라는 무모하고도 사람들을 현혹

하는 제목의 책이었습니다.

그는 이 두 설교에서 매로우 사상이 다음과 같은 혐오스러운 내용을 주장하는 잘못을 저지르고 있다고 지적했습니다. "구원에 거룩은 필요 없다. 신자는 생명의 법칙으로서의 율법 아래 있지 않다. 상급과 심판은 순종의 동기가 될 수 없다."

이렇게 『현대 신학의 정수』에 대항하고 그 책을 비난하는 그 설교집의 후반부는 십계명에 대한 철저한 강해로 이루어졌습니다. 이 두 권의 설교집에 대한 반응은 빠르게 나타났으며, 원만한 복음을 믿는 두려움 없는 형제들은 강해 내용 곳곳에 있는 뻔뻔한 무지를 폭로했습니다. 이러한 초기의 갈등을 바라보던 사람은 폭풍을 일으킬 구름들이 몰려오고 있음을 발견할 수 있었습니다.

교회에서 권력을 가지고 있던 사람들과 복음적 진리에 우호적이지 않던 많은 사람들은 매로우 주의자들의 행동에 분노하며 적개심을 품게 되었고, 주저 없이 자신들의 적의를 드러냈습니다.

1720년, '도서와 소책자 출판과 확산 조사'를 위해 구성된 한 위원회의 보고를 듣기 위해 소집된 총회는, 『현대 신학의 정수』를 정죄했을 뿐만 아니라 그에 동조하는 목사들의 설교와 저술, 그에 대한 인쇄, 또는 그것을 후원하는 그 어떠한 순회 활동도 금지했습니다. 또한 회중들에게 그것을 읽지 말라고 경고했습니다.

보스톤은 그곳에서 이렇게 말했습니다. "해도우 학장을 총회의 검은 법령의 근원으로 보아야 한다." 그러나 이 기록은 스코틀랜드 교회 대법정의 속기록에서 삭제되었습니다. 신성 모독이 가득하고 불신앙을 드러내며 방탕함을 옹호하는 그 어떠한 책이 『현대 신학의 정수』보다 더 저주받을 수 있겠습니까?

그러나 당시 스코틀랜드의 많은 교구에 나타난 활기를 잃은 사역으로 신음하던 수많은 교인들은 이 책을 읽고, 굶주림으로 쇠약해져 가던 자신의 교구를 위한 하늘의 이슬과 숨겨진 만나를 찾은 것처럼 느꼈습니다. 어떤 사람이 말했습니다. "저는 천만 년이 지나도 그 법령의 통과에 찬성할 수 없을 것입니다." 많은 고위 목회자들과 교회의 성도들은 이에 아연실색하며 신음했습니다.

이듬해 총회에 보스톤을 비롯한 에벤에셀 어스킨과 다른 열한 명의 목사들은 문서 한 장을 제출했습니다. 그 문서는 훗날 교회사에서 「항의」(The Representation)라는 이름으로 알려진 것으로, 그들의 자유를 부당하게 억압하는 징계와 통제 등에 대해 항의하는 내용이었습니다. 예를 들면, 그 자체로서 가치를 지니고 있으며 충분한 성경적 근거를 가지고 있다고 믿는 많은 교리들을 거부하고, 그리스도의 형제 된 자들이 그리스도를 해하는 행위를 하는 것에 대한 항의입니다. 그 문서 내용은 용기 있으면서도 공정하고, 존경과 화목의 정신을 해치지 않았습니다.

또한 『현대 신학의 정수』의 각 페이지를 거론하면서 그들의 목적이 논쟁에서 승리를 거두기 위함이 아니요, 그들에게 목숨보다 더 소중한 진리를 보존하기 위한 것이라는 사실을 확실히 알리면서, 그 안에는 모든 뛰어난 점들과 더불어 결점들도 존재한다는 사실을 인정할 준비가 되어 있었습니다.

그러나 총회 법정은 이에 대해 공정하고 현명하게 판단하지 않았습니다. 오히려 「항의」는 정죄되었으며, 이 무렵 매로우 주의자로 알려지기 시작한, 그 문서를 지지하는 열두 명의 사람들은 총회 법정에서 징계 명령을 받게 되었습니다. 그들은 단지 '그 시대에 가장 진실하게 교회를 사랑하는 자들'로서 입을 열었을 뿐인데도 말입니다.

그들 중 많은 사람은 교회사나 당대의 신학 문학 분야에서 매우 존경받는 자들이었습니다. 그들의 이름은 오늘날까지 설교와 삶이라는 이중 사역으로 그들이 섬겼던 교구들 안에서 달콤한 향기처럼 회자되고 있습니다. 그들의 이름은 다음과 같습니다.

이 름	사 역 지
제임스 호그(James Hog)	카녹(Carnock)
토마스 보스톤(Thomas Boston)	에트릭(Ettrick)
존 보나르(John Bonar)	토피첸(Torphichen)
존 윌리엄슨(John Williamson)	인버레스크(Inveresk) 머셀버그(Musselburgh)
제임스 키드(James Kid)	퀸스페리(Queensferry)
가브리엘 윌슨(Gabriel Wilson)	맥스톤(Maxton)
에벤에셀 어스킨(Ebenezer Erskine)	포트목(Portmoak)
랠프 어스킨(Ralph Erskine)	던펌린(Dunfermline)
제임스 워드로우(James Wardlaw)	던펌린(Dunfermline)
헨리 데이비드슨(Henry Davidson)	갤러실스(Galashiels)
제임스 배스게이트(James Bathgate)	오웰(Orwell)
윌리엄 헌터(William Hunter)	릴리스립(Lilliesleaf)

고요한 기품과 거룩한 엄숙함으로 이 신실한 고백자들은 '그 이름을 위하여 능욕받는 일에 합당한 자로 여기심을 기뻐하면서'(행 5:41 참고) 온갖 비난에 맞서며 견뎠습니다.

보스톤은 그의 일기에 이렇게 적고 있습니다. "나는 그러한 비난과 충고들을 진리를 위하여 내게 허락된 훈장처럼 여기며 받아들였다." 이 신실한 증인들 중에 또 다른 한 사람은, '그리스도를 따르기 위하여 사람들에게 비난을 받는 것이 그분을 외면함으로써 하나님의 저주 아래 떨어지는 것보다 낫다'고 말했습니다.

그러나 이것을 기억해야 합니다. 이처럼 가장 중요한 목적을 위하여 총회 법정에 모습을 드러낸 열두 명의 목사들은 단지 그 싸움의 지도자들이었을 뿐이라는 점입니다. 그들 외에도 종교 개혁의 교리를 설교하는 많은 목사들이 있었고, 그들은 매로우 주의자들을 마음으로 지지했습니다.

이 파란(波瀾)의 시기에 그들이 보여 준 행동과 인내는 이것만이 아닙니다. 『현대 신학의 정수』를 정죄하는 법에 대항하는 그들의 엄숙한 저항이 나타난 직후, 그들은 자신들이 그 책에 담긴 진리들을 설교하고 증거하는 것이 지극히 합법적인 일임을 선언했습니다. 그러나 소수자들의 양심을 보호하기 위하여 행한 교회 헌법 조항에 대한 독단적 위반은 그 저항을 안건으로 채택하지 않았고, 오히려 총회 석상에서 그 내용조차 읽지 못하도록 하는 징계를 추가했습니다. 이러한 방식으로 박탈된 그들의 권리는 바로 순교자들의 피로 사서 인친 것들이었습니다.

민감한 독자들은 다음과 같은 의문을 품을 것입니다. 이 교회 당국자들이 『현대 신학의 정수』에 대해 비난하고 그 책을 재출판하여 회람시킨 목사들을 제지했다는 사실을 생각할 때, 만일 그 책이 "붙잡지도 말고 맛보지도 말고 만지지도 말라 하는 것으로서"(골 2:21) 쉴 새 없이 비난을 퍼부을 만큼 위험한 성향을 지닌 책이라면, 그 책의 재출판과 회람에 동참한 사람들보다 그 책의 저자들을 더욱 악랄하게 비난해야 하지 않는가 하는 점입니다. 그러나 교회의 그 충격적인 저주가 가해진 곳이 어디인지를 주목하십시오.

우리가 이미 살펴본 것처럼, 『현대 신학의 정수』는 한 사람의 생각에서 나온 것이 아니었습니다. 주로 종교 개혁의 계보를 이은 자들에게서, 혹은 복음적 진리에 친숙한 유명한 저자의 작품에서 인용하거나 문장들을 발췌하여 편집한 것이었습니다. 즉, 그 책은 여러 시대를 망라한 위대한 저자들의 작품에서 선택하여 발췌한 발언들이나 문단들로 이루어진 일종의 잡록이었습니다. 위대한 개혁자들과 유명한 학자들, 신학자들, 루터나 칼빈, 녹스와 베자, 혹은 각 시대에 청교도들의 '정수(精髓)요 기사도'를 형성했던 사람들의 '성도에게 단번에 주신 믿음'을 묘사하는 정신적 창고가 통합된 것입니다.

특히 놀라운 사실은, 『현대 신학의 정수』가 1643년 유명한 웨스트민스터 종교회의에서 추천한 책들 가운데 하나라는 점입니다. '신앙고백서와 대소요리 문답서'의 편집자들, 당대에 가장 위대한 지성인들이요, 가장 심오한 신학자들이 추천한, 바로 그 책이 1720년 스코틀랜드 총회에 의하여 제지와 파문의 대상으로 낙인찍혔다는 사실을 어떻게 설명할 수 있겠습니까?

그러나 격렬하게 계속된 『현대 신학의 정수』와 매로우 주의자들에 대한 이 모든 공격들은 효과를 거두지 못했습니다. 이 책을 읽는 것조차 금지되었던 교인들은, '교회 당국자들이 어디로 이끌든지 따라가라'는 요구를 자신의 목숨을 걸고 거부했습니다. 그들은 "범사에 헤아려 좋은 것을 취하고"(살전 5:21) 스스로 판단하기로 결단했습니다.

많은 교인들은 논란의 기간에도 『현대 신학의 정수』를 구입하여 열심히 읽었고, 많은 사람들이 회심했으며, 이미 믿는 자들은 지식과 거룩과 기쁨의 증진을 얻었습니다. 이러한 결과는 그들이 희미한 황혼의 빛에서 광명한 태양 빛 속으로 들어가는 것과 같았습니다. 이제 그들은 처음으로 "복 되신 하나님의 영광의 복음"(딤전 1:11)의 "그 넓이와 길이, 높이와 깊이"(엡 3:19)를 발견하게 된 것입니다.

보스톤은 우리에게, 이 일이 도리어 목회자나 성도들 모두에게 큰 유익이 되었다고 말합니다. 그 일로 인하여 그들은 이와 같은 주제들을 생각하고

'그들이 전에 했던 것보다 더 세밀하고 바른 자세로 그 내용들을 살피게' 되었던 것입니다.

다른 곳에서 『현대 신학의 정수』에 대한 논쟁을 언급하면서 그가 기록한 내용입니다. "그 시련은, 하나님의 자비로 말미암아 우리의 교회 안에 있는 진리에 유익을 주었다. 목회자들과 성도들 모두에게 말이다. 이미 인정되었 듯이, 그 어떠한 외형적 차이들도 그러한 놀라운 결과를 만들어 낼 수 없었으며, 구원하는 진리들이 오늘날에도 기이한 빛으로 나타날 정도이다."

그는 복음이 새로운 영광 중에 조명되고 확장되는 모습을 바라보면서, 스스로 그 일을 마치 오래전 '달콤한 심프린'에서 그가 겪은 경험의 재현처럼 여긴 듯합니다. 그의 말을 인용하자면, 그 일은 그에게 마치 '사랑으로 장식된 수레'와 같은 것이었습니다. 자신이 소유한 새생명 안에서 기뻐하는 행복이 가득한 회심자들의 모습은 지난 3년간 그가 겪은 모든 수치와 멸시를 충분히 보상하고도 남았습니다.

또한 이 놀라운 책이 끼친 아름다운 영향은, 그 이후 25년 동안, 스코틀랜드 전역으로 확산되었고, 사람들에게 좋은 평판을 얻었던 설교자들과 저자들에게 큰 유익이 되었습니다.

많은 사람들이 영국과 미국 양반구의 복음 전도자로 부르는 조지 휫필드(George Whitefield)는, 『현대 신학의 정수』를 연구하면서 자신의 사역에 큰 유익을 얻었다는 사실을 인정했습니다.

그리고 당시 영국의 대부분의 그리스도인 가정에서 발견할 수 있는 책, 『테론과 아스파시오』(Theron and Aspasio)의 탁월한 저자인 허비(Hervey)[1]

---

1. 역자주 – 제임스 허비(James Hervey, 1713-1758)는 웨스턴 파벨의 교구 목사이자, 잘 알려진 『묵상과 사색』(Meditation and Contemplation)의 저자입니다.

는 1755년에 다음과 같이 기록했습니다. "저는 지금까지 보스톤의 각주가 달린 『현대 신학의 정수』를 읽어 보지 못했습니다. 저는 그 책을 읽지 못한 것이 크나큰 손실이었음을 고백하지 않을 수 없습니다. 그 책은 매우 가치 있는 책입니다. 그 책이 담고 있는 교리들은 제 영혼의 생명이요, 마음의 기쁨입니다. 제 혀와 펜이 그처럼 고귀한 진리들을 추천하고 설명하며 지지하고 널리 보급하는 도구가 될 수 있다면, 저는 제가 태어난 날을 축복할 수 있을 것입니다. 저는 『현대 신학의 정수』에 대한 보스톤의 각주가 지금까지의 각주 중에서 가장 분별 있고 가치 있는 것이라고 생각합니다."

『현대 신학의 정수』의 가장 중심적인 두 가지 교리들, 즉 가장 가련한 죄인들을 위한 그리스도의 값없는 제공과 복음을 믿는 믿음의 특별한 적용에 대하여 허비는 이렇게 적고 있습니다. "이 두 가지 교리를 저는 복음의 부요함과 은혜의 정수로 여깁니다. 저는 확실히 말할 수 있습니다. 이 두 교리는 내 영혼의 최상의 위로입니다. 적어도 그것들은 모든 위로를 제 마음에 전달하는 통로이며 수단입니다."

이 탁월한 책이 신앙 사상이나 기독교 역사뿐만 아니라 신조들이나 신앙고백서들에 끼친 최근까지의 영향력을 추적하는 일은 그다지 어렵지 않을 것입니다. 그 책은 우리의 신앙 서적들의 문체와 대화법 등의 색채를 결정했고, 자연스럽게 우리의 사상을 형성했습니다. 마치 하나의 물줄기에서 물을 마시고 생기를 회복하면서도, 그 샘의 근원이 영원의 언덕에서부터 솟아나서 흘러 내려온 것임을 인식하지 못하는 것처럼, 매우 자연스럽게 말입니다.

11장

마지막 10년, 설교와 저술 활동

† 아내의 질병

이제 우리는 보스톤의 생애의 마지막 10년에 이르렀습니다. 이 시기는 그의 사랑하는 아내가 정신 질환으로 지성의 빛이 어두워지는 고통을 겪게 되면서, 밝고 행복했던 에트릭 집에 어두운 그림자가 덮인 지 8년째 되는 해입니다. 사랑과 온화함이 가득하고 지혜로 밝게 빛났던 그녀의 아름다운 영혼은 처참하게 파괴되고 훼손된 성전과 같이 되었습니다.

지난 세월 동안 남편은 애처로운 모습으로 그녀를 '살륙을 당하여 무덤에 누워 다시 기억지 못하는'(시 88:5 참고) 사람이라고 표현했습니다. 그리고 계속해서 이렇게 말했습니다. "그녀의 육신은 질병에 사로잡혔고, 그녀의 정신은 때때로 상상에 사로잡혀 두려움 속에서 메말라 갔다. 이러한 상황이 되면 그녀를 향하여 맹렬해지는 사탄의 시험들로 인하여 나는 괴로워했다."

가끔씩 그녀가 맑은 정신으로 돌아오는 때는 '주님께서 그녀의 인격 속에 특별히 임재하시고, 그녀의 영혼에 그분의 사랑을 현시하시는' 순간이었습니다. 그 순간, '은혜의 실재가 그녀 안에 있으며, 그것은 소멸될 수 없다' 라는 사실을 입증하면서, 마치 예전의 영혼으로 되돌아온 것처럼 보였습니다.

그녀는 이렇게 말했습니다. "주님께서 우리를 다시 산 자의 땅으로 인도하실지 누가 알 수 있어요?" 그럴 때면 그녀의 남편은 한 가닥 소망의 빛을 보고 크게 기뻐했습니다. 마치 긴 밤 동안 여행하던 지친 나그네가 새벽을 환영하듯이 말입니다.

그는 이렇게 말합니다. "지금 우리는 부서진 배 안에서 해안선을 보고 손을 내밀어 '도와주세요, 도와주세요' 라고 부르짖는 사람과 같습니다. 그러나, 아, 폭풍이 다시 일어나 배는 또다시 바다 한복판으로 떠밀려 갑니다."

그러나 악한 환경에서도 끊임없이 바라는 중에, 우리는 훗날 온유와 많은 인내로 고난을 견디던 이 사람이 자신과 아내에 대하여 이렇게 쓴 것을 볼 수 있습니다. "저는 주님의 도우심으로 소용돌이치는 바다 한복판에서도, 우리가 함께 그 해안에 서서 노래하게 될 것을 믿게 되었습니다."

그 소망은 오랜 세월이 흐르기도 전에 천상의 직감 속에서 백 배나 더 풍성해졌습니다.

†『현대 신학의 정수 주해』

1719년, 보스톤의 건강은 너무도 빠르게 쇠약해지기 시작했습니다. 길게 드리워진 그림자와 더불어 그의 인생의 오후가 시작되었습니다. 그러나 그러한 상황도 그에게 설교자로서나 저술가로서의 활동을 느슨하게 하는 방해거리가 되지 않았습니다. 오히려 그는 그 일들을 더욱 분발했습니다. 왜냐하면 자신의 시간이 얼마 남지 않았다는 사실을 알았기 때문입니다.

매로우 논쟁이 끝나갈 무렵, 그는 동료들의 요청으로 『현대 신학의 정수 주해』(Notes on Marrow)라는 책을 내놓았습니다. 그가 이 한 권 안에 『현대 신학의 정수』의 내용과 주해를 모두 담아서 내놓자, 그 내용에 대한 흥미와 유용성은 놀랍도록 배가 되었습니다. 성도의 체험이라는 주제를 연구하는 신학자들과 저술가들의 선두 주자인 『테론과 아스파치오』의 저자, 허비와 같은 유명한 사람들은 보스톤의 주해에서 많은 지식을 얻고 영적인 충격을 받았습니다. 우리가 이미 살펴본 것처럼 그는 자신이 얻은 유익들에 대해서 열렬하게 찬사를 쏟아 놓았습니다.

† 언약에 대한 설교

1721년과 1722년 사이, 보스톤은 행위 언약과 은혜 언약에 대해 에트릭 양떼들에게 심혈을 기울인 설교를 계속했습니다. 그것들은 위시우스[1]의 지식과 방식을 많이 따른 것으로 보이나, 그 신선함이나 뜨거움은 그를 능가했습니다. 그러한 설교의 맛을 알고 사모하는 사람들은 강한 내용의 설교를 좋아하는 사람입니다. 그들은 그 강연에 많은 상으로 보답할 것입니다.

그 두 언약의 흐름은 복음주의 신학의 하나의 정교한 줄기를 형성했고, 죄에 대해 면죄부를 주는 율법폐기론과 같은 그 시대의 오류들을 폭로하고 적

---

1. 편집자주-헤르만 위시우스(Herman Witsius, 1636-1708)는 네덜란드의 목사로 언약들에 대한 책을 저술했습니다. 크리스천 포커스 출판사(Ltd. Tain, Ross-shire)는 이 저자에 대한 책들을 다음과 같이 출간했습니다. 『헤르만 위시우스 분석』(An Analysis of Herman Witsius's), 『언약들의 효용성』(The Economy of the Covenants), 비크와 램시(Beeke & Ramsey)공저, ISBN 0908067223, Mentor, Tain, Scotland, 2003).

절하게 대처하게 했으며, 절반만 아는 지식을 키우는 미숙한 사상들에 '근본적인 타격'을 입혔습니다.

이러한 설교의 중심 기조를 드러내는 핵심은 바울의 말 속에서 얻을 수 있을 것입니다. "아담 안에서 모든 사람이 죽은 것같이 그리스도 안에서 모든 사람이 삶을 얻으리라"(고전 15:22).

이 설교는 보스톤이 죽은 후에야 비로소 『행위 언약에 대한 평가』(*A View of the Covenant of Works*)와 『은혜 언약에 대한 평가』(*A View of the Covenant of Grace*)라는 책으로 출판되었습니다.

그 두 언약에 대한 세밀하고도 완벽한 설교에 이어, 보스톤은 성도의 윤리, 즉 '참 성도의 성품에 관한 설교'를 했습니다. 이러한 목적의 설교는 빌립보서 2장 7절에 대한 몇 번의 설교입니다. "오히려 자기를 비어 종의 형체를 가져 사람들과 같이 되었고." 그의 친구들은 당시 이 설교를 '완벽하다'고 평가했습니다. 에트릭 목사의 이러한 모습 때문에 매로우 주의자들이 그를 따르게 된 것으로 보입니다.

이 설교는 성도들을 실천적 신앙으로 훈련하기 위해 전한 것이었습니다. 즉, 그들에게 도덕법의 의미와 내용을 온전히 이해하게 하고, 동시에 성도들의 동기를 설명함으로써 그 법에 대한 순종이 그리스도 안에 있는 성도들에게서 즉각적으로 나타나고 지속될 수 있게 만들고자 한 것입니다.

그러나 또 다른 이유가 있었습니다. 그것은 그 가르침을 통해 도덕법을 강해하고 강조함으로써, 회중들의 머릿속에 있는 어떠한 인상을 제거하기 위함이었습니다. 그 인상이란, 총회법의 영향으로 『현대 신학의 정수』와 매로우 주의자들이 가증한 율법폐기론에 빠진 자들이며, 그리스도 안에 있는 신자의 삶의 원리가 그때까지 결코 폐지된 적이 없는 율법 아래 있지 않다고 주장하는 자들이라는 것입니다.

보스톤은, 『현대 신학의 정수』를 정죄하면서 그 책이 매로우 주의자들이 거절할 뿐만 아니라 진심으로 혐오하는 교리를 지니고 있다고 덮어씌운 총회의 법에 의해 복음의 교리가 상처를 입었다는 사실을 입증함으로써, 자신과 동료들이 걸어온 길이 옳다는 사실을 밝혔습니다. 그러한 사실을 왜 그토록 오랫동안 높은 지위의 사람들의 특권으로 버려두어야 하겠습니까? 그것을 빛 가운데 끌어내어, 사람들에게 그 '날개가 은이요, 그 깃털은 황금으로 입혀져 있음'을 볼 수 있게 해야 합니다.

†『내 몫에 태인 십자가』

마지막 10년의 후반기에 이르러, 보스톤은 시련에 대한 연속적인 설교를 했습니다. 이 설교들은 전도서 7장 13절 말씀에 근거를 둔 것으로, 그 후에 기념비적인 『내 몫에 태인 십자가』(The Crook in the Lot)²라는 제목으로 출판되었습니다. "하나님의 행하시는 일을 보라. 하나님이 굽게 하신 것을 누가 능히 곧게 하겠느냐."

부제는 '인간의 고통 속에 녹아 있는 하나님의 주권과 지혜, 그 아래서 나타나는 그리스도인의 품행'이라는 더욱 확장된 형태로 붙여졌는데, 그것은 마치 활짝 피어 날 꽃봉오리와 같았습니다.

그는 이 구절이 담고 있는 근본적인 진리들을 다음과 같이 진술했습니다. "어떤 사람에게 주어진 고난이 어떠한 종류이든, 그것은 하나님께서 주신 것이다. 하나님께서 직면하게 하신 고난이 어떠한 것이든, 그 누구도 자신의

---

2. 역자주 – 이 책은 서문강 목사의 번역으로 SFC에서 출판되었습니다.

몫으로 주어진 고난을 바꿀 수 없다. 자신의 몫인 고난을 하나님의 역사, 즉 그분의 손길에서 나온 것으로 여기는 것은, 그가 시련 속에서도 그리스도의 본을 따르게 만든다."

이러한 내용들은 거기에서 파생되는 진리들, 교훈들과 함께 활기차고도 뜨거운 사랑으로써 설명되고 있습니다. 또한 그 안에 담긴 풍성하고도 다양한 성경적 사실과 사건들은 그 내용을 더욱 풍성하게 만들었고, 그의 작품들의 특징이라고 할 수 있는 잠언적 경구들 역시 가득 담겨 있었습니다. 그리하여 이 책은, 보스톤의 모든 저작들 중에서도 가장 널리 알려진 『네 가지 상태』 다음으로 인정받을 정도였습니다.

건강이 쇠약해져 가는 중에 쓴 것임에도 불구하고, 이 책은 그의 지적인 능력이 아직 약화되지 않았다는 사실을 입증했습니다. 모든 장마다 나타나는 신선함은 에트릭 푸른 언덕의 풀 위에 맺힌 이슬방울을 연상하게 합니다. 오랜 세월이 지나는 동안, 얼마나 많은 슬픈 영혼들이 『내 몫에 태인 십자가』라는 샘에서 위로의 물을 마셨으며, 마라의 쓴 물이 달콤하게 변화되는 은혜를 누렸겠습니까! 그 책은 하나님의 손 안에서 얼마나 많은 사람들에게 거룩케 하는 능력을 보여 주며, 놀랍고도 기이한 고백을 이끌어 냈겠습니까!

> "나의 최상의 자비들 가운데 최고의 자비는,
> 내 심장이 피 흘렸다는 것.
> 모든 복으로 내 널 축복하려 가장 잔혹한 고통을 당했다는 것."

그 책에 나타난 잠언적 경구들은, 무엇보다도 기억하기 쉬운 것이기에 특별한 가치가 있습니다. 보스톤의 정원에 있는 많은 꽃들과 열매들을 한데 모아 묶어 보겠습니다.

"하나님은 다른 사람은 이 때에, 또 어떤 사람은 저 때에, 그 은사를 분수에 합당하게 활용할 수 있도록 도우시지 않고서는 자기 백성 그 누구에게도 뛰어난 은사를 주시지 않는다."

"하나님께서 원하시는 어떠한 일에 대해 피조물이 그 반대의 경우를 바랄 때, 어떠한 것이 이루어져야 하는지는 쉽게 알 수 있다. 전능하신 그 팔이 붙들고 있을 때에는, 피조물이 그것을 끌어당겨도 아무 소용이 없다."

"우리가 하늘 나라에 갈 때까지도 응답되지 않는 기도들이 많이 있다. 그러나 거기서는 모든 기도들이 단번에 응답될 것이다."

"하나님께서 우리의 몫으로 만드신 시련은 없다. 그것은 결과적으로 오직 우리들을 위한 복된 변화라는 하늘의 선물일 뿐이다. 당신이 지닌 모든 것들을 팔아라. 그리하면 하늘에서 보화를 얻을 것이다."

"시련 속에서의 조급함은 짐을 더욱 무겁게 하며 그것을 감당할 힘을 더욱 잃게 만들 뿐이다."

"겸손함을 찾을 수 없는 교만한 마음은 스스로 십자가를 만든다."

"십자가를 제거하는 일보다 우리의 마음이 겸손해지고 낮아지는 일이 훨씬 더 시급하다."

"우리가 마땅히 주의를 기울여야 하는 어려움 속에서 겸손하지 못한 것은 부끄러운 일이다. 그것은 거지가 누더기를 입고 거들먹거리는 것과 같다."

"모든 인생은 전능하신 손길 아래서 반드시 확실하게 꺾이고 깨어져야만 한다."

"앞서 가신 그분이 계신 곳에 여러분도 거하고자 한다면, 그가 가신 길을 여러분도 걸어가야 할 것을 기억하라."

"그리스도의 발자취를 따라, 그 어둠의 골짜기를 지나는 것을 기뻐하지 않을 자 누구인가?"

"그 언덕에 서서 여러분이 지나온 길을 되돌아 볼 때, 여러분은 이렇게 말하게 될 것이다. '그분이 모든 것이 선이 되게 하셨도다.' 그리스도인들에게 쓰디썼던 모든 것들을 매우 달콤하게 회상할 수 있을 것이다. 그때 삼손의 수수께끼[3]가 그들의 체험으로 입증될 것이다."

"인내를 온전히 이루라. 농부는 씨앗의 열매를 기다리고 어부는 자기 배의 귀환을 기다리며, 가게 주인은 매상을 계산할 때를 기다린다. 이 모든 일은 오랜 인내를 요구한다. 그러하다면 자신이 들림 받을 정해진 때를 인내하며 기다리는 성도가 오래 기다리지 못할 이유가 무엇이겠는가?"

---

3. 삿 14:14 삼손이 그들에게 이르되 먹는 자에게서 먹는 것이 나오고 강한 자에게서 단 것이 나왔느니라. 그들이 삼 일이 되도록 수수께끼를 풀지 못하였더라.

12장

눈에 보이는 본향

† 금식에 관한 논문

우리는 이제 그의 생애 마지막 1년만을 남겨 놓고 있습니다. 이때 보스톤은 그렇게 길지 않은 한 편의 논문을 출판했습니다. 그 논문은 그의 일상적이고도 탁월한 증거를 지닌 것으로 평가되었으며, 그의 육신의 기력이 현저히 약해졌을 때 썼지만 『내 몫에 태인 십자가』만큼이나 신선한 문체와 힘 있는 사상에 있어서 그의 생애 중반기에 쓰인 것으로 평가받을 만큼 뛰어난 작품이었습니다. 그 논문의 제목은 「개인과 가족 금식과 겸비함에 관한 기록」 (*A Memorial Concerning Personal and Family Fasting and Humiliation*)입니다.

우리가 이미 살펴본 것처럼, 그는 이 개인적인 금식을 일생 동안 실천해 왔습니다. 그는 금식과 겸비함이 복음서들과 서신서들의 곳곳에서 확실히 보증된 일이라고 믿었습니다. 그 소논문 속에서 보스톤은 심프린과 에트릭에서 오랫동안 사역을 하면서 금식들을 통해 너무도 고귀한 신앙적 유익들을 얻었다고 주저 없이 증거합니다.

이 장에서는 앞에서 다루지 않았던 금식에 대한 그의 여러 가지 생각들을 소개하고자 합니다. 그는 자신이 추천하고 실천한 금식에는 어떠한 고행이나 자의적인 숭배 행위가 없었다는 사실을 신중하게 지적합니다. 그는 말합니다. "다른 사람에게 비밀로 행하는 신앙적 금식들은, 날마다 행하는 일상적인 의무들이나 정해진 시간에 이루어지는 기도와 찬양, 성경 읽기 등과 같지 않으며, 특정한 때에 시행하는 특별한 의무이다. 그 행위를 실천하는 것은 전적으로 다양한 섭리의 요청에 의한 것이다."

우리는 그가 자신의 하루를 온전히, 혹은 하루 중 일부를 구별하여 다른 이들과의 교제나 일상의 즐거움을 절제하는 것을 상상할 수 있습니다. 그는 이러한 분리를 통해 모든 방해에서 벗어나 하나님과 홀로 있기를 추구했으며, 영적인 훈련을 통하여 온전히 자신을 드리고자 했을 것입니다. 또한 아마도 이 기간에 그는 최소한의 음식만을 섭취하며 음식을 멀리하거나 온전한 금식을 했을 것입니다.

이러한 일이나 이와 유사한 일을 행할 때에는 반드시 스스로를 절제해야만 합니다. 여러 가지 환경 속에서 이 일을 이루기 위해서는 반드시 기독교적인 절제가 있어야 하며, 이는 개개인이 스스로 결정해야만 합니다. 또한 외적인 일들은 알맹이를 담고 있는 조개껍질에 불과하다는 사실을 반드시 명심해야 합니다.

개인적, 혹은 가정적인 금식이라는 주제로 다양한 신앙 훈련을 설명하면서, 보스톤은 이러한 금식이 기도가 햇빛처럼 가득 퍼져서 생명으로 가득하게 만드는 하나의 기본 요소라는 점을 언급합니다. 이를 통해 기도의 빛이 더 밝게 빛날 것이며, 홀로 선 예배자가 그 속에서 살고, 기동하며, 존재하게 될 것입니다.

금식을 통하여 하나님 앞에서 스스로 겸비해지려면, 반드시 자신의 삶에서 그릇됨이나 부족함이 무엇인지를 찾아내고자 하는 자기 점검, 혹은 '자기 길을 살피는' 모습이 있어야 합니다. 죄책들과 그 세력에서 즉시 건져지기를 원한다면, 숨어 있던 죄가 빛 가운데 드러났을 때 하나님께 자유롭고도 온전한 고백을 드릴 수 있어야 합니다. "내게 무슨 악한 행위가 있나 보시고 나를 영원한 길로 인도하소서"(시 139:24).

마음과 삶 속에 가득찬 죄악들에서 벗어나 하나님께로 돌아가기를 원한다면, 그 죄들을 고백하면서 하나님께 회개하는 일을 훈련하십시오. 고독함 속에서 자신이 지은 죄를 고백하며 고통 중에 그것들을 품어야 합니다. 만일 우리가 진실한 참회자라면, 우리는 죄에서 돌이키되 그것이 단지 우리에게 위험하고 파괴적인 것일 뿐 아니라, 하나님을 대적하고 그의 아들을 욕되게 하며, 그의 성령을 근심시키고 그의 율법을 어기게 하며, 그의 형상을 파괴한다는 것을 깨달아야 합니다.

또한 우리는 그 죄악들을 내버리되, 자신을 태우는 숯불을 품에서 급히 내버리는 것처럼, 또한 자신을 더럽히는 혐오스럽고 가증한 것을 내버리는 사람처럼 던져 버려야 합니다. 이러한 회개의 증거로서 겸비함과 자기혐오를 나타내고, 금식의 직접적인 원인이 된 일에 대하여 특별하고도 오랜 기도를 드려야 합니다.

그리스도의 이름을 믿음으로 의지하여 그의 은혜 언약을 새롭게 붙잡음으로써 하나님과의 언약을 갱신하는 자리로 나아가십시오. 거기서 우리는 그 언약을 붙잡을 뿐만 아니라 그 언약 안에서 구원의 자리에 든든히 설 수 있게 될 것입니다. 보스톤이 시의 적절하게 언급한 위로를 기억하십시오. "누구라도 하나님의 은혜 언약을 붙들 수 있다. 떨리는 손을 가진 사람일지라도 말이다."

이제 다음의 두 문장을 인용하면서 금식에 대한 보스톤의 논문을 다루는 일을 마무리하고자 합니다. 이 두 문장은 기꺼이 그의 제자가 되고자 하는 모든 사람들이 보석처럼 간직할 만한 가치를 가지고 있습니다.
"당신의 기도의 분량에 어떠한 가치도 두지 말라. 기도의 시간이나 빈도는 중요하지 않다. 그러한 것들은 하나님께 아무 소용이 없다. 하나님은 기도의 수를 세지 않으시고 그 무게를 다신다."
"기도 중에 믿음으로 주님께 문제를 올려 드리는 일은 근심하는 마음에 놀라운 평안을 준다. 그 일은 때때로 금식을 영적인 축제로 바꾸어 놓는다."

†죽음을 위한 준비

보스톤은 점점 약해지는 자신의 몸이 '모래시계가 내려가는' 모습과 닮았다고 생각했습니다. 기력이 점점 떨어지고 있다는 느낌과 더불어, 요결석(尿結石)으로 인한 고통이 자주 찾아왔습니다. 그것은 머리를 마비시키는 듯한 충격과 견디기 힘든 고통을 주었습니다. 날이 갈수록 그의 육체는 한눈에 알아볼 수 있을 만큼 고통스러운 모습으로 쇠약해졌습니다.

그는 사후(死後) 자신의 소유들을 나누어 주기 위한 준비를 시작했습니다. 먼저 자기 자녀들을 위한 몫을 정하고 그것을 균등하게 분배하는 일을 준비했습니다. 그는 부모가 떠난 후에 종종 벌어지는 쓰라린 가족 간의 불화를 막기 위해서, 그리고 '주님께서 그를 본향으로 부르실 때 세상일에 대한 아무런 미련을 두지 않기' 위해서 이 일을 서둘러 시행했습니다.

또한 그는 안타까운 마음으로 '깊은 감옥'의 어둠 속에 갇혀 있는 사랑하는 아내를 위한 준비도 잊지 않았습니다. 만일 그녀가 홀로 세상에 남겨지게 될 경우를 위해서 오래지 않아 그들이 저 세상에서 다시 만날 것을 간절히 소망하면서 말입니다. 그곳은, '꺼진 소망의 등불이 다시 타오르며, 사랑의 황금 고리가 다시 연결되는' 곳입니다.

이 무렵, '그의 집을 정리하라'는 하늘의 명령과 함께 찾아온, 선한 에트릭 목사의 마음을 짓누르고 근심하게 하는 또 다른 문제가 있었습니다. 그의 네 명의 자녀들 중 셋은 그리스도의 참된 제자가 되었음을 확신할 수 있었지만, 이제 막 남성다운 모습을 보이기 시작한 막내아들의 신앙적 상태에 대해서는 확신할 수가 없었기 때문입니다.

"이스마엘이나 하나님 앞에 살기를 원하나이다"(창 17:18).

보스톤은 그 아들을 가까이 불렀고, 따스한 사랑으로 자신이 그를 부른 이유를 말해 주었습니다. 여러 번의 간절하고도 사랑이 가득한 대화를 통해 보스톤은 자신의 막내아들이 '그리스도인이 되었다'는 사실을 확신하게 되었습니다.

그가 즐겨 사용하는 표현을 빌리자면, 그 아들은, '예수 그리스도께서 전 인류 죄인들을 위한 선물이요 축복이며, 그러므로 자신을 위한 선물이기도 하다'라는 사실을 믿었습니다. 이것이 그리스도의 복음입니다. 그는 그것을 받아들였고, 그 선물은 그의 소유가 되었습니다. 한 세기 후에 쓰인 다음의 찬송가 가사는 그가 막내아들의 손을 잡았을 때와 같은 부모의 행복한 심정을 잘 보여 줍니다.

"인생의 거친 망망대해를 지나,

> 곧, 또는 후일 우리가 그 기슭에 이를 때,
> 방황하여 잃은 영혼 하나 없이,
> 하늘에 모인 온 가족을 우리 기뻐하리."

몇 주 후, 보스톤은 자신의 마지막 성찬식을 집례하면서, 감사와 감격으로 기쁨의 눈물을 흘렸습니다. 그의 막내아들이 그리스도를 고백하는 많은 젊은이들 틈에서 주의 성찬 테이블에 앉아 많은 기도와 맹세를 드리는 모습을 볼 수 있었던 것입니다.

† 하나님과의 언약의 갱신

여러 달이 지난 후, 그는 자신의 죽음을 준비하기 위해 '하나님과 자신의 언약을 갱신' 했습니다. 그는 사역 초기에 행했던 것과 동일한 의식에 따라 삶을 돌아보고 죄를 고백한 후, 하나님의 은혜 언약을 새롭게 받아들인다고 선언했습니다. '복 되신 하나님의 영광스러운 복음'에 대한 그의 더욱 폭넓어진 시각을 반영하는 듯한 새로운 언어로, 마치 영원한 세상을 바라보는 사람처럼 엄숙한 계약을 새롭게 체결했습니다.

그는 이러한 자신의 모습을 다음과 같이 묘사했습니다. "나는 오랫동안 기도를 한 후, 무릎을 일으켜 다락방에 홀로 섰다. 그러고는 주를 향하여 눈을 들고, 그분 앞에서 내가 기록한 수락문을 읽고 그 위에 손수 서명했다."

하나님과 자신의 언약의 마지막 갱신에 대한 내용을 그의 글 그대로 인용해 보고자 합니다.

"나는 아침 일찍 일어나 평소처럼 경건의 시간을 가진 후, 서명된 언약 수락문을 주님 앞에 펼쳤다. 나는 그 언약을 다시금 인정하고 그것을 엄숙하게 받아들였다. 그 후 그 언약을 지키는 과정에서, 하나님께서 자신의 말씀으로 나에게 그 언약을 제공하시고 드러내신 일을 진술했다.

'내가 너희에게 영원한 언약을 세우리니, 곧 다윗에게 허락한 확실한 은혜니라'(사 55:3). 그 언약의 내용은 이러하다. '또 주께서 가라사대 그날 후에 내가 이스라엘 집으로 세울 언약이 이것이니 내 법을 저희 생각에 두고 저희 마음에 이것을 기록하리라. 나는 저희에게 하나님이 되고 저희는 내게 백성이 되리라. 내가 그들의 죄악을 사하고 다시는 그 죄를 기억지 아니하리라'(히 8:10 참고).[1] '내가 네게 장가들어 영원히 살되'(호 2:19). '하나님이 세상을 이처럼 사랑하사 독생자를 주셨으니 이는 저를 믿는 자마다 멸망치 않고 영생을 얻게 하려 하심이니라'(요 3:16). '또 원하는 자는 값없이 생명수를 받으라'(계 22:17)."

그는 하나님의 임재가 있는 다락방에서 나와서 다음과 같은 일을 했다고 기록합니다.

"내가 간구한 이 내용들은 그분 자신의 말씀이며 그분은 그것을 부인하실 수 없다. 그러므로 나는 예전과 동일한 내용을 인정하고 엄숙히 붙들었다. 그때 나는, 하나님과 내 영혼 사이에 내려진 결론을 확신했다. 그러므로 나는 그 언약으로 말미암아 내 몸과 분리된 나의 영혼을 천사들이 아브라함의 품으로 받들어 올라가게 될 것을 주장할 수 있고, 또한 확신할 수 있다.

그때에 나의 죽은 몸은 무덤 속으로 내려가 묻힐 것이며, 그 언약으로 말미암아 마지막 날에 일어나 내 영혼과 다시 하나가 될 것이다. 내 혀와 내 마음은, 첫 아담의 형상을 이어받은 나의 이 추한 몸과 함께 생명 없이 버려져

---

1. 역자주 – 보스톤은 "내가 그들의 죄악을 사하고 다시는 그 죄를 기억지 아니하리라"라는 내용이 첨가된 본문을 인용합니다.

무덤에 묻힐 것이요, 거기서 더 부패되어 다시 먼지로 돌아갈 것이다. 그러나 그 몸은 그 언약 안에서 둘째 아담의 형상을 따라, 그의 영광스러운 몸처럼 조성될 것이다. 나는 믿음의 기쁨을 가지고 기도의 자리에서 일어서면서 기뻐 뛰노는 마음으로 시편 16편 5, 6절을 끝까지 불렀다.

'여호와는 나의 산업과 나의 잔의 소득이시니 나의 분깃을 지키시나이다. 내게 줄로 재어 준 구역은 아름다운 곳에 있음이여, 나의 기업이 실로 아름답도다.'"

보스톤이 스코틀랜드의 하일랜드에서의 자신의 책 『네 가지 상태』의 인기와 가치에 대한 소식을 들은 것은 이 무렵이었습니다. 그로부터 얼마 지나지 않아, 그 책의 새로운 판이 출판될 것이라는 기쁜 소식을 들었으며, 곧 그 사본 한 권이 에트릭에 도착했습니다. 이 사실에 대하여 그가 자신의 일기에 기록한 표현은 실로 하나님의 사람으로서의 특징을 잘 보여 줍니다. 그는 이렇게 말합니다.

"나는 그것을 받아 들고 주님 앞에서 열어 보았다. 그리고 그 책 위에 복이 임하기를 기도했다. 내가 살아 있는 동안에, 혹은 죽어서 티끌로 돌아간 후에라도 죄인들의 변화와 회심, 그리고 성도들의 영적 성장의 복이 이 책으로 말미암아 임하기를 기도했다."

이 겸손한 저자는, 30년도 채 못 되어 그 책이 무려 30판도 넘게 찍힐 것이며 그 중 상당수는 매우 큰 크기로 만들어질 것을 전혀 상상하지 못했습니다. 그에게 그러한 일은 주제넘은 망상으로 여겨졌을 것입니다. 그러나 실제는 그것을 능가했습니다. 그동안 얻은 영적인 결과들을 그 누가 측정할 수 있단 말입니까?

† 마지막 성찬식

그의 생애가 끝나 갈 무렵인 1731년 여름, 보스톤과 그의 성도들은 성찬식을 거행하는 것과 관련하여, 특별하고도 신성한 일을 진행하고 있었습니다. 점점 쇠약해지는 이 사랑받는 목사는 이번이 '심령에 힘을 주는 의식'의 마지막 집례가 될 것을 직감했습니다. 또한 말을 하지는 않았지만 성도들도 동일한 생각을 하고 있었습니다.

지난날 거행했던 성찬식에서 누렸던, 신성한 추억들과 달콤한 교제들은 그 얼마나 놀라운 것이었습니까! 그때 그들은 마음속으로 이렇게 말하곤 했습니다. "우리가 여기 있는 것이 좋사오니"(마 17:4). 이러한 성례는 그러한 교제들과 특별한 감동을 함께 주는 일이었습니다. 이 선한 목자는, 위엄과 자비가 뒤섞여 충만한 가운데 깊은 감동에 사로잡힌 성도들을 바라보면서 주님께서 하신 말씀을 그들에게 해 주었습니다. "내가 포도나무에서 난 것을 이제부터 내 아버지의 나라에서 새 것으로 너희와 함께 마시는 날까지 마시지 아니하리라 하시니라"(마 26:29).

에트릭의 모든 사람들은 기대감으로 설레고 있었습니다. 그곳 교구민들은 그 예식에 구름 떼처럼 몰려들기 시작했는데, 그 수는 예전과는 비교할 수 없을 만큼 엄청난 숫자였습니다. 심지어 불구자들, 소경들조차도 참석을 소원할 정도였습니다. '외로운 성(聖) 마리아 호수'에서부터 셀커크의 입구에 이르기까지, 그들은 이른 새벽부터 서둘러 긴 행렬을 이루었습니다.

에트릭의 성도들은 몰려든 사람들에게 온전히 헌신했습니다. 어떤 이들은 다섯 명 정도의 외부인들에게 숙식을 제공했고, 또 어떤 이들은 고기와 음료를 아낌없이 나눠 주었습니다. 이는 보스톤이 자신의 일기에 기록한 마지막 일들 가운데 하나였습니다.

그는 거룩한 기쁨과 감사로 그 사실을 기록합니다. "하나님께서는 이 백성에게 이러한 예식에서뿐만 아니라 다른 여러 가지 행사를 치르는 동안에도 자신의 재물들을 나누고자 하는 넓은 마음을 주셨다. 오랫동안 그 행사를 진행하면서 나의 마음은 그들에게 물질의 복이 임하기를 바랐다. 그것은 마치 그들을 내게서 난 자식들처럼 여기는 데서 오는 본능적인 감정이었다."

성찬에 참여한 사람들은 '제정의 말씀'[2]을 반복해서 읽는 엄숙하고도 부드러운 목사의 목소리를 들으면서 깊은 감화를 받았고, 그의 창백하고 떨리는 손에서 구속주의 대속의 사랑의 거룩한 상징들을 보았습니다. 그들은 이번이 그가 이 거룩한 축제에 함께할 수 있는 마지막 시간이라고 생각했습니다. 그러나 그 행사에 임한 기쁨은 그러한 슬픔을 삼켜 버렸습니다.

이에 대한 기록을 통해, 우리는 그날이 기념할 만한 하나의 작은 유월절이요, 그리스도께서 그의 백성들을 대면하실 때 일어날 일을 미리 맛보는 시간이었음을 알 수 있습니다.

† 위로와 기쁨의 편지

이제 그 사역 속에서 두 명의 형제들이 보스톤에게 보낸 편지를 소개하고자 합니다. 그들은 그와 절친한 우정을 나누던 자들로서 그들의 이름은 이미 우리들에게 친숙합니다. 그들은 맥스톤의 가브리엘 윌슨과 갤러실스의 헨리

---

2. 역자주 – "저희가 먹을 때에 예수께서 떡을 가지사 축복하시고 떼어 제자들을 주시며 가라사대 받아 먹으라. 이것이 내 몸이니라 하시고, 또 잔을 가지사 사례하시고 저희에게 주시며 가라사대, 너희가 다 이것을 마시라. 이것은 죄사함을 얻게 하려고 많은 사람을 위하여 흘리는 바 나의 피, 곧 언약의 피니라. 그러나 너희에게 이르노니 내가 포도나무에서 난 것을 이제부터 내 아버지의 나라에서 새 것으로 너희와 함께 마시는 날까지 마시지 아니하리라"(마 26:26-29)의 말씀과 같이 성찬 집례 때에 읽는 말씀을 지칭합니다.

데이비드슨입니다. 그들의 연고와 향품은, 천성 본향으로 가는 길에서 '그의 마음의 기쁨'이 되었을 것입니다.

"맥스톤, 1732년 4월 8일,
사랑하는 형제이신 목사님,

오늘 목사님과 많은 시간을 보내려고 크게 마음먹었지만, 이렇게 편지로 대신하게 되어서 매우 안타깝습니다. 그러나 이것도 주님의 뜻인 것 같습니다. 목사님께 회신을 받은 후, 즉시 이에 대한 설명의 글을 드리겠습니다.

저는 목사님의 시련이 갈수록 거세지고 있다는 소식을 들었습니다. 그러나 목사님께서는 그러한 시련을 두고, 달갑지 않은 뜻밖의 일이 자신에게 일어난 것처럼 여기지 않으실 것입니다. 아, 그것은 어려운 일입니다. 그러나 목사님은 그렇게 하라는 부르심을 받으셨고, 심지어 기뻐하라는 명령을 받았습니다. 그러한 일들로 인하여 목사님이 '그리스도의 고난에 참예하게 된다'는 사실을 기억하면서 말입니다(빌 3:10 참고).

은혜로 목사님을 진리 가운데로 인도하신 주님께서 이제 놀라운 지혜로 그 모든 진리를 목사님께 적용하십니다. 목사님께 붙들어 주고 위로해 주는 그 진리의 능력을 입증하라고 말입니다. 많은 유혹들로 인하여 무거운 짐을 진 우리의 상황은 몇 시간, 몇 분 후면 곧 끝날 것입니다(고후 4:17, 18 참고).

목사님의 왕이시요 주인이신 하나님의 아들께서는 모든 환경 속에서 목사님과 동행하십니다. 비록 눈에 보이지는 않는다고 할지라도, 결코 목사님을 버리지도, 떠나지도 않으실 것입니다. 인내와 위로의 하나님께서, '우리 주 예수 그리스도의 아버지이신 하나님께서', '자비의 아버지께서', '모든 위로의 하나님께서' 모든 환난 가운데 있는 이들을 위로하시는 그 위로와 언약의 위로로써 목사님을 위로해 주시기를 기도합니다(고후 1:13 참고).

목사님은 기억하실 것입니다. 시편 31편에 나타난 것처럼 그분께서 우리의 마음을 강하게 하시리라는 약속은 우리에게 담대함을 줍니다. 저는 그분께서 사망의 그림자를 아침으로 바꾸시고 목사님의 힘을 회복시키시기를 바라며 간구하고 있습니다.

오늘 열린 우리 당회는 사랑과 자비의 증거로 당회원 중에 한 사람을 목사님께 보내어 이 말을 전하기로 했습니다. 나의 가장 사랑하는 형제여, 저는 목사님과 연합되기를 원합니다. 하나님의 크신 은혜가 목사님과 함께 하시기를 빕니다. 귀한 당신에게 사랑을 전하며…….

가브리엘 윌슨."

"갤러실스, 1732년 2월 25일,

존경하는 목사님,

보내 주신 여러 통의 편지는 너무 기쁘게 읽었습니다. 이렇게 글을 드리는 것은, 아름다우신 나의 어머니께서 오늘 새벽 세네 시 경에 더 좋은 나라, 본향으로 가셨다는 사실을 알려 드리기 위해서입니다. 어머니는 주일 저녁에 침상에 누우셨습니다. 어머니는 고열에 시달리셨지만 임종 시간이 될 때까지 의식이 또렷하게 남아 있었습니다.

우리의 사랑은 얼마나 잔인한 것이며, 우리의 감정은 얼마나 눈멀고 분별 없는 것입니까? 우리는 온전한 만족이나 완전한 행복보다는 그분들이 우리 곁에 머무는 데서 얻을 수 있는, 큰 것처럼 보이지만 실상은 지극히 작은 유익을 원하고 있습니다. 그것은 진정한 사랑의 관계에서 우리가 범하는 매우 크고도 일반적인 죄악입니다.

그러나 두렵고도 고통스러운 죽음은 믿음으로 말미암아 하늘 아버지께서 보내신 사자로서 우리 앞에 나타날 것입니다. 그리고 죽음의 굳고 차가운 양손을 열어 그 안을 들여다볼 때, 그 안에서 사랑으로 가득한 은혜로운 편지들을 발견할 것입니다. 그 편지는 본향으로의 초대요, 새 예루살렘으로 올라오라는 부르심입니다.

죽음이 그 한 손으로 우리의 눈을 감기고 다른 손으로 별빛을 가릴 때, 그것은 휘장을 찢어 길을 열 것이고, 우리의 존재는 밝게 빛나는 의의 태양 빛 아래 거하게 될 것입니다. 영원토록 한 점 구름도 없는 그 빛 아래 말입니다.

'주의 길이 바다에 있고 주의 첩경이 큰 물에 있어 주의 종적을 알 수 없지만'(시 77:19 참고) 우리는 모든 신비한 섭리의 과정들 속에 사랑스런 자비가 들어 있다는 사실을 믿습니다. 때가 되면 우리는 '바퀴 안에 들어 있는 바퀴를'(겔 10:10 참고) 보게 될 것입니다. 그리고 그 희미한 암호들을 어떻게 해독해야 할지를 배우게 될 것입니다.

우리는 기쁨과 놀라움으로, 복잡하고 삐뚤어져 반대로 움직이는 것처럼 보이는 지혜의 섭리가 하나님의 약속을 이루는 신실한 종으로 일해 왔다는 사실을 깨닫게 될 것입니다. 그때 우리는 하늘의 명령에 '아멘'으로 화답할 수 있을 것이며, 어둡고 음울한 밤에도 '할렐루야'를 외칠 수 있을 것입니다.

목사님께 많은 아픔을 드린 것에 대하여 깊이 사과드립니다. 목사님 곁에 계신, 소망 중에 주의 갇힌 자 되신 사모님께도 안부를 전해 주십시오. 하나님의 섭리가 목사님을 붙들고 있습니다. 그러므로 갇혀 지내는 기간에도 모든 것이 한 치의 오차도 없이 이루어질 것입니다. 사모님께 저의 애정 어린 존경을 전합니다. 그것은 사랑하는 목사님을 향한 존경심과도 같습니다. 견고한 연합 안에서 깊은 애정을 드리며……

헨리 데이비드슨."

† 그칠 줄 모르는 설교 사역

보스톤의 기력은 날이 갈수록 쇠해졌습니다. 더욱 심해지는 고통과 더불어 만성적으로 그를 떠나지 않았던 괴혈과 관련된 질병이 그를 괴롭혔습니다. 따라서 그는 목회의 직무들을 줄일 수밖에 없었습니다. 비록 그가 그러한 일을 달가워하지 않더라도 말입니다. 그의 말은 영혼을 사랑하는 헌신된 그리스도의 종과 같습니다.

"오, 이처럼 선하신 주인을 위한 일을 중단하는 것은 내게 너무나도 큰 고통입니다."

이 시기에 이르기까지 그가 변함없이 실천했던 일이 있습니다. 그것은 그가 일 년에 한 번씩, 그의 교구에 속한 모든 가정들을 심방하면서 '교리문답 교육'을 한 일입니다. 궂은 날씨나 불어난 계곡 물, 높고 거친 산길도 이 일에 대한 그의 열심을 막지 못했습니다. 그는 이 일을 가치 있는 큰 기쁨으로 여겼습니다.

이 일을 통해 자기 성도들의 생각과 마음을 깊이 알 수 있었고, 그들의 가정 형편을 지속적으로 점검할 수 있었으며, 그들이 그리스도의 복음에 대한 참된 지식을 어느 정도 가지고 있는지, 얼마나 정확히 알고 있는지를 측정할 수 있었기 때문입니다. 그러나 이 일도 이제는 할 수 없게 되어 중단할 수밖에 없었습니다.

그러나 이러한 교리문답 교육이 단번에 중단된 것은 아니었습니다. 이 헌신된 목사는 그가 아끼는 이 사역에 큰 열심을 가지고 고수하고자 했기에 절충적인 방법을 찾아냈습니다. 그가 먼 지역에 사는 성도들의 가정을 방문할 수 없게 되자, 주중 정해진 시간에 성도들이 교회로 와서 보스톤을 만나기로 했습니다.

친절한 성도들이 이동식 철난로를 제공했고, 정해진 날에는 토탄(土炭) 불을 피웠습니다. 그 곁에서 이 헌신적인 목사는 둘러앉은 6, 70명 정도의 젊은 남녀들에게 한 시간 가량 강의를 했는데, 하나님의 위대한 일을 그들에게 말하는 동안 그는 결코 지치지 않았습니다.

그러나 이러한 임시 조치도 그리 오래가지 못했습니다. 왜냐하면 그의 손과 발이 기운을 잃고 마비가 되어서 설교하는 동안 강단에 서 있는 것조차도 불가능했기 때문입니다. 또 다른 변화가 필요했습니다.

그의 사랑하는 성도들은 그의 사역을 조금이라도 더 연장시킬 수 있기를 원하여, 강단 위에 큰 팔걸이의자를 갖다 놓아 그가 거기 앉아서 설교하도록 배려했습니다. 대부분의 사람들이 유아기 때부터 들어오던 그의 목소리는 더 이상 예전의 기운이나 힘을 가지고 있지 않았습니다. 그러나 부드러움과 열정만은 여전했습니다.

주일마다 그들은 슬퍼하면서 그의 목소리를 들었고, 유언이 될 수도 있는 그의 모든 말을 마음속에 깊이 새겼습니다. 그들은 자신들이 추수 때에 이삭을 줍기 위해 모였다는 사실을 알았습니다. 머지않아 그들은 이렇게 부르짖게 될 것입니다. "오, 그리운, 사라진 손길과 음성이여."

안타깝게도 심사숙고한 이러한 배려도 일시적일 뿐이었습니다. 그는 더욱 더 쇠약해져서 결국 사택 밖으로 나올 수도 없게 되었습니다. 그가 내린 마지막 방법은 사택의 열린 창문을 통해 멀리 떨어져 있는 사랑하는 회중들에게 설교하는 것이었습니다. 이러한 때를 위해 그는 자기 점검[3]에 관한 두 편의 뛰어난 설교를 준비했고, 이 급조된 강단에서 설교했습니다.

---

3. 고후 13:5 너희가 믿음에 있는가 너희 자신을 시험하고 너희 자신을 확증하라. 예수 그리스도께서 너희 안에 계신 줄을 너희가 스스로 알지 못하느냐. 그렇지 않으면 너희가 버리운 자니라.

그의 생애 마지막 몇 달 동안 그가 남긴 말들을 통해서 우리는 두 가지 사실을 알 수 있습니다. 그 중 하나는, 자신의 마지막 순간이 다가왔다는 사실을 알았을 때, 광대한 복음에 관한 주제들이 그를 사로잡았다는 것입니다. 그 진리들을 설교하고 변호하는 일은 그의 사역 중에서도 특별한 것이었습니다.

그는 '매로우 사상'을 포함하고 있는 말씀들, 곧 "금 곧 많은 정금보다 더 사모할 것이며"(시 19:10), "또 증거는 이것이니 하나님이 우리에게 영생을 주신 것과 이 생명이 그의 아들 안에 있는 그것이니라"(요일 5:11) 등과 같은 말씀을 자주 언급했는데, 질병에 걸려 고통스러웠던 시간을 되돌아보면서 "이 말씀들은 제 영혼에 달콤한 위안을 주는 버팀목입니다"라고 말하곤 했습니다.

갑작스런 질병으로 쓰러졌을 때나 죽음이 임박한 순간에 그는 자신의 경험에서 얻은 다음과 같은 위로를 해 주었습니다. "죄인들을 위한 그리스도의 제공 등의 주제는 제 위로의 근거입니다. 지난 토요일 이후에 저는, 하나님이 나의 하나님이 되신다는 사실을 믿는 데서 오는 흔들림 없는 기쁨과 평화를 누리고 있습니다."

또 한 가지 알 수 있는 사실은, 그에게는 자신의 활동이나 유능함을 오래 지속하려는 소원이 전혀 없었다는 점입니다. 그는 사역을 중단할 때 자신의 생명도 끝나기를 바랐습니다. 이러한 생각은 다음의 말 속에 밝히 드러납니다. "저는 제 몸이 점점 약해지는 것이 제 영혼이 안식을 향하여 가고 있는 것이라고 생각하면서 위로를 얻습니다." "저는 요즘 하나님의 영광을 위한 죽음을 위하여, 제 영혼에 특별한 관심을 기울이고 있습니다. 죽음이 찾아왔을 때 만족스러운 모습으로 떠날 수 있도록 말입니다."

만일 그에게 마지막 몇 주 동안에 이루지 못한 소원이 무엇인지를 물어본다면, 그는 멜랑히톤이 죽으면서 남긴 말과 같이 대답했을 것입니다. "아무 것도 없습니다. 오직 천국뿐입니다." 그 순간에 이를 때, 죽음은 그의 소원과 행복한 조화를 이루게 될 것입니다. 보스톤은 하늘 본향의 부르심을 기대하며 기다리고 있었습니다. 마치 엘리야가 불병거가 내려오기를 사모했던 것처럼 말입니다.

그는 영원히 버려두고 떠나야 할 '눈에 보이는 일시적인 것들'에 생각을 빼앗기거나 위험한 방해물들이 나타나면 몹시 안타까워했습니다. 이 사실은 그가 에딘버러에 있는 어떤 사람에게 보내는 답장 속에 잘 나타나 있습니다. 그 사람은 보스톤의 상태에 대하여 알지 못했고, 세상적인 사업과 관련된 일로 그에게 편지를 보냈습니다. 보스톤의 답장은 매우 흥미롭습니다. 그는 정중하게 거절했는데, 이 글이 보스톤이 남긴 마지막 서신입니다.

"친애하는 선생님,

곧바로 저의 특별한 처지부터 알리는 것을 용서해 주시기를 바랍니다. 지금 저는 임종을 눈앞에 두고 있습니다. 모든 사업은 완전히 종결되었습니다. 저는 MSS에 관한 것이나, 다른 어떠한 사업에 대해서도 더 이상 응할 수가 없습니다. 그 모든 것들을 주님께 맡길 수밖에 없습니다. 내 친구들을 돌아보는 일도 그분이 맡아 주실 것입니다.

저는 하나님께서 깊은 물 속에서 힘들게 노를 젓는 선생님을 보고 계시며, 적절한 때에 거기서 벗어나게 하실 것을 의심하지 않습니다. 그러나 그때까지 인내가 필요합니다. 제가 강요할 수는 없습니다. 영원하신 하나님께서 선생님의 피난처가 되어 주시고 영원한 팔 아래 품어 주시며, 지난 12년간 가장 실질적인 우정을 나타내심에 대하여 풍성한 복을 주시기를 빕니다.

가장 진실한 사랑을 드리며……."

† 하늘의 부르심

1732년 5월 20일, 보스톤은 사택 창문을 통하여 자기 점검에 관한 두 번째 설교를 한 후, 두 주일도 채 못 되어 56세의 나이로 세상을 떠났습니다. 그의 적절한 표현대로, 세월 때문에 늙어서가 아니라 하늘을 향한 수고와 하늘을 대면하느라 닳아서 세상을 떠난 것입니다. 그는 마지막 설교를 하는 순간에도 어떠한 망설임조차 보이지 않았습니다. 사역의 마감과 동시에 삶을 마감하고 싶어하던 그의 바람과 기도대로 이루어졌습니다.

우리의 하늘 아버지께서, 죽음뿐만 아니라 그 죽음의 시간과 방법까지도 정하신다는 것은 하나님의 자녀들에게 큰 위로가 됩니다. 예수님께서 베드로가 십자가 형틀에서 죽을 것을 예언하실 때, 그분께서는 '어떠한 죽음으로 하나님께 영광을 돌릴 것을 가리키시며' 예언하셨습니다(요 21:19 참고).

이로써 우리는 '내 시대가 주의 손에 있다' 는(시 31:15 참고) 사실을 확신할 수 있습니다. 또한 구속함을 얻은 백성들을 데려가시는 다양한 방법이 있지만 – 어떤 이들은 크고도 오랜 환난 속에서 '고통과 죽음의 고뇌로 신음하며' 죽기도 하고, 또 어떤 이들은 이미 그 영원하신 팔에 안긴 것처럼 평안과 승리의 기쁨 속에서 죽기도 합니다 – 마음을 괴롭히는 기이한 죽음 속에도 아버지의 지혜와 사랑이 깃들어 있다는 것을 알 수 있습니다.

랠프 어스킨은 입술로 "승리, 승리!"라고 외치면서 죽었습니다. 앤드류 풀러(Andrew Fuller)는 "나는 황홀함도, 아무런 두려움도 없습니다. 다만 나를 영원으로 이끌기에 충분한 믿음이 있을 뿐입니다"라는 말을 유언으로 남겼습니다. 학식이 많고 경건한 주석학자였던 스코트는 한동안 사탄의 시험과 맹렬한 공격에 시달렸지만 운명하기 직전에 승리와 확실한 소망으로 하나님께 감사할 수 있었습니다.

위대한 선교사 스워츠(Schwartz)는 그의 마지막 침상을 강단으로 삼아 자신을 둘러싼 토착 인디언 지도자들에게 유언처럼 다음의 말로 경고했습니다. "심판 날에 그리스도의 오른 팔이 짧아서 닿지 못하는 사람이 여러분 중에 한 사람도 없도록 주의하십시오." 가장 헌신적이고도 자기 부정에 힘쓴 선교사, 헨리 마틴(Henry Martyn)은 모래사막 가운데서 외로이 죽었습니다. 타 들어가는 그의 입술을 시원한 물로 적셔 주거나 그의 눈을 감겨 줄 친구 한 사람도 없이 말입니다.

이제 에트릭의 목사는 기도했던 대로 생명과 사역을 동시에 마감할 수 있었으며, 그에게 죽음은 죽음 같지 않게 다가왔습니다.

> "오, 우물거리는 신음없이
> 환영사(歡迎辭)를 들으리,
> 내가 맡은 육신 누이고
> 수고와 삶을 일시에 그치면!
>
> 죄악 된 의심이나 어두운 두려움 없이
> 그리스도의 달콤한 임재에 젖어 들리,
> 나의 빛, 나의 생명, 나의 하나님께서 오셔서
> 그 얼굴의 영광 나타내실 때."

에트릭의 목자, 토마스 보스톤은 큰 사람이었습니다. 세례 요한이 거룩하게 구별된 삶으로써 하나님을 영화롭게 하고 사람들에게 선을 행했다는 점에서 큰 사람이었듯이, 그 역시 그러했습니다. "주 앞에 큰 자가 되며"(눅 1:15).

우리는 이제 그의 삶에 대한 우리의 판단을 입증하기 위하여 지금까지 살펴본 그의 생애를 되돌아볼 필요가 있습니다. 그의 젊은 시절, 심프린에서의 사역을 생각해 봅시다. 그곳에서 사역한 7년 동안 그는 사람들 속에 만연했던 불경건과 완고함을 살아 있는 믿음과 거룩한 행실로 바꾸어 놓았습니다. 그리하여 광야가 옥토로 변하게 되었습니다.

다음으로 에트릭에서의 사역을 떠올려 봅시다. 심프린보다 더 넓은 교구인 그곳에 그가 목회자로 부임했을 때, 그는 교구민들 가운데 모독적인 언사와 공예배를 무시하는 일, 또는 추잡한 죄악들이 매우 심각하게 만연하고 있음을 발견했습니다. 이러한 모습들은, 여러 해 동안 '하늘을 여는 열정적인 기도'와 그가 선포한 복음의 능력으로 인하여 변화하기 시작했습니다. 그의 헌신적인 수고가 있었기에 에트릭은 '주님의 열매를 맺는 동산'으로 변화되었습니다.

이제 보스톤의 『네 가지 상태』의 저술과 출판을 살펴보겠습니다. 그 책은 여러 세대 동안 출판되었던 그 어떠한 작품들보다도 뛰어났습니다. 개인들에게 영향을 주었을 뿐만 아니라 스코틀랜드 모든 주(County)의 모든 계층, 모든 사람들에게 신령한 변화를 경험하게 하는 회심을 위한 하나님의 도구로 쓰였습니다. 그것은 마치 '자비가 내려오는 영원한 보좌로부터 임한 등불'과 같았습니다.

그 다음에 주목할 것은 '매로우 사상'에 관한 논쟁입니다. 그 속에서 보스톤과 매로우 주의자들은 오류들과 사투를 벌였습니다. 그들은 인간의 무지와 자기 의가 쳐 놓은 장애물에서 복음을 그 신적 온전함과 값없음으로 옮기기 위해 최선을 다했습니다. 더 나아가 생명샘을 더럽히는 장애 요소들을 제거하기 위해 수고하면서 그들은 비난과 수치를 견뎌 냈습니다.

수년 동안 계속된 박해 속에서도 보스톤은 굳게 일어섰습니다. 홀로 맞서야 했던 순간에도 그가 굳건히 버틸 수 있었던 것은, 이 진실한 그리스도의 사역자 안에 순교자의 정신이 있었기 때문입니다. 만일 그가 100여 년 전, 스코틀랜드의 시민과 종교의 자유를 쟁취한 언약도의 싸움이 있었던 때에 태어났더라면, 그는 분명히 순교자의 화형대를 향하여 담대하게 걸어 나갔을 것입니다.

다음으로 살펴볼 것은 보스턴의 생애 말년의 시간입니다. 그 시기에 그는, 건강이 허락하는 한, 많은 책들을 저술하고 출판하는 일에 힘썼습니다. 그가 지은 '행위 언약과 은혜 언약'에 대한 논문이나 『현대 신학의 정수 주해』 등과 같은 책은 교리적인 필요에 의해 쓴 것으로 보입니다.

그는 하나님께서 주신 은사로써 무수한 사람들을 의의 나라로 인도하고 성도들의 믿음을 지키기 위해 쉬지 않고 일했습니다. 하나님께서 즐거이 사용하신 도구인 그를 위대한 사람, '주 앞에서 큰 자'가 아니라고 말할 자가 누구입니까? 우리는 그 시대의 뛰어난 인물들 중에서도 그가 가장 능력 있는 사람이라고 주저 없이 말할 수 있습니다.

제임스 워커(Jamers Walker)는 "토마스 보스턴은 당대 스코틀랜드의 최고의 히브리어 학자였으며, 스코틀랜드에 현존하는 모든 신학자들을 망라하여 생기 있고 능력 있는 인물이었다"라고 말했습니다.[4]

앞에서 살펴본 대로, 그의 생애 마지막 몇 달 동안 에트릭 성도들이 자신들의 목회자를 위하여 보여 준 깊고도 따스한 사랑은 얼마나 주목할 만한 것입니까! 그것은 단지 호의적인 태도를 낳는 얄팍한 동정심과 같은 피상적인 감정이 아니었습니다. 그들은 자신들을 그리스도의 발 앞으로, 그리고 생명

---

4. 편집자주 - 제임스 워커(James Walker)는 『스코틀랜드의 신학자와 신학』(Theology and Theologians of Scotland)의 저자입니다.

의 길로 신실하게 인도해 준 그에게 깊이 감사하고 있었습니다. 그들 모두는 자신들의 기쁨과 슬픔에 변함없이 함께해 준 그의 긍휼을 결코 잊을 수 없었습니다.

그들의 사랑은 성도다운 그의 삶이 보여 준 모범적인 모습 때문에 더욱 깊어졌습니다. 그의 삶은 기독교 증언사의 빛나는 한 장과도 같았습니다. 그러므로 그들은 하나님의 사람을 향한 사랑, 그 이상으로 그를 존경했습니다.

보스톤의 이름은 그가 죽기 오래전부터 에트릭 모든 가정에서 하나의 소중한 이름으로 자리 잡았습니다. 그 이름은 '신성함' 과 동의어로 쓰일 정도였습니다. 그들은 자녀들에게 존경심을 가지고 그의 이름을 말해야 한다고 가르쳤습니다. 또한 그와 관련된 일화들과 핵심을 찌르는 많은 잠언들을 보화로 여겼으며, 심지어 에트릭 주위의 다른 지역들에서도 회자되었고, 세월이 지나면서 다음 세대로까지 이어졌습니다.

국교회의 한 유명한 주교는 필립 헨리를 '비국교도들 중에서 가장 원숙한 성도' 라고 자주 언급하곤 했습니다. 그러하다면 우리는 토마스 보스톤을 '스코틀랜드 장로교도들 중에 가장 원숙한 성도' 라고 부를 수 있을 것입니다. 뿐만 아니라 그의 이름을, 약 100년 전에 살았던 사무엘 루터포드처럼 스코틀랜드 성도들과 존귀한 자들의 명부에 올릴 수 있을 것입니다.

얼마 지나지 않아서 보스톤을 향한 하늘의 부르심이 임했습니다. 비탄에 잠긴 성도들이, 자신들이 그를 얼마나 사랑했는지를 알게 된 직후였습니다. 각 가정에 사랑하는 목사의 임종 소식이 전해졌을 때, 온 에트릭은 보김

---

5. 삿 2:4, 5 여호와의 사자가 이스라엘 모든 자손에게 이 말씀을 이르매 백성이 소리를 높여 운지라. 그러므로 그곳을 이름하여 보김이라 하니라. 무리가 거기서 여호와께 제사를 드렸더라.

(Bochim)5이 되었습니다. "오늘 이스라엘의 방백이요, 또는 대인이 죽은 것을 알지 못하느냐"(삼하 3:38).

교회 뜰 바깥 먼 곳까지 길게 늘어서서 그칠 줄 모르고 오열하는 무리들로 가득했던, 장례식은 얼마나 놀라웠는지! 하늘은 그의 불멸의 영혼을 맞이하며 그 황금문을 활짝 열었고, 그로 말미암아 회심하게 된, 그보다 먼저 영광에 올라간 자들은 그의 입성을 반가이 맞이했을 것입니다.

조문객들이 그의 좁은 사택을 들여다보았을 때, 위에서 그들을 부르는 부드러운 음성을 듣지 않았을까요?

"우리의 소망이나 기쁨이나 자랑의 면류관이 무엇이냐. 그의 강림하실 때 우리 주 예수 앞에 너희가 아니냐. 너희는 우리의 영광이요 기쁨이니라"(살전 2:19, 20). "또 내가 들으니 하늘에서 음성이 나서 가로되, 기록하라. 자금 이후로 주 안에서 죽는 자들은 복이 있도다 하시매, 성령이 가라사대, 그러하다. 저희 수고를 그치고 쉬리니, 이는 저희의 행한 일이 따름이라 하시더라"(계 14:13).

13장

보스톤에 대한 평가와 유작들

† 보스톤에 대한 평가

이제 보스톤에 대한 일반적 묘사를 덧붙이려고 합니다. 이 묘사는 그가 떠나고 얼마 지나지 않아, 복음 사역의 동역자요, 가장 절친한 우정을 나눈 친구들, 콜든(Colden), 데이비드슨, 그리고 윌슨이 집필한 것입니다. 그들은 이러한 아름다운 화관을 엮어 그의 무덤에 헌화했습니다.

"보스톤은 중간 정도의 키와 덕스럽고 호감을 주는 외모를 지녔다. 뛰어나고도 유능한 재능을 지녔고 임기응변을 할 줄 알았으며, 활발한 상상력을 가진 사람이었다. 그러나 그는 그러한 능력을 개발하기보다 오히려 철저히 절제했다. 또한 그는 따스한 정이 많은 사람이었고, 명석하고도 정확한 판단력을 지녔다. 그는 본성적으로 정직하고 온순하며, 사려 깊고 자비로우며, 친절하고 예의바른 사람이었다. 그는 조잡하고 야만적인 말이나 행동에 대해 본능적인 반감을 지녔으며 민감하게 반응했다. 또한 그는 의로운 일이나 스스로 필요하다고 판단될 때 단호하고도 엄격한 말로 개입하곤 했다.

그는 일찍이 하늘로부터 은혜의 부르심을 입었고, 그 후 지속적으로 경건의 훈련을 쌓았다. 자신의 모든 일에서 날마다 주를 인정하면서 하나님과 실질적으로 동행했고, 천국을 향하여 엄숙하고도 특별한 열심을 나타냈으며, 갑자기 주어지는 의무나 어려움, 혹은 시련을 맞이할 때, 하나님이 받으시고 들으신다는 확실한 위로의 증거들을 붙잡고 그분을 따랐다. 그는 또한 말씀과 관련하여 하나님의 섭리와 자신의 감정이나 행위, 더 나아가 놀라운 신앙체험 등에 대한 주의 깊은 관찰자요 기록자였으며 견습공이었다.

그는 삶의 모든 방식이나 대화에서, 심지어 대부분의 성도들이 주의를 기울이지 못하는 부분들까지도, 하나님의 법에 정확하고 폭넓게 주의를 기울이는 사람이었다. 그는 선한 양심의 소유자로서, 악을 미워하고 피하는 데 주의를 기울였으며, 곤고한 사람들에게는 긍휼과 자비를 나타내고, 궁핍한 자들에게는 관대했다.

그는 의무에 충실한 남편이었고 너그러운 아버지였다. 또한 신실하고 사랑 많은 친구였으며, 그와 우정을 나누던 사람들에게 풍성한 복이 되었다.

그는 모든 신학적 지식에 탁월한 학자였고, 많은 분야에서 뛰어났다. 그는 인문주의를 지향했으며, 특히 생애 후반으로 갈수록 더욱 그러했다. 히브리어 액센트에 관한 자신의 저서를 라틴어로 번역한 일이 그 점을 충분히 입증하리라 생각한다. 그는 헬라어에도 능통했다.

그의 히브리어 실력은 오는 시대에도 인정을 받고, 학문 세계에서 존경을 얻을 만한 것이라고 확신할 수 있다. 특히 그 저술 작업이 지식 세계의 도움을 얻을 수 없는 열악한 환경에서 이루어졌다는 사실과 그런데도 히브리어 액센트 연구에서 그보다 앞섰던 모든 사람들을 능가한 것을 생각할 때 더욱 그러하다.

그는 불어에도 능통했으며, 번역들을 비교하기 위하여 네덜란드어로 적힌 성경도 읽을 수 있었다. 그가 흥미를 느끼지 못한 학문 분야는 거의 없었다. 그의 모든 지식은 허풍이 아니라 노력으로 얻어진 것들이었다.

그는 쉬지 않고 노력하는 학생이었으며, 지칠 줄 모르는 집념의 사람이었다. 그는 한 번 마음을 쏟기 시작한 일은 그칠 줄 모르는 노력으로 포기하지 않고 이루어내고 말았다. 그는 인간 본성에 대한 놀라운 지식과 관점을 지니고 있었으며, 그것을 가장 적절한 방법으로 설명하고 적합하게 다룰 줄 알았다. 또한 그는 문서를 작성하는 데에도 뛰어난 재능을 보였다.

그는 다른 사람들의 재능이나 자질을 존중하는 사람이었기에 그에 걸맞는 칭찬을 아끼지 않았고, 자신과 전혀 다른 생각을 하는 사람들에게도 비판적이지 않고 주제넘게 굴거나 명예를 손상하지 않았다.

목사로서 그는 신령한 일들에 대하여 깊고도 뛰어난 감각을 지니고 있었다. 성경에 능했고, 그 말씀 안에 담긴 정신과 의미 등을 잘 파악했으며, 그 주제를 설명하고 묘사하기 위하여 내용을 능숙하고도 훌륭하게 적용하고 활용했다. 그리스도의 비밀을 아는 그의 지식과 통찰력은 탁월했다. 그런데도 그는 자신이 늘 부족하다는 겸비한 생각으로 말씀을 전했다.

그는 복음의 신비 속으로 깊이 파고들어 가는 특별한 재능을 지니고 있었다. 그와 동시에 그 신비들을 명료하고도 이해하기 쉽게 만들어서 참된 거룩에 영향을 끼치게 했는데, 이러한 특징은 그의 가장 뛰어난 작품인 『언약들에 관한 논문』(Treatise on the Covenants)과 『종의 형체를 입은 그리스도에 관한 설교』(Sermons on Christ in the form of a Servant) 등에서 더욱 두드러진다.

그는 풍부한 자신의 창의력을 분별력을 가지고 통제했다. 그의 사고는 항상 바르고 신선했다. 그는 적절하고도 순수한 표현력을 가지고 있었으며, 그의 묘사와 비유는 듣는 이들을 깜짝 놀라게 했다. 그의 표현은 자연스럽고도 명확했으며, 엄숙하고도 은혜롭게 전달되었고, 열정과 온유, 확신과 권위가 적절히 균형을 이루었다.

그 누구도 그의 거룩한 사역을 성도들이 귀하게 여겼다는 것에 이의를 제기하지 않았다. 그는 교황이나 주교직, 미신과 박해 등을 반대하는 종교 개혁의 견고하고도 이성적인 기반 위에 굳게 서서 사역했다.

그는 대화하는 일을 즐거워하고 활발하게 참여했는데, 언제나 자신의 성품에 맞게 예의를 잃지 않았고, 일반적으로 은둔 생활을 하는 사람에게 흔히 나타나는 까다로움은 전혀 찾아볼 수 없었다.

그는 성령께서 그에게 맡기신 양 떼들을 부지런히 먹이고 보살폈다. 그는 기쁨으로 여겼던 연구에 온전히 몰두하면서도 주일 준비나 교구 안에 있는 외부의 일도 소홀히 하지 않았다. 자신을 설교의 대가로 여기는 데서 나오는 짤막한 메모식의 설교문은커녕, 항상 두 편의 설교문을 작성하되 설교할 내용을 완벽하게 쓰곤 했다. 그는 무가치한 일을 통해 주님을 섬기기보다는 복음을 전하는 일에 자신을 드리고 섬기는 것을 기쁨으로 여겼다.

그는 성실한 사람이었으며, 죄를 세심하게 질책하는 사람이었다. 그는 풍부한 기독교적 지혜와 분별력을 가지고 있었으며, 기교나 가식은 찾아볼 수 없었고, 따라서 그는 사법적인 문제나 복잡한 문제들을 상담하고 해결하는 데 매우 적절한 도움을 줄 수 있는 사람이었다. 그의 내면에는 열정과 지식이 보기 드물게 결합되어 조화를 이루고 있었다.

그는 교회 내의 순결과 평안, 모두에 관심을 가지고 있었다. 보스톤보다 열심히 교회의 순결에 관심을 가진 사람은 없었을 것이며, 또한 그처럼 교회의 분열과 분리들을 살피면서 평안을 위해 신중을 기한 사람도 없었을 것이다. 그는 새롭고 낯선 일에 대해서 자신이 그 일의 필요성을 충분히 깨달을 때까지 신중하고도 세심한 주의를 기울였다.

그는 진리를 견고하고도 강하게 세우는 것이, 사람들의 감정을 자극하거나 감정에 불을 지르지 않고 진리에 대한 편견과 오류들을 논박하는, 가장 간단하고도 효과적인 방법이라고 생각했다. 이러한 태도로 인하여 그는 자신과 의견이 다른 형제들뿐만 아니라 일반적인 사람들에게 많은 존경과 주목을 받았다.

결론적으로, 그는 천국을 위하여 특별히 훈련된 서기관이었으며, '진리의 말씀을 옳게 분변하며 부끄러울 것이 없는 일군'(딤후 2:15), '켜서 비취는 등불'(요 5:35)이었다. 의인은 영원히 기념될 것이다."1

✝ 보스톤 자신의 평가

가장 절친했던 평생지기 세 명의 애정이 넘치는 세밀한 평가와 더불어, 이제 보스톤 자신의 은혜롭고도 겸손한 평가를 살펴보겠습니다.

"나는 본성적으로 느리고 소심하며 내성적이다. 반면에 한 번 마음을 빼앗긴 일에는 물불 가리지 않고 덤벼들기도 한다. 이러한 성격은 한평생 나를 따라다니면서 지배했기 때문에 자연스럽게 내가 사랑하는 일에만 몰두하곤 했다. 또한 그것은 나의 많은 불안의 원천이기도 했다. 그러나 하나님께서는 그러한 나의 기질을 가치 있게 사용하셨다. 특히 온갖 어려움들과 싸우면서도 공부에 몰두하게 하셨으며, 그분의 사랑으로 말미암아 그 어려움들을 극복할 수 있었다. 나는 빠른 이해력은 없었지만 그것을 적용하는 은사를 받았

---

1. 시 112:6 저가 영영히 요동치 아니함이여, 의인은 영원히 기념하게 되리로다.

고, 한 번 깨달은 것에는 결코 흔들리지 않았다.

나는 말하기보다는 침묵을 더욱 좋아했다. 나는 좋은 언변을 지닌 사람은 아니었으며 일상의 대화에서도 우물쭈물하곤 했다. 큰 확신을 가진 사람들과 논쟁할 경우엔 더욱더 당황했다. 나는 유별난 확신이 지배하고 있었던 에트릭에서 종종 이와 같은 불리한 입장에 처하곤 했다.

예상치 못한 상황에 대처하는 훈련을 하기 위해서는 두려움을 뛰어넘어야 했다. 그러기 위해서 영혼을 만지시고 감동시키시는 역사가 필요했고, 그 문제에 대해 깊이 생각하는 일이 필요했다. 하나님은 이러한 고통과 수고 속에서도 세밀하게 일들을 처리할 수 있게 하셨다.

나는 문서를 작성하는 데 꽤 쓸만한 재능을 지녔으나 받아쓰는 일에는 재능이 없었다. 나는 어떠한 일을 시작하기 전에 잠깐이라도 손에 펜을 쥐고 생각해야 한다고 여겼다. 따라서 설교문을 작성할 때 나는 본문을 쉽게 정하지 못해 어려움을 겪었다. 이따금씩 그러한 일은 설교문을 작성하는 것보다 나를 더 지치고 힘들게 만들었다. 손에 펜을 들고 설교문을 작성하는 순간에도 생각은 계속 밀려왔다. 그것은 마치 떡을 뗄 때마다 그 떡이 늘어나는 것과 같았다.

나는 풀리지 않는 문제로 인하여 생각이 복잡해질 때면 산책을 했다. 나는 주로 다루고자 하는 주제의 맥을 오래전에 잡아 놓곤 했다. 그러나 그 주제에 대해 스스로 부딪히는 충격을 경험하지 않으면 어려움을 겪곤 했다. 나는 이 본문에서 저 본문으로 바꿔 가며 설교하지 않고 한 본문을 오랫동안 강조하는 방식을 사용했다. 그러고는 경건한 사람들이 그 본문에서 충분한 맛을 보았다는 생각이 들 때 마무리했다.

나는 평화를 매우 소중히 여기고 논쟁은 싫어했다. 혹시 논쟁에 빠진다고 하더라도 의견이나 행동에 있어서 나와 다른 형제들에 대한 존중심과 사랑을 유지했다. 또한 그 논쟁 후에도 나는 진리와 의무라고 여기는 일들에서 떠나는 위험에 처하거나 논쟁으로 인해 나의 견해가 흔들리게 되는 일은 없었다. 거기다가 양심에 거리끼지 않는 일이라면 그들에게 양보하는 것은 그다지 어려운 일이 아니었다.

삶의 여정 속에서 내가 경솔하게 행동하고 성급하게 내딛은 걸음들이 나쁜 결과만을 가져온 것은 아니었다. 왜냐하면 주님께서 그러한 것을 생각하게 하시는 은혜를 주신 후, 그러한 일들은 특정한 상황에서 죄와 의무를 인식하게 하는 좋은 훈련이 되었고, 내 자신이 그 일을 위해 부르심을 받았다는 확신이 들기 전에는 거기에 뛰어들지 않게 되었기 때문이다. 그러나 그 일이 나에게 분명해지면 나는 신속하게 행동했고, 나에게 지시된 그 길을 버려서는 안 된다는 두려움까지 품곤 했다.

또한 나는 제임스 램지(James Ramsay)가 1717년 연례 위원회 앞에서 했던 강연을 듣고 다음과 같은 것을 나의 행동에 대한 근원으로 삼아야겠다고 굳게 결심했다. 그것은 '내가 스스로 옳다고 생각하는 일이라면 그 어떠한 것에도 흔들리지 않아야 한다' 라는 것이다.

나는 부자가 되는 방법을 알지 못했고, 세속적 사업들을 관리하는 데 기쁨으로 내 자신을 내어 준 적도 없다. 심지어 교회를 훈육하고 관리하는 데 사용되던 세속적인 방법조차도 내게는 너무나 혐오스럽게 여겨져서, 공적 교회 경영에 조금이라도 발을 담글 수 없을 정도였다. 이러한 문제들로 인해 나는 선뜻 그 방법을 받아들이지 못했다.

나는 다른 사람에게 어떠한 의무를 지게 되는 것이 싫었고, 그래서 선물받는 것을 좋아하지 않았다. 특히 내가 목사로서 대해야만 하는 사람들의 경우에 더욱 그러했다. 하나님의 뜻은 너무나 확실해서 나는 그러한 일로 인하여 거의 어려움을 겪지 않았다. 그러한 때마다 '빌린 자는 빌려 준 자의 종이다'

라는 사실이 떠올랐기 때문이다."

† 보스톤의 유작들

보스톤의 일생을 바라보면서, 우리는 생전에 그가 저술하고 출판한 많은 책들을 언급했습니다. 그 중에서도 그의 『네 가지 상태』를 가장 탁월한 것으로 평가했습니다. 그러나 우리의 전기를 완전히 끝맺기 위해 그의 유작에 대해 언급해야 할 필요를 느낍니다. 그의 유작들은 매우 주목할 만한 것이어서, 새로운 책이 발간되기만 하면 에트릭 언덕과 골짜기 너머 먼 곳에 있는 목마른 독자들에게 열렬히 환영받았습니다.

침묵을 깨뜨린 그의 최초의 유작은, 잘 알려진 웨스트민스터 신학 총회의 『소요리문답서 강해』였습니다. 그 강해서는 아주 오랜 세월 동안 스코틀랜드 교구 학교들과 가정들에서 존귀하게 여겨졌습니다. 소요리문답서는 일반적으로 '아기들을 위한 우유'라고 불렸으나, 그 중에 많은 부분은 성숙한 사람들에게도 어려운, 마치 질긴 고기와도 같았기에 훌륭한 이 에트릭 목사의 주해서와 같은 것이 더 많이 필요했습니다.

그 책은 옥스남(Oxnam)의 목사였으며 나중에는 제드버러(Jedburgh) 교구를 섬긴, 보스톤의 장남이 편집했습니다. 그는 기쁨과 사랑의 헌신과 존경심으로 이 일을 진행했습니다.

그 주해서는 크고 두꺼운 두 권의 책으로 이루어져 있으며, 그 내용은 여러 편의 설교 시리즈로 구성되었습니다. 또한 요리문답 각 항목에 대하여 분리된 주해를 달아서 널리 알려진 신학의 전 분야를 다루고 있었습니다.

그 중 두 가지 주제는 특히 심혈을 기울인 것으로서, 전체 내용의 대부분을 차지하고 있습니다. 이것은 바로 '이 계명에서 요구되는 것은?', '부가된 이유들은? 등에 관한 질문으로 이루어진 십계명 강해와 주기도문 강해입니다. 주기도문 안에는 경건한 묵상과 끝없이 풍요로운 감성이 담겨 있으며, 그 어떠한 다른 말씀들보다 더 자주 인간의 입술에 오르내립니다. 이때 보스톤의 강해를 숙독하는 것은, 그 자체로써 한 사람을 훌륭한 신학자로 만들기에 충분하다고 말해도 과언이 아닐 것입니다. 만일 어떠한 독자가 보스톤의 강해를 읽은 후에도 그 내용을 이해하기가 어렵다고 불평한다면, 이것을 기억하십시오. 책을 읽으면서 때때로 멈추어 서서 생각하는 것은 훌륭한 정신적 훈련이 된다는 점입니다.

보스톤의 강해적 은사들이 낳은, 그의 지성에 강력한 매력을 안겨 주었던 성경 구절들이 있습니다. 우리는 어떠한 곳을 여행할 때면, 종종 우리의 시선을 사로잡는 풍경이나 물건들을 보고, 오랫동안 서서 그것을 응시합니다. 거울처럼 창공을 그대로 담고 고요히 흐르는 냇물, 꽃향기로 우리의 시선을 사로잡는 길가의 정원, 포말을 일으키며 떨어지는 장엄한 폭포, 정상의 푸르름으로 손을 뻗으면 하늘에 닿을 듯한 산처럼 말입니다.

성경에도 이와 유사한 것이 있습니다. 성경의 모든 말씀들이 그 가치를 지니고 있지만, 그 중에서도 특별한 매력을 지닌 것들이 있습니다. 마치 많은 별들 중에서도 유난히 빛나는 별이 있는 것처럼 말입니다. 즉, 하나님의 궁휼을 뜨겁게 묘사한 말씀들, 성도의 성품이 빚어내는 천상의 아름다움을 보여 주는 구절들, 예수님의 생애 속에 나타난 사건들, 마음을 감동해 교훈을 얻게 하고 하늘의 보화들로 생각을 부요케 하는 비유들, 또한 말할 수 없는 영광스러운 기쁨의 섬광을 비추는 말씀들 등입니다.

보스톤이 자주 즐거이 본문으로 삼은 성구들이 바로 그러한 내용을 담고 있었습니다. 그러한 본문을 발견했을 때, 그는 그 말씀 앞에 멈추어 섰으며,

여러 주 동안 반복적으로 그 본문을 연구하고 묵상하면서 그 속에서 새로운 깨달음과 영적인 의미를 발견했고, 그럴 때면 그 말씀에서 떠나고 싶어하지 않았습니다.

"최고의 아름다운 선율이 흘러나오는 곳에서,
전에 느끼지 못한 매력을 발견하면서."

우리는 이제 그러한 성경 구절들 중에서 몇 개를 살펴보고자 합니다. 그 구절들은 보스톤의 많은 설교의 주제가 되었으며, 출판된 유작들 가운데 포함되어 공개되었습니다. 특히 요한일서 5장 11절[2]과 더불어 젊은 시절부터 그가 사랑해 온 구절들에는, 그의 사역의 표제와 중심 기조를 형성한 위대하고도 우주적인 복음의 부르심이 있습니다. "수고하고 무거운 짐진 자들아, 다 내게로 오라. 내가 너희를 쉬게 하리라"(마 11:28).

금보다 더 귀한 부요함을 지닌 광맥을 파헤치면서 많은 설교가 만들어졌습니다. 마치 꿀을 머금은 꽃 속에 들어간 벌처럼 그는 그 구절 속에 오랫동안 머물렀습니다.

누가복음 18장 18-28절의 말씀에는 천국에 이르지 못한 부자 청년이라는 표제가 붙었습니다. 이 본문은 많은 영혼을 감동시키는 설교의 주제가 되었습니다. 이 본문에서 울려 퍼진 복음의 나팔 소리는 대부분 경고의 나팔이었습니다. 그러나 그러한 충고와 경고 속에는 긍휼이 담겨 있었고, 그 본문을 가지고 한 설교들은 '하나님 사랑의 강력한 웅변'이라는 아름다운 이름을 얻었습니다.

---

2. 요일 5:11 또 증거는 이것이니, 하나님이 우리에게 영생을 주신 것과 이 생명이 그의 아들 안에 있는 그 것이니라.

이사야 9장 6, 7절 말씀은 위대한 선지자가 기록하고 선포한 말씀 중에 가장 장엄한 메시야에 대한 예언이라고 할 수 있습니다. "이는 한 아기가 우리에게 났고 한 아들을 우리에게 주신 바 되었는데, 그 어깨에는 정사를 메었고 그 이름은 기묘자라, 모사라, 전능하신 하나님이라, 영존하시는 아버지라, 평강의 왕이라 할 것임이라. 그 정사와 평강의 더함이 무궁하며 또 다윗의 위에 앉아서 그 나라를 굳게 세우고 지금 이후 영원토록 공평과 정의로 그것을 보존하실 것이라. 만군의 여호와의 열심이 이를 이루시리라."

그 기이한 아기의 겸손한 탄생에서 시작하여 그의 중보자적 통치와 영광을 위한 승천으로 마무리되는 이 장엄한 예언 속에 담긴 모든 단어 하나하나가, 각 설교의 주제가 되었습니다. 보스톤은 이러한 말씀에서 큰 매력을 느꼈습니다. 그가 이 본문을 연구할 때, 그는 황금 사다리를 타고 하늘 꼭대기까지 올라가 가장 높은 보좌에 앉으신 평강의 왕을 바라보는 것 같았을 것입니다.

보스톤이 남긴 유작 설교들 가운데 세 번째 군을 형성하는 것들이 있었는데, 그것들은 그 세기 말에 가서야 출판되었지만, 기독교 독자들에게 뜨거운 환영을 받았습니다. 그 설교들은 주로 큰 성례전의 축제 기간에 행한 설교들로서, 주의 성찬 행사와 직접적으로 관련되거나 성찬 전후에 행해지는 보조적인 행사들, 즉 금식 기간과 감사 절기 행사 때의 설교들로 이루어져 있습니다.

이러한 예식들은 그리스도의 종으로서 보스톤이 평생 동안 수행한 행사들로, 이를 통해 그는 그 자신 이상으로 고양되곤 했습니다. 성찬식은 그 자체로서 신성한 상징들과, 그와 그의 형제들이 다양하게 연구하며 즐겨 설교하던 장엄한 복음적 본문들로 이루어졌습니다. 사모하는 마음으로 그 행사에 참여한 큰 무리들은 즉시 그의 은사들과 은혜를 자극했고, 그는 감사와 찬양으로 이 행사들이 그에게는 땅 위에서 경험하는 하늘의 시간들이었다고 인정했습니다. 거기에는 병자들과 슬픔에 잠긴 사람들을 위한 설교도 있었습니다.

그들은 자신이 들었던 설교를 오랜 세월이 지난 후에 책으로 다시 읽었을 때, 옛 감동이 되살아나는 큰 기쁨을 맛보았을 것입니다. 그것은 아마도 한 번 더 은혜를 머금은 그 입술의 음성을 듣는 것 같았을 것입니다.

보스톤의 유작들의 목록에 그가 친히 기록한 회고록을 덧붙이는 것은 우리의 기쁨이요, 의무입니다. 이 회고록의 많은 부분은 그가 직접 겪은 열매입니다. 그것은 주로 그의 자녀들의 유익을 위해 깊은 사랑과 거룩한 지혜, 적절한 표현으로 쓴 훈화로 이루어졌으며, 다음과 같은 말로 마무리되었습니다.

"너희들 자신의 영혼 속에 신앙적 경험을 소유하기 위해 애쓰거라. 그리하면 그 신앙의 실제에 대한 확증을 너희들 자신의 영적 감각에서 얻을 수 있을 것이다. 그의 거룩(이것이 없이는 주를 볼 수 없을 것이다)의 길 안에서 주님을 좇거라. 또한 모든 위험 속에서 그의 사역과 그의 소원들, 그리고 백성들과 함께하거라. 그러한 삶이 결국 지혜로운 일이었음을 깨닫게 될 것을 확신하면서 말이다.

너희의 어머니(의심의 여지 없이 아브라함의 딸이란다)가 나의 힘이 되듯이, 아버지를 잃은 후에 너희는 어려운 상황 속에서도 더욱 어머니께 사랑과 정성을 다 쏟아야 한다. 지금까지처럼 너희들끼리 화목하며 사랑하고 도우면서 지내거라. 주님께서 너희 각 사람을 복 주시고 구원하시되, 그의 자비로운 얼굴 빛을 너희에게 비추사 평강을 주셔서 우리가 저 세상에서 위로 속에 만나게 해 주시기를 바란다. 아멘."

그의 회고록에 드러난 보스톤의 성품은 얼마나 탁월합니까! 그가 하늘 은혜의 보좌로 자신의 죄와 슬픔, 시험과 염려들을 가지고 나아가면서 했던 그의 기도의 생명력은 얼마나 놀랍습니까! 그가 기도의 자리로 나아가던 길은 분명히 밟아서 다져진 길이었을 것입니다.

또한 그는 다른 사람들을 지도하기 위해 자기가 제시한 규율을 그대로 따르고자 얼마나 열심을 다했습니까! 언제든지 죽을 준비가 된 상태로 자신을 지키기 위한 노력 말입니다. 그는 또한 자신이 자기 성도들에게 영적인 복이 되고자 얼마나 혼신의 힘을 다했습니까! 그는 사도처럼, 그들에게 이렇게 말할 것입니다. "그러므로 너희가 주 안에 굳게 선즉 우리가 이제는 살리라"(살전 3:8). 그에게는 자기 자녀들이 진리 안에서 행하는 것을 보는 것보다 더 큰 기쁨이 없었습니다.[3]

그는 다른 사람을 판단하는 데 얼마나 너그러웠습니까! 그는 마치 그들이 실수로 그리한 것처럼 그들의 연약함을 탓하곤 했습니다. 또한 그는 자신의 일기에 자신에게 잘못을 범한 사람들에 대하여 얼마나 너그럽게 적고 있습니까! 그들이 잘못을 범한 일이 자신에게는 신성한 일임을 알고 있는데도 말입니다.

† 사도의 삶을 산 토마스 보스톤

만약 보스톤이 이방 민족들을 위한 선교가 크게 관심받기 시작했던 한 세기 후에 살았더라면, 그의 마을과 마음이 얼마나 신령한 기쁨의 빛으로 밝아

---

3. 요삼 1:4 내가 내 자녀들이 진리 안에서 행한다 함을 듣는 것보다 더 즐거움이 없도다.

졌을지를 상상해 봅니다. 그는 아마도 자신이 천년 왕국의 영광스러운 첫 열매를 모으는 일을 돕는 특권을 누리게 된 사람처럼 기뻐했을 것입니다. 그리스도의 기준에 합당하게 된 섬들과 넓은 대륙의 물결들은 그를 오랫동안 행복하게 했을 것이며, 그의 에트릭 집과 그의 얼굴도 천사의 얼굴처럼 빛나게 되었을 것입니다.

그러나 그에게 주어진 일도 그리스도의 복음을 전하는 선교사들과 매우 밀접하게 관련된 일이었습니다. 그의 사명은 동시대의 다른 어떤 사람들보다, 선교사들이 전파하는 복음을 왜곡과 부패에서 지키는 일이었습니다.

특히 '매로우 사상'에 관한 논쟁과 거기서 비롯된 많은 갈등 속에서, 그는 땅 위의 모든 인간들을 향한 자비의 목소리를 지닌 복음을 선언했습니다. 그는 호감이 가는 특정인들만을 초대하여 복음을 협소하게 만들려는 자들이나, 많은 조건들로 그 짐을 무겁게 하여 생명샘 주변에 울타리를 치는 자들, 혹은 영광스런 복음의 의미를 왜곡시켜 결국에는 그 복음을 교묘한 방식으로 제거해 버리는 자들을 볼 때면 너무 가슴이 아파 얼굴이 돌처럼 굳게 변했습니다.

그는 복음을 지키는 일에 힘썼고, 무수한 사람들이 '매로우 사상'과 매로우 주의자들의 표준을 자신의 기준으로 받아들이도록 도왔습니다. 아니, 그것은 바로 바울과 다른 사도들의 표준이었습니다. 즉, 복음은 '전 인류 죄인들을 위한 하나님의 선물과 은혜의 제공하심'이라는 것입니다. 이를 행한 토마스 보스톤의 삶은 결코 헛되지 않았습니다.

부록 인명 색인

ㄱ

가브리엘 윌슨(Gabriel Wilson) 109, 186, 208, 210
골드스미스(Goldsmith) 89
그로노비우스(Gronovious) 166

ㄷ

다이사트(Dysart) 53

ㄹ

랠프 어스킨(Ralph Erskin) 17, 36, 156, 174, 186, 216
레슬리(Leslie) 29
로드 민토(Lord Minto) 94
로버트 비가(Robert Biggar) 138
로프투스(Loftus) 166
루터(Luther) 23, 73, 81, 83, 84, 144, 188
룰(Rule) 47
리챠드 백스터(Richard Baxter) 23, 26, 87, 133
리챠드 엘리스(Richard Ellys) 165
리칼르툰(Riccaltoun) 178

ㅁ

매어(Mair) 73
매튜 헨리(Mathew Henry) 41, 143
맥밀란(Macmillan) 100
멜랑히톤(Melanchton) 52, 215
멜빌(Melville) 30
모노(Monod) 24
몽고메리(Montgomery) 130

ㅂ

버넷(Burnet) 54
번즈(Burns) 97
베자(Beza) 81, 83, 188

ㅅ

사무엘 루터포드(Samuel Rutherford) 12, 115, 176, 220
사우스디(Southey) 96
세자르 말란(Cesar Malan) 35
셜텐스(Schultens) 166
솔트마시(Saltmarsh) 84
스워츠(Schwartz) 217

스코트(Scott) 216
심슨(Simson) 12, 171, 172

ㅇ

아가일(Argyle) 112
아이작 와츠(Isaac Watts) 31
아타나시우스(Athanasius) 173, 175
안트(Arndt) 24
알리슨 트로터(Alison Trotter) 30
앤(Anne) 107
앤드류 풀러(Andrew Fuller) 24, 216
어거스틴(Augustine) 27, 148
얼(Earl) 110, 112, 113
에드워드(Edward) 25
에드워드 피셔(Edward Fisher) 12, 83
에벤에셀 어스킨(Ebenezer Erskine) 36, 37, 156, 179, 185, 186
엘리어스 세비타(Elias Sevita) 169
오리겐(Origen) 168
오웬(Owen) 25
워스머스(Wasmuth) 120
워즈워드(Wordsworth) 96
월터 스코트(Walter Scott) 28, 96
윌리스(Willis) 112
윌리엄(William) 29, 100
윌리엄 윌버포스(William Wilberforce) 24
윌리엄 헌터(William Hunter) 186
이사벨 비가(Isabel Biggar) 138

ㅈ

장키(Zanchy) 81
제러미 테일러(Jeremy Taylor) 153
제롬(Jerome) 168
제이 지(J.G) 57
제임스 2세(James Ⅱ) 29, 35, 110
제임스 램지(James Ramsay) 228
제임스 배스게이트(James Bathgate) 186
제임스 불러월(James Bullerwall) 33
제임스 워드로우(James Wardlaw) 186
제임스 워커(James Walker) 219
제임스 에드워드(James Edward) 110
제임스 키드(James Kid) 186
제임스 허비(Janes Hervey) 189, 190, 193
제임스 호그(James Hog) 28, 96, 97 183, 186
조셉 얼라인(Joseph Alleine) 23
조셉 카릴(Joseph Caryl) 83
조지 뷰캐넌(George Buchanan) 33
조지 횟필드(George Whitefield) 189
존 녹스(John Knox) 30, 176, 188
존 뉴톤(John Newton) 78
존 던스 스코투스(John Duns Scotus) 30
존 번연(John Bunyan) 23, 24, 25,

133, 136
존 보나르(John Bonar) 186
존 보스톤(John Boston) 30, 37, 40
존 심슨(John Simson) 109
존 엘리엇(John Elliot) 52, 68
존 윌리엄슨(John Williamson) 186

ㅋ

카우퍼(Cowper) 28
칼빈(Calvin) 12, 83, 188
캐더린(Catherine) 76, 115
캐더린 보라(Catherine Bora) 73
캐더린 브라운(Catherine Brown) 71
　72, 73
캠벨(Campbell) 47, 48, 58, 170
켄(Ken) 56
코튼 매더(Cotton Mather) 52
콜든(Colden) 222
콜로넬 브루스(Colonel Bruce) 48, 49
콜리지(Coleridge) 96
크로스(Cross) 120, 165
크리소스톰(Chrysostom) 148
킬머니(Kilmany) 97

ㅌ

토마스 메크리(Thomas M' Crie) 30
토마스 풀러(Thomas Fuller) 80
트로터(Trotter) 30

ㅍ

페일리(Paley) 139
펠라기우스(Pelagius) 172
포스터(Foster) 51, 78
풀러(Fuller) 155
프리텐더(Pretender) 110, 113
플라벨(Flavel) 102
필립 도드리지(Philip Doddrige) 23,
　32, 64
필립 헨리(Philip Henry) 26, 45, 132,
　143, 220

ㅎ

해도우(Haddow) 177, 183, 184
허버트(Herbert) 45, 147
헤르만 위시우스(Herman Witsius) 14,
　193
헨더슨(Henderson) 174
헨리 데이비드슨(Henry Davidson)
　109, 186, 208, 211, 222
헨리 어스킨(Henry Erskine) 35, 36,
　37
헨리 마틴(Henry Martyn) 217
호그(Hog) 82

옮긴이 홍상은 목사는 영국으로 유학을 떠나는 길 위에서 서부 호주 퍼스의 한인장로교회 담임 목회자로 부르심을 입어 약 6년 간 섬겼습니다. 총신대 신학대학원 재학 시절에는 대한신학교 신학교(현 안양대학교) 기독학생회 대표간사로 섬겼으며 신대원 동기들과 퓨리탄 클럽을 세워 청년들에게 복음을 전하고 가르치는 일에도 헌신했습니다.

현재 일시 귀국하여 강동구 성내동 소재 혜림교회(김영우 목사 시무) 내 혜림청년교회 전임부목사로 섬기면서 European Theological Seminary (M.Th Cand.) 공부를 병행하고 있습니다.

교회사의 영적 거성 6

언약의 사람 토마스 보스톤

지은이/ 앤드류 톰슨
옮긴이/ 홍상은

펴낸곳/ 지평서원
펴낸이/ 박명규

편집·교열/ 정 은, 강민선
디자인/ 유도연

펴낸날/ 2007년 9월 1일 초판
서울 강남구 역삼동 684-26 지평빌딩 135-916
☎ 538-9640,1 / Fax. 538-9642
등 록 / 1978. 3. 22. 제 1-129

값 9,000원
ISBN 978-89-86681-63-5
ISBN 978-89-86681-17-X (세트)

메일 주소 gipyung@korea.com